ILLUSTRATIONS LITTÉRAIRES

LA
QUITTANCE DE MINUIT
Par Paul FÉVAL.

La Quittance de Minuit.

PROLOGUE.

LES
MOLLY-MAGUIRES

I

REPAS IRLANDAIS.

Le vieux Mill's Mac-Diarmid avait une ferme de sept acres au delà de Knockderry, sur les bords du lac Corrib, à quelques milles de Galway.

Sa maison était assise à quatre ou cinq cents pieds au-dessus du niveau du lac, sur le versant du dernier mont de la chaîne de Mamturks, qui domine l'extrémité occidentale de la province de Connaught, en Irlande.

Sa situation pittoresque et les joyeux bouquets d'arbres qui l'entouraient d'une verte ceinture, sur le flanc de la montagne nue, lui donnaient un aspect d'aisance et de bonheur. Elle était

plus grande que ne le sont d'ordinaire les habitations des fermiers irlandais, — surtout dans cette pauvre province de Connaught, où l'homme vit et meurt dans des cabanes indignes de servir d'asile à des brutes.

La maison de Mac-Diarmid était composée d'une construction principale qui avait sans doute formé dans l'origine une habitation complète, et de deux petits bâtiments ajoutés après coup.

Pour fixer tout de suite les idées de nos lecteurs, nous dirons que les trois parties de ce rustique édifice n'égalaient pas ensemble en valeur l'établi d'une ferme anglaise. C'était, à l'ouest du Connaught, une demeure presque opulente : en tout autre lieu de la terre, c'eût été un misérable réduit.

Il était environ sept heures du soir et le mois de novembre commençait. La nuit se faisait noire. Dans

Montmartre. — Impr. Pilloy frères, Langrand et Cⁱᵉ.

1

la pièce principale du logis de Mill's Mac-Diarmid, il y avait deux ou trois jattes fumantes sur une table de bois raboteux qu'éclairaient deux chandelles de jonc.

Autour de ce repas plus que frugal s'asseyait le vieux fermier avec ses huit fils et une jeune fille. Au bas bout de la table, il y avait une enfant, un serviteur et un homme en haillons qui dévorait.

La pièce était grande; elle n'avait d'autres meubles que les siéges qui entouraient la table. Ces siéges étaient de deux sortes : de courts billots pour les fils et les serviteurs; pour le vieillard et la jeune fille, des chaises de bois en forme de baquet (1). — A la gauche du vieillard, une troisième chaise pareille à la sienne demeurait vide.

A la muraille pendait une sorte de dressoir presque entièrement dégarni, et, au-dessus de la cheminée fumeuse, deux fusils rouillés croisaient leurs canons.

A droite de la table, qui n'occupait pas exactement le centre de la pièce, une corde tendue allait d'une muraille à l'autre.

Derrière cette corde une autre réunion prenait aussi son repas du soir.

C'était d'abord une vache d'assez belle venue, qui semblait ménager l'herbe rare étalée parcimonieusement devant elle, et qui jetait de temps à autre vers la famille des regards amis.

C'étaient ensuite trois moutons à longues laines, qui dormaient entassés dans un coin. C'était enfin un grand porc noir, qui fourrait son museau en grognant dans des amas de résidus de chanvre et d'épluchures de pommes de terre.

Ces hôtes divers étaient là chez eux et n'essayaient point de franchir la limite imposée à leurs ébats.

Sous la table, entre l'homme aux haillons et les membres de la famille, deux forts chiens de montagne, serviteurs privilégiés, prenaient leur part au repas.

Dans les jattes, il y avait des pommes de terre bouillies dont la pulpe farineuse sortait à travers leurs pellicules crevassées. Devant chaque convive se trouvait un gobelet de bois, et çà et là se dressaient des pots larges et ronds, de forme à peu près cylindrique, qui contenaient la boisson favorite des Irlandais du Connaught, le rude et brûlant potteen (2).

Le vieillard et la jeune fille avaient des gobelets d'étain. Auprès de la première se trouvait une cruche de grès contenant de l'eau pure.

Si les meubles manquaient, il y avait profusion d'ornements aux murailles. A la faible lueur des chandelles de jonc, on voyait surgir de tous côtés les têtes enluminées d'une douzaine de saints, et les pâles figures de quelques victimes des luttes politiques, à qui le pieux souvenir de leurs frères avait fait une histoire et une célébrité. Saints et martyrs formaient un cordon sans fin, et s'alignaient le long du mur de manière à remplacer presque une tapisserie. Sous les estampes on pouvait déchiffrer d'interminables légendes, les unes en vers, les autres en prose, qui racontaient la vie du saint représenté.

On voyait là saint Patrick, le patron de l'Irlande, le compagnon de saint Germain et de Lupus, le fondateur du noble archevêché d'Armagh; on voyait saint Janvier, saint Martin, saint Gérald, et le fameux Finn-Bar, *le saint à la blanche chevelure.*

Toutes ces vénérables images étaient entourées d'un nombre plus ou moins considérable de rameaux bénits aux grandes fêtes de l'année catholique; les plus illustres, saint Patrick et saint Finn-Bar, avaient comme un cadre vert de buis et de laurier.

Quant aux héros politiques, on remarquait parmi eux John Keogh, le ferme et vaillant précurseur d'O'Connell, Wolf Tone, le chef des *Irlandais-Unis,* et une foule d'obscurs martyrs à qui la poésie nationale avait tressé de belles couronnes.

Cette vaste salle, malgré la naïve profusion des estampes grossières collées à ses murailles, malgré la pauvreté du repas offert à ses hôtes, malgré même le voisinage des animaux domestiques qui faisait de l'une de ses moitiés une étable, conservait en son aspect une sorte de grandeur sauvage.

Cela tenait un peu à la pièce elle-même, dont la charpente élevée se perdait dans l'obscurité, et beaucoup à la noble mine des convives assemblés autour de la table.

Le vieux Mill's Mac-Diarmid était un vieillard de grande taille, à la

(1) Ces chaises, que l'on trouve partout en Irlande, dans les auberges et dans les fermes, figurent exactement un baquet auquel on aurait adapté un dossier, et dont la cavité serait bouchée par un siége en tresse de paille.

(2) Eau-de-vie de pomme de terre. — On appelle ainsi également une boisson faite avec de la bière, du houblon et des œufs.

physionomie calme et sévère; son front large et chauve gardait autour des tempes d'épaisses masses de cheveux blancs. Son regard était impérieux et ferme dans sa douceur. Il y avait sur son visage, où la vieillesse avait mis peu de rides, comme une auréole de patriarcale puissance.

Lorsqu'il parlait, chacun se taisait, et chaque mot qui sortait de sa bouche tombait comme un oracle sur la famille attentive.

Les regards de ses fils, en se tournant vers lui, s'imprégnaient de respect et d'amour, et, lorsqu'Ellen Mac-Diarmid levait vers lui ses grands yeux noirs aux reflets d'or qui rêvaient tristement, elle essayait de sourire.

Ellen avait vingt ans. Elle était grande, et son front pur, où se reflétait comme en un beau miroir l'inquiétude de son âme pensive, avait pour couronne les nombreux anneaux d'une magnifique chevelure. Ses traits gardaient, dans leur exquise proportion, le caractère de la race celtique. Sous les contours harmonieux de sa joue, on devinait la saillie de ses pommettes; et la ligne fière de ses sourcils surplombait au-dessus de l'œil, dont elle ombrageait les rayons trop vifs.

Ellen avait dû être gaie aux jours de son enfance; elle savait encore sourire, et son sourire était bien doux; mais quelque chose, parmi la hautaine beauté de son visage, parlait de fatigue et de souffrance.

Il y avait un rêve au fond de ce cœur; la vierge avait perdu le repos des heures d'ignorance.

Autour de ses grands yeux, des larmes avaient coulé, de ces belles larmes amères et suaves qu'arrache la première angoisse d'amour.

Et, pour pleurer, Ellen avait dû bien souffrir, car elle était forte, et son âme se dressait contre la douleur aussi vaillante que le cœur d'un homme.

Son costume, bien qu'il ne ressemblât point à celui de ladies, n'était pas non plus en rapport exact avec la pauvre apparence de la ferme et les vêtements des convives.

Les neuf Mac-Diarmid, en effet, portaient tous l'uniforme du paysan irlandais : veste ronde en étoffe de laine légèrement plucheuse, dont la couleur noirâtre à de rouges reflets, culotte courte d'un jaune cendré, bas de toile bleue sur lesquels se lacent des brodequins en cuir non tanné.

Ce costume, nous n'avons pas besoin de le dire, est celui des laboureurs aisés. La majeure partie des habitants des campagnes n'a guère pour vêtements que d'informes haillons, et pour chaussure que la peau durcie de la plante de ses pieds.

Les Mac-Diarmid pouvaient se considérer comme riches dans un pays où le dénûment est la loi commune.

Ellen portait un justaucorps de laine noire élégamment coupé, qui faisait valoir les gracieuses richesses de sa taille. Sa jupe, de même couleur, drapait ses longs plis avec une mollesse qu'eût enviée une femme à la mode. Elle avait la tête nue, et un fichu de batiste se nouait autour de son cou.

Derrière elle, sur le dossier de sa chaise en forme de baquet, sa mante rouge s'étendait, humide encore de la promenade du soir.

Parmi les fils de Mac-Diarmid, quatre avaient atteint l'âge viril; les quatre autres étaient des jeunes gens de dix-huit à vingt-cinq ans.

Presque tous ressemblaient à leur père d'une façon frappante; mais on reconnaissait sur leurs visages, à des degrés différents, la pétulance et la fougue irlandaises.

Le vieillard lui-même, malgré sa sérénité patriarcale, n'échappait point entièrement au caractère hybernien. Si quelque émotion soudaine venait à la traverse de son calme habituel, son œil bleu brillait tout à coup sous la ligne blanche de ses sourcils; les mots se pressaient rapides sur sa lèvre, et ses gestes précipités semblaient vouloir devancer sa parole.

Mais cela durait peu; l'âge est un puissant remède à ces fiévreux élans.

L'aîné des Mac-Diarmid s'asseyait à table le plus près d'Ellen. Il restait néanmoins séparé d'elle par un large espace, comme si l'étiquette de famille eût défendu à tout autre qu'au vieillard de s'approcher de la belle jeune fille.

C'était un homme de trente-deux ans environ, au visage rude et passionné, à la tête chevelue, qui paraissait doué d'une grande vigueur de corps.

Il se nommait Mickey; ses frères lui parlaient avec une sorte de déférence, comme au chef futur de la maison.

Le second, qui avait nom Morris, eût passé par tout pays pour un fort remarquable cavalier.

Il avait sous son grossier costume un air noble et dégagé qui semblait appeler de plus riches habits. Cette grande mine, soit dit en passant, est moins rare qu'on ne pense en Irlande : la partialité anglaise
a fatigné sa plume et son pinceau à caricaturer les pauvres Irlandais;
mais John Bull, en définitive, n'a pas eu le pouvoir de se faire plus
beau que son voisin, et nous voudrions parier que son rouge visage
serait le plus laid des deux si on lui ôtait son bœuf et son ale pour
le mettre pendant six cents ans au régime du gâteau de paille d'a-
voine.

Morris avait un large front de penseur. Son regard était profond
et vif. Il y avait de la distinction dans son sourire. Peut-être était-il
moins vigoureux de corps que son aîné Mickey, mais son visage annonçait une intelligence supérieure et une indomptable puissance de
volonté.

On eût dit que ces huit jeunes gens étaient une élite choisie parmi
les plus beaux fils de l'Irlande, et que Morris était le premier parmi
eux.

Les cinq frères qui venaient après lui étaient de robustes garçons
joyeux et vifs, à la parole leste, au geste prompt, qui dépêchaient
leurs pommes de terre avec un appétit plein de gaieté. Ils s'appelaient
Natty, Sam, Owen, Dan et Larry.

Aux fêtes de Galway, de Killkerran et d'Oranmore, leurs *shillelahs*
(bâtons) avaient une haute renommée, et il n'était aucun d'eux qui
n'eût félé en sa vie quatre ou cinq têtes de protestants pour l'acquit
de sa conscience.

Le plus jeune des huit Mac-Diarmid, qui avait à peine dix-huit ans,
s'appelait Jermyn. Il était beau comme ses frères, mais sa figure
avait une douceur timide. De longs cheveux blonds tombaient en boucles abondantes sur la ratine brune qui couvrait ses épaules; ses
grands yeux bleus rêveurs cherchaient à la dérobée le regard d'Ellen, qui ne le voyait point.

Il parlait peu, et son silence faisait contraste avec les façons étour-
dies de ses frères, qui, à l'exception de Morris, se disputaient incessamment la parole.

En somme, quelles que fussent les différences qui existaient entre
les fils de Diarmid, ils se rapprochaient par un caractère commun de
force et de beauté. L'énergie brûlait dans tous ces hardis regards;
l'audace était sur tous ces fronts. Il y avait là une vie abondante; il
y avait un trésor inépuisable de jeunesse et de fougueuse vaillance.

Après Jermyn, un espace vide restait, comme entre Mickey et la
chaise d'Ellen.

Au delà de ce vide, s'asseyait Peggy, une enfant de treize à qua-
torze ans, qui remplissait auprès d'Ellen une position intermédiaire
entre l'amie et la suivante.

Le voisin de cette enfant était Joyce, le valet de ferme; le voisin de
Joyce était Pat, l'homme en haillons.

Pat avait une figure maigre, où brillaient deux yeux malins et vifs
outre mesure. Ses cheveux fauves et rudes se hérissaient sur son
crâne pointu. Il était petit et grêle; il mangeait avec une avidité que
nous ne voulons point décrire.

En tout autre pays du monde, on aurait pris Pat pour un mendiant.
Ici ce pouvait être un laboureur à gages ou même un petit tenancier.
Ces deux dernières qualités, du reste, sont loin d'exclure la première,
et, dans le malheureux Connaught, laboureurs et fermiers sont réduits bien souvent à demander l'aumône.

Pat complétait le cordon qui entourait la table et rejoignait presque la chaise vide placée auprès du vieux Mill's Mac-Diarmid.

Les jattes de bois, qui contenaient les pommes de terre étaient
presque épuisées; la faim s'apaisait; les cruches de *potteen* devenaient
plus légères. On causait, on riait, et, n'eût été la présence du vieillard,
on serait arrivé bien vite à ne plus pouvoir s'entendre.

Mais la gravité accoutumée du vieux Mill's avait ce soir-là quelque
chose de triste. Il avait à peine approché de ses lèvres son gobelet d'étain de ses
lèvres, et sa première pomme de terre, entamée, restait presque in-
tacte devant lui.

Cette mélancolie du chef de la famille, partagée d'ailleurs par Ellen et par Jermyn, le plus jeune des Mac-Diarmid, mettait du froid
dans la gaieté générale. On avait demandé des chansons à Pat, mais
Pat avait mal chanté.

On avait énuméré les plus beaux coups de bâton donnés et reçus
dans le mois; on avait parlé des derniers meetings; on avait même bu
à la santé du Libérateur : il ne restait plus rien à faire.

— Père, dit Morris en un moment de silence, — je sais ce qui vous
rend triste. C'était hier que nous devions avoir des nouvelles... mais

il y a eu tempête en mer ces jours-ci : nous aurons des nouvelles demain.

Le vieux Mill's jeta un regard furtif vers la chaise vide qui était à
côté de lui.

Puis ses yeux se baissèrent.

— Dieu le veuille ! murmura-t-il ; — vous avez peut-être bien agi,
enfant... l'honneur de notre Jessy est sauvé... Mais n'avez-vous pas
suspendu un malheur au-dessus de sa tête ?...

Il y eut un instant de silence.

Une émotion profonde, combattue par la vigueur d'une volonté de
fer, était sur le visage de Morris.

— Il le fallait ! prononça-t-il tout bas.

Le siège qui restait vide à la gauche du vieillard appartenait à
Jessy. — Jessy O'Brien était la fille orpheline de la sœur de Mill's, qui
l'aimait comme une enfant chérie. Les huit frères voyaient en elle
une sœur, à l'exception de Morris, dont elle était la fiancée.

Morris l'aimait d'amour.

— Oui, oui... reprit le vieillard ; — il le fallait peut-être... mais la
pauvre Jessy était notre joie !.. Maintenant, au lieu du simple vêtement de nos filles, elle porte de riches habits et des pierreries... Elle
est la femme de lord George Montrath... un opulent et fier seigneur !... mais, chaque fois que sa lettre tarde à venir, je crois que
Dieu a cessé de la protéger, et que la menace de son sort est accomplie.

— Ne parlez pas ainsi, père ! dit Mickey, dont le gros poing heurta
violemment la table.

— Lord George n'oserait pas ! ajouta Larry.

Toute trace de gaieté avait disparu.

Les huit frères fronçaient le sourcil. Leurs regards étaient sombres,
comme si ces noms de Jessy et de lord George Montrath, jetés à
l'improviste, avaient mis à la fois dans tous leurs cœurs une pleine
pensée de colère.

— Milord n'oserait pas !... répétèrent-ils à demi-voix.

— Et s'il osait !... ajouta Morris, dont le regard contenait une menace terrible.

Il n'acheva pas, mais chacun le comprit.

Ellen s'était emparée de la main du vieillard.

— Mac-Diarmid, dit-elle, Jessy sera heureuse et pense à nous. Pauvre sœur, elle a tant souffert !... Dieu lui doit maintenant du bonheur.

Ce fut comme un vent de consolation qui passa sur le front plissé
des huit frères.

Jermyn rougit et baissa les yeux ; sa poitrine battit au son de cette
douce voix qui savait le chemin de son cœur.

— Ma noble cousine, répliqua Mill's avec un regard où il y avait
une affection profonde mêlée à une sorte de respect, — vous aviez
pour Jessy la tendresse d'une sœur, et je vous remercie de lui avoir
gardé un si doux souvenir... Quand vous parlez d'espoir, Ellen, l'espoir,
docile, revient vers nous.

Il se pencha, et, levant en même temps la main d'Ellen, il la toucha
de ses lèvres.

Pour un homme initié aux mœurs familières et sans façon des Irlandais, cette action aurait eu quelque chose de tout à fait extraordinaire.

Mais celui-là l'aurait facilement expliquée, qui a pu observer la ten-
dance des Irlandais à pousser jusqu'au culte certains respects tradi-
tionnels.

Ellen reçut cet hommage comme on accepte un tribut légitime.
Elle prit la main de son vieux parent et la serra entre les siennes.

— Tout ce qui touche Mac-Diarmid m'est bien cher, dit-elle ; n'ai-
je pas trouvé dans cette demeure un père tendre et des frères qui
m'aiment ?...

Il se fit un murmure autour de la table. Tous les visages exprimèrent
l'élan d'un dévouement sans bornes, mêlé toujours à une forte dose
de respect. Jermyn seul n'osa point lever les yeux, et une larme se
montra entre les longs cils de ses paupières.

— Allons ! mes chéris, s'écria Owen, gai garçon qui ne s'accom-
modait guère de la mélancolie commune, — trinquons en l'honneur
de la noble Heiress, qui nous appelle ses frères !... Sur ma foi ! il y
aurait du plaisir à se faire tuer pour elle !

Jermyn mit la main sur son cœur.

— Du plaisir et de l'honneur ! ajouta Mickey. — Père, vous ne pou-
vez refuser d'emplir votre gobelet.

Le vieillard se versa une rasade, et chacun se leva pour porter la
santé d'Ellen.

— Morris, reprit Mill's en se rasseyant, — vous avez été à Galway... Quelles nouvelles ?...

Il y eut un rapide et imperceptible regard échangé entre les jeunes gens, et Morris répondit :

— Rien que je sache, père.

— Eh bien ! Morris, s'écria le vieillard dont l'œil bleu s'alluma tout à coup, — vous n'êtes pas si avancé que moi... Nous vivons dans un misérable temps, mes enfants ! Voici que les orangistes relèvent leur bannière et recommencent leurs assemblées maudites !

— Les brigands ! dit Mickey.

— Les scélérats ! appuya Owen.

— Les coquins sans cœur ! cria Larry.

Sam, Dan et Natty trouvèrent, pour accabler le club protestant de Galway, des épithètes non moins caractéristiques.

Et il sembla qu'une étincelle électrique eût fait le tour de la table. Le rouge était revenu sur tous les visages ; tous les yeux flamboyaient, tous les bras s'agitaient ; — le noble front d'Ellen elle-même avait pris une expression étrange.

Jermyn, qui la considérait à la dérobée, restait seul en dehors de ce mouvement.

Un sourire erra sur sa lèvre lorsqu'il vit l'expression indignée du beau visage de sa cousine.

— Elle ne l'aime pas !... murmura-t-il.

— Faith ! grommela le pauvre Pat ; — les diables qu'ils sont, veulent nous étrangler tous jusqu'au dernier !... Mais il n'y a pas de tête protestante qui soit aussi dure qu'un shillelah, après tout...

Cela dit, Pat engloutit une énorme pomme de terre, qu'il ne s'était point donné la peine de peler.

— Oui, enfants, reprit le vieillard, — les protestants, nos éternels ennemis, se dressent de nouveau contre nous ; mais il est une chose plus déplorable encore et plus indigne...

— Quoi donc ? demandèrent à la fois les jeunes gens.

Mill's releva sa haute taille ; sa mobile physionomie prit une expression de sévère dédain.

Il était un des plus vieux et des plus fermes soutiens de la pensée politique des partisans du repeal. O'Connell était son Dieu. Il voulait vaincre, mais seulement en une lutte égale, et regardait l'agitation pacifique comme la planche de salut de l'Irlande.

Ses fils avaient été élevés dans cette foi.

Mill's leur avait appris à maudire en même temps les tyrans saxons et ces hommes égarés, qui, faibles contre leur martyre, se réfugiaient dans la violence.

Il n'aurait point su dire s'il haïssait plus un orangiste qu'un ribbonman (membre des sociétés secrètes).

Mill's devait croire que ses huit fils partageaient avec lui ces sentiments.

— Il y a, poursuivit Mill's, que nos frères viennent en aide encore une fois aux orangistes et à ces cruels adversaires. Il y a que des bandes de traîtres sans aveu recommencent les sanglants exploits des Whiteboys et des Pieds-Noirs... Des gens qui viennent on ne sait d'où, et qui se cachent sous le nom de Mollies, attirent à eux les fous et les faibles pour les enrôler dans leur armée incendiaire...

— J'ai entendu parler de cela, interrompit froidement Mickey.

— Les Molly-Maguires, ajouta Morris d'un ton respectueux mais ferme, — sont des Irlandais, et des catholiques, mon père !

— Est-ce bien un Mac-Diarmid qui parle ainsi ? s'écria le vieillard en recouvrant soudain toute la fougueuse vivacité du caractère national ; — taisez-vous, Morris ! taisez-vous !.... Les brigands qui déshonorent l'Irlande ne sont pas des Irlandais... Et si vous vous souveniez des paroles de notre père O'Connell... (1)

— Je m'en souviens, dit Morris, et je les trouve sévères.

Mill's devint pâle d'indignation.

— Tais-toi ! dit-il à voix basse, — ou j'aurai honte d'être ton père !...

La belle figure du second des Mac-Diarmid ne perdit point son expression de tranquille respect.

Il ne prononça plus une parole.

Ses frères baissaient la tête et semblaient souffrir de cette scène.

Le regard d'Ellen allait de l'un à l'autre, inquiet et perçant. On eût dit qu'elle lisait sur tous ces fronts comme en un livre, et qu'elle sondait le fond de tous ces cœurs.

(1) On sait que Daniel O'Connell flétrit en toutes occasions les membres des sociétés secrètes, et combat de toute la force de son influence la formation d'un parti de la guerre en Irlande.

Pat avait pris un air humble et contrit, sous lequel se montrait la queue d'un malin sourire.

Il grommelait.

— Och !... arrah !... faith !... ma bouchal !... musha !... et ces mille autres interjections dont la loquacité irlandaise fait un usage immodéré.

Et il mangeait sournoisement une quantité considérable de pommes de terre non pelées.

Le vieux Mill's ne prit point garde à la sombre attitude de ses fils, et se sentit désarmé par ce docile silence qui succédait à la discussion bruyante.

Il tendit la main à Morris au travers de la table.

— Mon beau gars, dit-il d'un ton radouci, — vous êtes trop jeune pour parler comme il faut de ces choses... Je sais bien que les têtes légères des garçons de votre âge ne comprennent rien à la sagesse des vieillards... C'est sur cela que comptent les coquins de Mollies et leurs pareils... Buvez un coup, Morris, mon fils, et ne gardez point rancune à votre père.

Morris serra la main du vieillard avec effusion, et son noble visage exprima énergiquement toute la vivacité de sa tendresse filiale.

— Merci, père, dit-il.

Et, comme si le bienfait eût été commun, les autres Mac-Diarmid répétèrent :

— Merci, père.

— Och ! murmura Pat en essuyant ses yeux qui ne pleuraient point ; — ça fait grand plaisir, ma bouchal, de voir de si braves chrétiens ! Que Dieu vous bénisse tous, mes chéris !

— Quant à ces scélérats de Mollies, reprit Mill's, leurs façons ne sont point nouvelles... Moi qui ai vu les Enfants-Blancs, les Cœurs-de-Chêne, les Cœurs-d'Acier, les Enfants de lady Clare, les Rockistes, les Fils de la mère Terry, les Pieds-Blancs, les Pieds-Noirs, les Caravats et dix autres troupes de coquins, portant des noms inventés par le diable, je sais depuis cinquante ans leurs manières... ils brûlent... ils pillent...

— Ils brûlent, interrompit Morris, — ils ne pillent pas

— Je te dis qu'ils pillent ! s'écria le vieux Mill's. Tu n'as pas encore trente ans, toi ; comment saurais-tu cela mieux que moi qui cours dans ma soixante-douzième année ?

Les connais-tu, pour les défendre ? voilà trois ou quatre ans que nous avons entendu prononcer pour la première fois ce nom de Molly-Maguires..... c'étaient d'abord quelques misérables bandits venus du sud et habillés en femmes... toujours la même histoire !... Puis de pauvres gens du Connaught se sont laissé prendre à l'espoir de la vengeance, et, malgré les ordres sacrés du Libérateur, on a rallumé la torche !... Et voilà que Londres nous envoie de nouveau des habits rouges et que les dragons apprennent encore une fois les chemins de la montagne !...

Il s'arrêta un instant, puis il reprit en passant la main sur son front :

— C'est un malheureux temps !... c'est un malheureux temps que celui où les fils de Diarmid trouvent des paroles pour défendre les ennemis d'O'Connell !

Sam, Owen, Dan et Larry regardèrent Morris en dessous, comme s'ils eussent redouté une réponse trop vive.

Mais Morris conservait sa déférence calme, et ses yeux, fixés sur son vieux père, ne perdaient point leur expression d'affectueux respect.

— Que Dieu garde Daniel O'Connell ! répliqua-t-il ; c'est le plus grand des Irlandais.

Une bénédiction à l'adresse du Libérateur courut de bouche en bouche tout autour de la table et ne s'arrêta qu'au pauvre Pat, qui avait la bouche trop pleine pour y pouvoir mettre une bénédiction.

— A la bonne heure ! reprit Mill's Mac-Diarmid, dont les yeux bleus rassérénés brillèrent ; — à la bonne heure, enfants ! Soyez sûrs qu'il viendra dans quelques mois pour les élections de Galway, et qu'il fera rentrer sous terre ces suppôts de Satan, quel que soit le nom qu'il leur plaise de prendre !..... En attendant, comme je vous le disais, ils n'ont point changé de manières depuis cinquante ans... J'ai vu aujourd'hui dans les rues de Galway des placards tous pareils à ceux des Whiteboys, à ceux des Claristes, à ceux des Rockistes et autres bandits du temps passé... C'est écrit avec du sang et c'est timbré d'un cercueil !

La petite Peggy frissonna. Ellen releva ses beaux yeux noirs, dont la prunelle transparente montra ses sombres reflets d'or.

— Que Jésus ait pitié de nous ! grommela Pat ; un cercueil vaut un autre cachet, après tout. Et... Dieu vous bénisse, Mac-Diarmid, mon chéri !...

— Et que disent ces placards? demanda Mickey.

— Ils condamnent un homme à mort, répondit Mill's.

La paupière d'Ellen trembla légèrement.

— Et ils annoncent l'incendie de la grande ferme de Luke Neale, le *middleman*...

Owen frissonna et baissa les yeux.

Son frère Morris lui serra la main à la dérobée.

Les autres parlaient tous à la fois.

— Un usurier sans pitié ! criait Larry.

— Une sangsue insatiable !...

— Un orangiste enragé !...

— Un assassin !...

— Un diable ! s'écria le vieux Mill's, — c'est bien vrai !... Mais, pour punir un misérable, doit-on attirer de nouveaux malheurs sur le pays?... Souvenez-vous des paroles du Libérateur !...

— Le Libérateur est un homme, dit Morris à demi-voix ; — Dieu seul est infaillible.

Le vieillard n'entendit point cette monstrueuse hérésie.

— Et puis, reprit-il, une si belle ferme !

— Musha ! j'en sais quelque chose, puisque j'y gagne mon pauvre pain ! appuya Pat d'une voix lamentable ; — la plus belle ferme du comté !... Un bijou comme il n'y en a pas au paradis ! Une ferme aussi belle, on peut l'affirmer, que le château de Diarmid lui-même !

— Silence, Patty ! dit le vieillard avec tristesse ; — ce n'est pas ici qu'il faut parler du château de Diarmid.

Il se fit un silence autour de la table. Morris avait froncé ses noirs sourcils. Les paupières d'Ellen s'étaient de nouveau baissées.

— Le jour viendra, dit Jermyn à demi-voix, où l'on pourra parler du château de Diarmid devant la noble Heiress.

L'œil de l'adolescent brilla un instant au feu d'un enthousiasme soudain. Puis son front se rougit comme s'il avait eu honte de sa hardiesse.

— Et l'homme?... demanda Ellen tout bas en s'adressant au vieillard.

— Quel homme? dit celui-ci.

— L'homme qu'on doit assassiner.

— Celui-là est un cœur dur, répondit le vieux Mill's lentement. — Il a bien fait du mal à nos frères égarés... Ils veulent se venger, ils ont tort peut-être... mais la vieille loi d'Irlande est sang pour sang... Que Dieu ait pitié de lui !

Ellen était devenue pâle, et Jermyn pâlissait à la regarder.

— Dites-moi son nom, mon père, murmura-t-elle.

— Ma noble fille, répondit le vieillard, vous le connaissez... c'est le major Percy Mortimer.

Ellen se tut. Sa physionomie demeura immobile, et un regard indifférent n'y eût remarqué aucun signe d'émotion.

Et pourtant Jermyn, qui la considérait attentivement, devint plus pâle encore. Ses sourcils se froncèrent.

— Elle l'aime ! pensa-t-il. Oh ! je vois bien qu'elle l'aime !...

Au nom du major, Morris était devenu pensif.

Pat buvait à petites gorgées un grand gobelet de potteen.

— Une belle ferme et un beau soldat ! murmura-t-il entre ses dents ; — et ça peut se faire d'un coup, j'en donne ma parole, ma parole sacrée ! puisque le major est à la ferme.

— Mais c'est trop penser à tout cela, reprit le vieux Mill's brusquement.

Il se leva et poursuivit en souriant :

Il n'y a ici ni Molly-Maguires ni orangistes... nous sommes tous de bons Irlandais dévoués à la cause du Rappel, et nous pouvons prier Dieu, puisque nos consciences sont tranquilles... A genoux, mes enfants ; la noble Heiress va nous réciter l'oraison du soir.

Les convives se levèrent et se dirigèrent un à un vers un grossier crucifix de faïence appendu à la muraille, au-dessus d'une coquille contenant de l'eau bénite.

Ils trempèrent tour à tour leurs doigts dans la coquille, et firent dévotement le signe de la croix.

Ellen s'était levée, elle aussi. Son beau visage était couvert d'une pâleur mate : ses yeux se fixaient à terre, et les lignes de sa bouche tremblaient sous l'effort qu'elle faisait pour garder le calme de sa physionomie. Ses premiers pas chancelèrent, mais elle parvint à gagner le bénitier sans exciter l'attention, et se signa pieusement comme les autres.

Tout le monde s'agenouilla, chacun choisissant le saint vers lequel il appelait sa dévotion particulière.

Puis, parmi le silence profond qui régnait maintenant dans la salle, la voix tremblante d'Ellen s'éleva pour réciter en latin la prière catholique.

A mesure qu'elle avançait dans l'oraison, sa voix s'affermissait et devenait plus calme, mais il était trop tard, et Jermyn, au lieu de prier, répétait au fond de son cœur :

— Elle l'aime, mon Dieu ! je vois bien qu'elle l'aime !

L'oraison se poursuivait cependant. Le vieux Mac-Diarmid et les huit frères répondaient en chœur les versets sacrés. On pria longuement pour Daniel O'Connell, le libérateur de l'Irlande ; on pria pour Jessy, la fille et la sœur bien-aimée, dont le bonheur cher était en péril loin de la patrie ; on pria pour les pauvres Irlandais persécutés, et l'on pria pour les protestants leurs persécuteurs...

Lorsque l'écho des dernières paroles d'Ellen se tut, chacun resta encore à genoux durant quelques minutes, élevant son cœur vers Dieu.

L'heure du repos était venue.

Ellen prit une des chandelles de jonc et sortit par une porte située au fond de la salle qui communiquait à l'un des bâtiments ajoutés après coup au corps de logis principal, et dont nous avons déjà parlé. Cette maisonnette servait de chambre à coucher à Ellen et à Peggy.

Une porte parallèle à la première conduisait à la seconde maisonnette, qui était la retraite du vieillard. Les huit Mac-Diarmid, Joyce et les hôtes qui demandaient un abri au vieux Mill's couchaient dans la salle commune.

Au moment où le vieillard souhaitait la bonne nuit à ses fils, le pauvre Pat, qui avait fait un petit somme durant la prière, s'approcha doucement de Jermyn et lui glissa quelques mots à l'oreille en souriant.

Le jeune homme tressaillit de la tête aux pieds ; il s'appuya au mur pour ne point tomber à la renverse.

Pat sourit encore et toucha l'épaule d'Owen.

Il prononça également deux ou trois paroles à son oreille.

Owen tressaillit comme son jeune frère.

Pat s'approcha successivement, et sans être vu, des six autres frères, auxquels il glissa son avertissement mystérieux.

Morris, auquel il s'adressa le dernier, ne laissa paraître aucune émotion sur son fier visage ; seulement une tristesse grave éteignit le feu de son regard.

— C'est bien, répondit-il.

— *Ma bouchal !* grommela Pat, je crois bien que c'est bien !... *musha !* bonne nuit, mes chéris ! J'ai de la route à faire, moi, et qui sait si je dormirai d'ici demain matin...

Il sortit en croassant avec volubilité un véritable monceau de bénédictions.

Joyce s'était étendu sur la paille jetée en un coin de la salle.

Les animaux qui étaient au delà de la corde avaient fini leur repas et dormaient.

Les deux grands chiens de montagne s'étaient couchés sous la table.

Les huit frères se serrèrent la main sans s'adresser la parole. Le silence et l'obscurité régnèrent dans la maison de Mac-Diarmid.

———◦⊰⊱◦———

LA TORCHE.

Depuis quelque temps, le vieux Mill's avait gagné sa retraite. Ellen et Peggy reposaient dans la maisonnette collée au bâtiment principal.

On avait éteint les chandelles de jonc ; hommes et animaux dormaient dans la demeure de Mac-Diarmid.

On n'entendait dans la salle commune que les bruits sourds qui accompagnent le sommeil. Des murmures confus partant de l'étable et les vigoureux ronflements de Joyce empêchaient d'entendre les respirations des huit frères.

Il était dix heures du soir environ, et il y avait plus d'une heure que la prière finie avait marqué l'instant du repos.

Dans l'un des courts intervalles où le ronflement de Joyce ne venait point renforcer les murmures de l'étable, on eût pu entendre un imperceptible bruit partir de l'endroit où étaient couchés les fils de Mac-Diarmid.

L'obscurité qui régnait maintenant dans la salle était si grande, qu'il n'eût point été possible de reconnaître la nature de ce bruit.

C'était quelque chose de timide, qui se taisait par intervalles, pour reprendre bientôt après.

La paille des couches bruissait, légèrement frôlée. On devinait dans la nuit un mouvement lent et comprimé par des précautions minutieuses.

Au bout de quelques secondes, le son changea de place et parut s'avancer vers l'intérieur de la chambre.

L'un des chiens de montagne hurla sourdement sous la table.

— La paix, Wolf! murmura une voix contenue.

Le chien entama un nouveau hurlement qui se termina brusquement, comme si une main familière eût étreint son museau dans l'ombre.

Quelques secondes encore, et la porte de sortie, donnant sur la montagne, s'entr'ouvrit doucement.

Une forme noire qui rampait se glissa dehors, et la porte se referma.

L'ombre noire se redressa.

On eût pu reconnaître, à la faible clarté de la lune cachée sous les nuages, la riche taille de Morris Mac-Diarmid.

Il commença à descendre rapidement le sentier qui conduit au bas de la montagne.

Les rayons de la lune, réfractés par les nuages, dispersaient au loin des lueurs blanchâtres et indécises. Morris avait sous ses pieds la grande vallée où s'assied le village de Knockderry. A sa gauche, les cimes noires des Mamturks découpaient le ciel gris; à sa droite se dressaient les pics énormes du Mogher, qui regardent le comté de Clare.

Le lac Corrib étendait au loin ses eaux tranquilles, que recouvrait une brume laiteuse. Le reste du paysage mêlait ses lignes confuses et prolongeait jusqu'à l'horizon des alternatives de lumière grisâtre et d'ombres épaisses.

Morris n'était pas encore à la moitié du sentier qui devait le conduire au bord du lac, lorsqu'il crut entendre des pas dans la direction de la ferme. Il s'arrêta pour écouter. — Le silence était autour de lui sur la montagne.

Il reprit sa course. Aux premiers pas qu'il fit, son oreille crut saisir de nouveau des sons indistincts dans la partie du sentier qu'il venait de parcourir.

Mais Morris était pressé sans doute, et il s'était arrêté une fois en vain.

— C'est l'écho... se dit-il.

En quelques enjambées, il atteignit les premières cabanes du pauvre hameau qui s'adosse à la base de la montagne, et qui a pris le nom du lac son voisin.

Tout dormait depuis longtemps dans le village; nulle lueur n'apparaissait aux portes closes des chancelantes masures.

Le pas de Morris, résonnant sur les cailloux de la voie, éveillait à demi quelque chien qui se plaignait en bâillant auprès de la couche de son maître.

Les dernières maisons n'étaient séparées du lac que par une étroite bande de terrains cultivés. Morris traversa rapidement ces champs et toucha le bord de l'eau.

Tout le long de la rive, il y avait, dans les glaïeuls, des petits bateaux de pêche appartenant aux paysans du village. Morris s'arrêta pour faire un choix parmi ces barques et en chercher une qui fût à peu près en bon état.

Tandis qu'il fouillait dans les roseaux, éprouvant du pied les frêles embarcations, la voix des chiens du village s'éleva de nouveau, comme si un second pas, heurtant les cailloux de la route, troublait de nouveau leur sommeil.

Morris prêta l'oreille à ces hurlements sourds.

Il remonta la berge du lac, et attendit durant quelques secondes, essayant d'entendre ou de voir. Mais, bien que la lune n'eût en ce moment qu'un léger voile de vapeurs, il n'aperçut rien, sinon les chaumières du village qui sortaient de l'ombre, et la grande masse de la montagne élevant son sommet jusqu'au ciel.

Il détacha un bateau, et fit force de rames vers l'autre rive du lac Corrib.

Le temps était lourd, et aucun souffle de vent ne remuait le brouillard étendu sur la surface de l'eau.

A peine entré dans cette brume épaisse, Morris perdit de vue le rivage, et dut continuer sa route sans autre guide que son instinct et sa connaissance parfaite des eaux du lac.

La brume étendait autour de lui et au-dessus de lui une sorte de voûte arrondie et blanchâtre. Ce n'était pas l'obscurité, car le brouillard rayonnait une lueur propre, assez forte pour éclairer vivement les objets les plus voisins; mais c'était pire que l'obscurité. A une toise, tout autour du bateau, tombait la muraille circulaire; la vue ne pouvait point franchir cet obstacle, au delà duquel tout se voilait.

Morris ramait avec courage et dirigeait sa barque sans hésiter.

De temps à autre, un objet noir sortait de la brume : c'était une des îles nombreuses et inhabitées qui parsèment le lac Corrib, et dont la principale garde, au centre d'un nid de verdure, les ruines vénérables de l'antique abbaye de Ballylough.

Morris tournait autour de ces îlots, et, après avoir doublé leurs petits caps, il reprenait sa route vers l'est.

Il y avait un quart d'heure environ qu'il était engagé dans le brouillard.

Pour la troisième fois depuis son départ de la montagne, des bruits mystérieux vinrent frapper son oreille.

Il lui sembla que des coups d'avirons retentissaient derrière lui sur la surface du lac.

Il cessa d'agiter ses rames. Les coups d'avirons retentirent aussitôt plus distincts.

Et, tandis que Morris étonné demeurait stationnaire, le bruit s'approchait rapidement; en se rapprochant, il se divisait; — de telle sorte qu'au bout de deux ou trois minutes Morris entendit les avirons battre l'eau derrière lui, à sa droite et à sa gauche.

Il ne voyait rien. Les barques mystérieuses devaient être bien près de la sienne, mais le brouillard épaississait autour de lui son impénétrable voile.

Quels que fussent ces nocturnes passagers qui traversaient le lac à cette heure, Morris Mac-Diarmid n'était pas homme à s'arrêter pour si peu; il enfonça ses rames dans l'eau, et reprit sa route silencieuse.

Si bien habitué qu'il fût à la traversée du lac Corrib, l'épaisseur du brouillard le trompa plus d'une fois en chemin, et plus d'une fois une île, aperçue à propos au moment où il allait égarer sa route, le fit virer de bord.

Il y avait une chose étrange : chaque fois que Morris tournait ainsi l'avant de sa barque à droite ou à gauche, il entendait toujours à quelques brasses de lui cet inexplicable bruit de rames.

On eût dit que tous les bateaux du village dansaient cette nuit-là sur le lac.

Morris croyait presque rêver. Il avait vogué dans toutes les directions; une ou deux fois même il était revenu sur ses pas pour retrouver sa voie perdue, et toujours ces coups de rames voisins avaient frappé son oreille.

Évidemment il était entouré de bateaux cachés par la brume...

Il mit plus d'une heure à franchir le lac dans la direction de Headford. A mesure qu'il approchait de la rive, ses barques de ses fantastiques compagnons de voyage semblaient s'éloigner et se disperser...

Lorsqu'il toucha enfin le bord, et que la brume déchira autour de lui son voile gris, ses yeux avides parcoururent la rive.

Il ne vit rien, si ce n'est au loin, — si loin, qu'il ne pouvait guère s'en fier au témoignage de ses yeux, une forme sombre qui remontait comme un la berge, et qui se perdit aussitôt parmi les petits arbres disséminés sur le rivage.

C'en était à peine assez pour être bien sûr que tous ces bruits, entendus sur le lac, n'étaient point une vaine fantasmagorie; mais Morris Mac-Diarmid avait au cœur en ce moment de graves pensées. Il n'avait point le loisir de donner son esprit à des rêves. Il attacha sa barque entre les roseaux, et s'engagea au pas de course dans les terres cultivées qui séparent le lac Corrib des grands bogs (1) du Galway.

Tout en traversant ces champs fertiles qu'une culture éclairée eût aisément couverts d'opulentes moissons, Morris ne suivait point une ligne directe; il courait à droite, il courait à gauche, comme s'il eût cherché quelque chose dans la nuit.

Ce quelque chose, il ne fut pas longtemps à le trouver. Au détour d'un chemin, sur la lisière d'une de ces belles prairies naturelles si communes en Irlande, un troupeau de poneys était couché dans l'herbe.

(1) Immenses marais à tourbières.

Morris saisit par la crinière un de ces chevaux nains dont la race est bien connue chez nous, et sauta sur son dos.

Morris était de grande taille, les reins du poney fléchirent un instant sous ce lourd fardeau; mais le petit cheval secoua sa crinière, roidit ses muscles vigoureux, et montra qu'il était de force à porter son cavalier, dont les jambes pendaient et touchaient presque le sol.

Morris lui chatouilla le cou doucement, en murmurant quelques paroles caressantes; — le poney bondit en avant, laissant là ses compagnons endormis, et partit au galop.

La ligne des terres cultivées fut franchie en quelques minutes. Le poney allait comme le vent. Malgré la disproportion énorme qui existait entre lui et son cavalier, il redressait sa tête avec la fierté d'un cheval de race, et ne s'arrêtait devant aucun obstacle.

Mais ce fut dans les bogs qui commencent entre Headford et Carndulla que se déploya tout son admirable instinct.

Les bogs sont d'immenses marais où les *turf-cutters* (coupeurs de tourbe) taillent la tourbe, qui est en Irlande le chauffage commun. Ces marais sont composés de terrains solides entremêlés de terres meubles et de flaques d'eau croupissantes. On n'y peut faire un pas sans risquer de s'embourber, et les habitants du pays eux-mêmes ne réussissent pas toujours à surmonter les dangers d'un voyage à travers les *bogs* en plein jour.

La nuit, ces dangers augmentent naturellement dans une proportion effrayante. Les longs bâtons ne suffisent plus à tâter les terrains mouvants et à parer les fondrières.

Il faut s'arrêter ou donner son âme à Dieu, et risquer sa vie à l'aveugle, dans un jeu où l'on a mille chances contre soi...

Le poney allait d'un trot ferme et rapide parmi ces dangers sans cesse renaissants. Son merveilleux instinct lui faisait deviner l'étroite langue de terre solide qui courait en zigzag entre les fangeux précipices.

Il tournait les larges flaques d'eau; il doublait ces gazons perfides qui recouvrent des lacs de boue; il s'enfonçait intrépidement au milieu des forêts de joncs et de pins de marais. — Et il allait, il allait toujours, sans jamais ralentir sa marche.

La lune était sous un énorme nuage noir, et la vaste étendue des bogs se perdait dans une obscurité presque complète.

Morris flattait de la main son poney; il lui parlait pour soutenir son ardeur. Tout en parlant, il avait la tête penchée dans l'attitude de la méditation.

Il était en ce moment à quatre ou cinq milles déjà de la lisière des terrains cultivés qui avoisinent Carndulla.

A un mille en avant de lui coulait la petite rivière de Moyne.

— Hardi, *ma bouchal!* murmurait-il, employant le patois familier des campagnes. — Ferme! mon bijou! Arrah! arrah!

Tout à coup il se tut, et sa tête se redressa vivement.

Encore une fois des bruits sortaient de l'ombre et arrivaient jusqu'à son oreille.

Et, chose bizarre, ce bruit était encore une sorte d'écho.

Quand il avait descendu la montagne en quittant la ferme, ses pas avaient éveillé d'autres pas dans la nuit; — les chiens du village de Corrib avaient hurlé deux fois; — dans la brume du lac, les avirons mystérieux avaient battu l'eau, répondant au son de ses rames; — et maintenant qu'il était à cheval, la terre humide du bog résonnait sourdement au loin sous les pas d'autres chevaux.

Car il ne se trompait point, c'était le trot de plusieurs chevaux qu'il avait entendu et entendait encore.

Il y en avait plusieurs; il y en avait beaucoup...

A droite, à gauche, par derrière, leur trot sonnait sur le gazon flasque.

La nuit noire arrêtait l'œil de Morris; il ne voyait rien, mais les nocturnes voyageurs se rapprochaient de lui insensiblement, comme s'ils eussent tendu à un but commun.

Le moment arrivait où ils devaient entrer dans la voie de Morris, et alors une rencontre était inévitable, car, suivant le mont Corbally et la rivière de Moyne, le bog aboutit à un passage étroit et unique.

Morris ouvrit le carrick qui sert de manteau à tout fermier irlandais, et tira de sa poche un carré de toile noire qu'il fixa sous son chapeau à bords étroits.

Les plis de la toile retombèrent de manière à masquer entièrement son visage.

D'une main il soulevait ce voile pour garder sa vue libre, de l'autre il continuait à flatter son poney, qui redoublait d'ardeur et allait comme le vent.

Un demi-mille se fit encore de cette sorte.

La lune arrivait au rebord du grand nuage noir aux extrémités duquel ses rayons mettaient une frange argentée; une lumière confuse et grise se répandait lentement par les bogs.

Morris regardait de tous ses yeux, voulant profiter de cette éclaircie; il aperçut d'abord une forme fugitive, aussi noire que l'ombre et qui tranchait à peine dans l'obscurité.

Cette sorte de fantôme était à cheval comme lui, et, comme lui, courait en zigzag dans la tourbière.

La lune montra un coin de son disque au delà du grand nuage.

Le bog sortit de l'ombre; une autre forme noire apparut, puis deux, puis trois; — les sombres cavaliers semblaient surgir comme autant de spectres dans la nuit.

Morris en compta sept qui suivaient les sinuosités capricieuses du terrain, tantôt se rapprochant, tantôt s'éloignant, et toujours courant de toute la vitesse de leurs chevaux.

A la lueur pleine de la lune qui voguait maintenant dans le ciel bleu vers un autre nuage, les objets paraissaient vivement; Morris distinguait parfaitement les cavaliers qui semblaient être une exacte reproduction de lui-même.

C'étaient tous les sept des hommes de grande taille, vêtus de carricks sombres, voilés de noir, et montés sur de très-petits chevaux.

Sans doute ils apercevaient Morris comme Morris les apercevait, mais nul d'entre eux ne ralentissait sa course.

Ils arrivèrent presque en même temps au défilé, situé entre la rivière du Moyne et le mont Corbally.

Morris, qui s'y engagea le premier, entendait sur ses talons le pas du second poney. Il pressa le galop de son cheval, et disparut en un clin d'œil derrière les saules qui bordent le cours de la rivière...

Le second cavalier s'arrêta brusquement; celui qui venait ensuite l'imita.

— Qui vive? demandèrent-ils à la fois sans lever leurs voiles.

— *Payer of Midnight!* répondit un nouvel arrivant.

— Owen!

— Mickey!

— Sam!...

Puis trois autres cavaliers s'élancèrent du bog.

— Natty! — Dan! — Larry!...

Les six frères se mirent en cercle et se donnèrent la main.

— Que Dieu sauve l'Irlande! dit Mickey; c'est ici le lieu du rendez-vous... Qui va nous montrer le chemin?

Personne ne répondit.

— Il faut attendre, reprit Mickey; notre guide viendra sans doute quand il en sera temps.

Le pauvre Pat dormait dans une petite loge adossée au mur de l'enclos de Luke-Neale. De l'autre côté de ce mur coulait la rivière de Moyne, qui bornait, vers le nord, les propriétés de ce riche *middleman* (locataire intermédiaire entre les grands propriétaires et les petits fermiers).

Pat était valet de ferme et gardien de l'enclos. Il avait pour charge spéciale de veiller sur la porte de l'eau.

Au beau milieu de son premier sommeil, le pauvre Pat fut éveillé en sursaut par des coups faibles et discrètement frappés à la porte de l'enclos.

— Pat, disait en même temps une voix contenue; Pat, mon garçon!...

Le malheureux valet de ferme se retourna sur la paille de sa couche et tâcha de croire qu'il rêvait. Il avait fourni ce soir une longue course; la fatigue l'accablait.

Mais la voix reprit:

— Pat! mon bijou! je suis pressé...

Pat se frotta les yeux en gémissant, puis il sauta sur ses pieds.

— Que voulez-vous et qui êtes-vous? demanda-t-il par manière d'acquit.

— Mon fils, répliqua la voix du dehors, je suis un *neveu de notre tante*... As-tu envie que je te brise le crâne?

— Arrah! grommela le pauvre Pat. — Dieu ait pitié de nous!... Il n'est pas minuit, Votre Honneur!... Est-ce que la tante Molly est là avec toute sa bande?

Au dehors on frappa du pied et l'on répondit:

— Je suis seul... Ouvre, ou tu ne feras pas de vieux os, mon ami.

Le valet mit une clef dans la serrure, et ouvrit la porte.

Un homme en carrick sombre franchit précipitamment le seuil de la porte.

Derrière le battant unique, on apercevait la forme grêle de Pat, dont les cheveux ébouriffés cachaient presque le visage.

Il sortait de son lit.

— Bonsoir, Pat, mon garçon, dit l'homme au carrick; — tu ne m'attendais pas sitôt... Allons! nous avons une heure devant nous; il faut que tu me conduises sur-le-champ à la chambre du major anglais.

— Oh! mon bon maître, répondit Pat qui tremblait de froid et de frayeur, venez-vous pour le tuer?... *Ma bouchal!* ce n'est pas la peine!... le pauvre Saxon est à moitié mort et n'a besoin de personne pour s'en aller dans l'autre monde. Que Dieu lui fasse grâce de ses péchés!

— Je te dis, répéta l'autre avec impatience, — qu'il faut me conduire à sa chambre sur l'heure!

Pat hésita et trembla plus fort.

— Oh! mon ami, mon bon maître! répliqua-t-il, n'ai-je pas assez travaillé ce soir?... la route est longue jusqu'à la ferme des Mamturks, et je l'ai faite deux fois. Ecoutez, mon doux fils! ayez pitié de vous et de moi!... Personne ne dort cette nuit à la ferme de Luke-Neale, et nous aurons une balle ou deux dans la tête chacun, avant d'arriver à la chambre du Saxon... Bien sûr, Votre Honneur! bien sûr, mon cher petit ami!

L'homme au carrick le saisit brusquement par le collet de sa chemise.

Pat poussa un gémissement et passa ses doigts calleux dans les masses ébouriffées de sa chevelure.

—Marche! dit le nouveau venu.

— Je marcherai, puisque vous le voulez, mon bon maître, je marcherai, mon bijou, répliqua Pat; mais que Dieu vous pardonne ma mort.

Il ne crut pas prudent de résister plus longtemps aux ordres du nouveau venu, et rentra chez lui pour revêtir à la hâte les haillons que nous lui avons vus à la table du vieux Mill's, après quoi il se mit en marche à travers l'enclos.

Pat avait passé la soirée en courses mystérieuses, qui n'étaient point à coup sûr dans l'intérêt de son maître, et maintenant il ouvrait la porte à l'ennemi. C'était un méchant gardien qu'avait là Neale, le middleman.

L'homme au carrick et lui s'abritaient du mieux qu'ils pouvaient derrière les arbres fruitiers, et tâchaient d'étouffer le bruit de leurs pas sur le gazon.

Ils arrivèrent à la façade intérieure de la ferme, après avoir traversé l'enclos et tout le jardin.

Aucun accident ne vint à l'encontre de leur expédition. — Ils entrèrent.

La nuit était noire dans les escaliers et dans les corridors de la ferme du middleman. — Dans l'ombre épaisse, nos deux compagnons crurent entendre le bruit sourd de plusieurs voix contenues et inquiètes qui s'entretenaient.

Pat avait dit vrai, on ne dormait guère cette nuit à la ferme de Luke-Neale, et les placards menaçants affichés sur les murailles de Galway suffisaient à tenir tous les yeux ouverts, toutes les craintes éveillées.

Mais, par cela même que chacun était debout, le faible bruit que

faisaient nos deux coureurs de nuit, en passant le long des corridors obscurs, n'attirait l'attention de personne.

Ils arrivèrent sans encombre au but de leur excursion.

— Voici la chambre du Saxon, dit Pat, qui était plus mort que vif.

— Puis-je me retirer, mon bon maître?

— Non, répliqua l'homme au carrick: attends-moi là, ta besogne n'est pas finie.

Il tourna le bouton de la porte et entra. — Pat demeura défaillant au dehors.

Chacun sait que servir deux maîtres à la fois est un dangereux métier. Pat servait deux maîtres, et la vaillance n'était point son fort.

Il se collait à la muraille, il s'aplatissait et retenait son souffle, priant saint Janvier de tout son cœur, implorant saint Patrick qui était un peu son patron, et ponctuant sa prière d'une multitude de *ma bouchal!* prononcés tout au fond de son âme.

A chaque instant il croyait sentir dans ses cheveux crépus la main redoutable du middleman.

La chambre du Saxon n'était éclairée que par une chandelle de jonc placée à l'une de ses extrémités. — A l'autre bout, on voyait un lit sur lequel un homme était étendu.

Auprès du lit, sur une chaise en forme de baquet, une jeune fille au visage doux et beau avait la tête renversée et les yeux fermés. Elle était là pour veiller le blessé sans doute, et le sommeil vainqueur l'avait surprise au milieu de sa pieuse fatigue.

En dormant, elle souriait; — un beau rêve la réjouissait peut-être, et son âme de vierge envoyait des reflets purs à son front.

Le blessé avait les yeux ouverts. Ses traits, éclairés vaguement par la lumière lointaine, étaient réguliers et nobles, mais il y avait dans son regard une torpeur morne qui ressemblait au dernier sommeil.

Ses bras et sa poitrine étaient hors des couvertures; sous sa chemise fine et transparente, on apercevait au sein droit des linges tachés de sang.

On voyait empreint le terrible sceau des Molly-Maguire.

Ses mains étaient incolores comme des mains de cadavre; son visage, pâle et immobile, ne gardait d'autre signe de vie que le souffle faible, passant à travers ses lèvres blanches entr'ouvertes.

L'homme au carrick avait son voile noir sur la figure. Il s'avança doucement jusqu'au lit; le blessé ne bougea point; la jeune fille ne s'éveilla pas.

Arrivé auprès du major, l'étranger souleva la toile qui couvrait son visage et se pencha au-dessus du lit.

— Percy Mortimer, dit-il, me reconnaissez-vous?

— Vous êtes un *payeur-de-minuit*, répondit le blessé d'une voix à peine intelligible. — Je ne puis pas me défendre... Epargnez cette jeune fille et tuez-moi.

L'étranger alla chercher la chandelle de jonc et la mit devant son visage.

— Percy Mortimer, dit-il encore, me reconnaissez-vous?

— Non, répliqua le major.

— Nous nous sommes vus deux fois pourtant, prononça l'homme au carrick d'une voix lente et grave. — Une fois auprès de Londres, à Richmond, où vous avez mis votre épée contre ma poitrine et le fer d'un assassin...

— Je ne m'en souviens pas, répliqua le major.

— Une autre fois, dans le bog de Clare-Galway, où je vous ai payé une partie de ma dette.

Le major le considéra plus attentivement.

— C'est vrai, dit-il, vous m'avez sauvé la vie, monsieur... Que voulez-vous de moi ?

— Un fils de mon père, répond l'homme au carrick en relevant la tête avec orgueil, — rend trois coups pour un coup et trois bienfaits pour un bienfait... Je vais vous sauver la vie encore une fois, major Percy Mortimer, et je n'aurai acquitté que les deux tiers de ma dette.

Kate Neale, la jeune fille endormie, fit un léger mouvement, comme si elle allait s'éveiller... L'étranger s'empressa de laisser retomber son masque. — Puis, saisissant un mouchoir de soie qui était sur le lit du major, il bâillonna la jolie garde-malade avant qu'elle eût pu prononcer une parole ou exhaler un gémissement.

— Kate, chère petite sœur, murmura-t-il, — je suis là pour vous sauver, vous aussi.

L'épouvante qui était dans les yeux de la jeune fille, ainsi éveillée par une terrible apparition, fit place à la surprise. Elle jeta sur l'étranger un regard aigu, comme si elle eût voulu percer le masque qui couvrait son visage.

L'homme au carrick avait prononcé ces derniers mots d'une voix douce et tendre. Il reprit avec un dur accent de menace :

Kate Neale, et vous monsieur le major, — vous allez me suivre, et, sur votre vie, vous allez vous taire !

Il éteignit brusquement la chandelle de jone, et alla chercher Pat, qui attendait toujours à la porte.

— Aide-moi à charger le Saxon sur mes épaules, dit-il, — puis tu prendras ta jeune maîtresse par la main et tu nous suivras.

— Arrah ! que Dieu ait pitié de nous ! grommela le pauvre valet de ferme.

Il obéit cependant, et le major, enveloppé dans ses couvertures, fut chargé sur les épaules de l'homme masqué, — puis Pat prit par la main Kate bâillonnée et demi-morte de frayeur.

On s'engagea de nouveau dans le corridor.

Cette fois il était presque impossible de ne pas éveiller l'attention des habitants de la ferme.

— Qui diable se promène comme cela ? cria de loin Luke Neale.

— Réponds ou tu es mort ! dit l'homme masqué à Pat.

— Oh ! Votre Honneur, répondit Pat, que la frayeur étouffait, — c'est moi qui viens voir si tout est bien, Dieu soit béni ! Bonne nuit, Votre Honneur ! puissiez-vous vivre longtemps !

L'étranger était au bas de l'escalier avec son fardeau.

— Ouvre la porte de l'écurie, dit-il à Pat, lorsque celui-ci l'eut rejoint, — et attelle un cheval au char.

— Mais, mon bon maître, on va nous entendre ! objecta Pat d'une voix larmoyante.

— L'homme au carrick, soutenant le major d'une main, étendit son autre bras vers Pat, qui sentit le froid d'un pistolet sur sa tempe.

— Que Dieu nous sauve ! murmura-t-il avec détresse. — Arrah ! arrah !

Et il ouvrit la porte de l'écurie.

Il n'y avait personne dans la cour, et l'attention des gens de la ferme était portée exclusivement sur le dehors.

Le char fut attelé. L'homme masqué y déposa son fardeau auprès de Kate Neale, dont il baisa la main. Pat se mit sur le siège, et l'équipage partit.

Le middleman et ses gens entendirent le grincement de la porte qui s'ouvrait et le bruit du char cahotant sur les pierres du chemin.

Ils se demandèrent ce que c'était ; mais à cette question nul ne sut répondre, et, dans cette nuit de terreur, on n'avait pas beaucoup de loisir à donner à la solution d'une énigme.

L'homme au carrick redescendit le jardin en courant, sortit par la porte de l'eau, et monta sur un poney qui l'attendait, attaché en dehors de l'enclos.

Le poney partit aussitôt ventre à terre.

Êtes-vous blessé, demanda Mortimer ?

Tout cela s'était passé en quelques minutes...

Les Mac-Diarmid attendaient toujours dans le défilé entre Corbally et la Moyne.

Ils entendirent un bruit dans les grands saules qui bordent la rivière, et un cavalier se montra aux pâles rayons de la lune.

C'était l'homme au carrick sombre, qui venait d'enlever Kate Neale et le major Percy Mortimer.

— Qui va là ? demanda Mickey.

— Payeur de minuit.

Le cercle des fils de Diarmid s'ouvrit, et le nouvel arrivant, rejetant son voile en arrière, découvrit les nobles traits de Morris.

Il vint occuper le centre du cercle, et son œil compta ceux qui l'entouraient.

— Dieu sauve l'Irlande ! dit-il à voix basse, — il reste Jermyn à notre vieux père.

— Dieu sauve l'Irlande ! répétèrent les six Mac-Diarmid.

La lune tombait d'aplomb sur leurs visages énergiques et beaux, qu'entouraient les boucles humides de leur chevelure.

C'étaient sept hommes forts, sept cœurs intrépides qui n'avaient qu'une seule volonté...

— Il fallait dire : Malheur ! à quiconque était leur ennemi.

— Frères, reprit Morris d'une voix ferme où il y avait de la tristesse, — nous avons pris le voile noir à l'insu des uns des autres et de notre propre volonté... Dieu veuille que là soit le salut de l'Irlande !

— Nous tâcherons, dit Mickey.

— Nous vaincrons ! s'écrièrent les plus jeunes.

Morris leva au ciel ses grands yeux noirs, et murmura d'une voix si basse que ses paroles arrivèrent à peine aux oreilles de ses frères :

— Ceux que nous respectons et ceux que nous aimons nous donnent leur mépris... Vaincre est possible, et l'on peut toujours mourir !...

Sa tête se pencha durant quelques secondes, puis il se redressa et reprit tout haut :

— Nous avons été choisis... que le devoir s'accomplisse !

Owen, qui était resté silencieux et inquiet jusqu'à cet instant, s'approcha de lui.

— Frère, dit-il à voix basse, — Kate Neale, ma fiancée, est en péril de mort... laissez-moi la sauver.

— Kate est ma sœur, puisque mon frère l'aime, répliqua Morris ; je viens de la ferme de Luke Neale.

Owen prit la main de Morris et la pressa passionnément contre son cœur.

— Le temps presse, dit Mickey, — et celui qui doit nous guider ne vient pas.

— Celui qui doit vous guider est venu, répliqua Morris, — suivez-moi.

Au moment où ils s'ébranlaient, un huitième cavalier sortit du bog à bride abattue et entra dans le défilé.

Les sept frères avaient remis précipitamment leurs vôiles.

— Qui vive? demanda Morris.

— *Payeur-de-minuit!* répondit sous la toile noire une voix douce et presque enfantine.

— Jermyn! prononcèrent à la fois les sept Mac-Diarmid.

Et Morris ajouta d'une voix triste :

— Le vieillard n'a plus de fils selon son cœur... Que Dieu sauve l'Irlande!...

Minuit approchait.

Les huit frères reprirent le galop.

Entre Corbally et Men-Lough, à mille pas environ du lit de la Moyne, la lune montrait une grande masse noire dont les lignes indécises et heurtées tranchaient sur le ciel blanc.

La cavalcade se dirigea vers ce lieu.

A mesure qu'on approchait, on pouvait distinguer de longs pans de murailles, percés de symétriques ogives, qui fuyaient au loin et se perdaient dans l'ombre.

C'étaient les ruines de l'abbaye de Glanmore, — une de ces merveilles catholiques dont les débris traversent les siècles.

Les huit Mac-Diarmid entrèrent à cheval dans un long cloître dont la voûte ouverte laissait apercevoir le ciel.

Ils ne mirent pied à terre qu'au centre des bâtiments de l'abbaye, dans une grande salle presque entièrement conservée, à un angle de laquelle s'ouvrait un large escalier souterrain.

Les fils de Mac-Diarmid descendirent les marches de cet escalier. — Les poneys, libres, cherchèrent dans les cloîtres un lieu où l'herbe croissait plus drue, et se couchèrent, pantelants, sur le sol.

Le voyageur attardé qui eût passé devant la ruine séculaire aurait pu admirer les restes majestueux de la vieille abbaye et s'y croire dans la plus complète solitude.

Un silence absolu régnait dans les vastes corridors et dans les salles immenses dont les fenêtres, dépourvues de vitraux, laissaient passer le vent humide de la nuit avec les pâles rayons de la lune. Çà et là, quelque saint mutilé sommeillait dans sa niche profonde. Les colonnettes jaillissaient du sol en faisceaux et s'arrêtaient à mi-chemin de la voûte, brisées par la main du temps. — Le lierre et la mousse pendaient aux arêtes des corniches, qui s'avançaient au-dessus du vide et demeuraient soutenues par une force inconnue, après la chute de leurs appuis.

C'était une scène de désolation, grande et poétique. La lune, qui jouait dans les arceaux brisés, éclairait les jours délicats de ces vieilles dentelles de pierre. — Le temps semblait sommeiller et s'arrêter parmi ces splendeurs d'un autre âge. Nul bruit n'en troublait le silence solennel, si ce n'est le chant plaintif de la bise, qui gémissait en frôlant les pierres moussues.

Mais tout à coup un fracas mystérieux se fit. C'était comme une exclamation formidable sortant des entrailles de la terre. — Le sol des vieilles salles trembla, et les mille échos des ruines retrouvèrent leurs voix endormies.

Une lueur sanglante apparut à l'orifice de l'escalier par où les Mac-Diarmid étaient descendus.

Le bruit avait cessé...

L'instant d'après, une foule, masquée de noir, fit irruption dans la salle, et traversa en silence les ruines de l'abbaye.

En avant de cette foule, il y avait un homme de taille presque colossale, vêtu d'une mante rouge à capuchon, comme celles des femmes du Connaught, et qui tenait élevé au-dessus de sa tête une énorme branche de *bog-pine* enflammé (pin résineux des marais).

La foule sortit des ruines et se mit à marcher au pas de course sans prononcer une parole.

Le géant brandissait le *bog-pine* au-dessus de sa tête, et laissait derrière lui une longue traînée de feu.

Les plis de sa mante rouge flottaient, éclairés vivement, et, à le voir courir au loin dans la plaine avec sa torche à la grande chevelure de flamme, on prenait une idée des choses surnaturelles.

Cet homme, chargé du rôle de Molly-Maguire, reine fantastique des *ribbonman* (1), était bien connu, dans tous les comtés de l'ouest, sous le nom de Mahony le Brûleur.

A un mille de l'abbaye de Glanmore, sur la rive même de Moyne, une ferme toute neuve élevait ses constructions blanches, entourées de hangars et de vastes étables.

C'était une ferme comme on n'en voit guère en Irlande, et surtout dans le pauvre Connaught. Il y avait là une apparence de richesse qui faisait plein contraste avec les indigentes demeures du voisinage.

Nulle lumière ne paraissait aux fenêtres. On eût dit que tout dormait dans la maison; mais c'était un signe trompeur, et celui qui aurait pu s'approcher jusqu'au pied des murailles aurait vu plusieurs canons de fusil briller derrière les contrevents, ouverts à demi.

Cette ferme appartenait à Luke Neale, le middleman, agent d'affaires de lord George Montrath, propriétaire de presque toute la partie occidentale du Galway.

Lorsque apparut au loin la lueur sanglante du *bog-pine*, il se fit un mouvement derrière les contrevents : des exclamations de courroux et de frayeur s'entre-croisèrent, mêlées à des gémissements de femmes.

La torche approchait cependant rapidement; on pouvait distinguer déjà, derrière le géant, huit hommes de grande taille, couverts de sombres carriks, qui s'avançaient sans armes.

Derrière encore on voyait scintiller çà et là dans la foule noire les canons des fusils.

— Qui êtes-vous? dit une voix émue à l'intérieur de la maison.

— *Musha!* grommela le géant Mahony, — ils nous attendent comme de braves coquins qu'ils sont!...

Une voix grave sortit de la foule masquée.

— Nous sommes les *payeurs-de-minuit*, répondit-elle; — Luke Neale, tu as jeté hors de sa tenance la vieille Meggy de Claggan... nous allons te jeter hors de ta maison... tel est l'ordre de Molly-Maguire.

— Tel est l'ordre de la bonne tante Molly, répéta en ricanant le géant habillé en femme.

En même temps il agita au-dessus de sa tête encapuchonnée la torche de *bog-pine*, qui dispersa ses flamboyantes étincelles.

— N'avancez pas, au nom de Dieu! cria-t-on de l'intérieur de la maison.

Les Molly-Maguires ne tinrent aucun compte de cet ordre.

Trois ou quatre coups de feu retentirent à la fois. Deux hommes tombèrent dans les rangs des *payeurs-de-minuit*.

— Feu! mes chéris, hurla Mahony le Brûleur qui secoua sa grande torche.

Une décharge générale suivit ce commandement; des plaintes déchirantes se firent entendre à l'intérieur de la ferme de Luke Neale.

Une demi-heure après, un violent incendie que tout secours humain eût été désormais impuissant à éteindre dévorait la riche ferme du middleman.

Les lueurs vives de l'incendie éclairaient un cordon de formes noires qui entouraient, impassibles et silencieuses, les bâtiments dévoués aux flammes et regardaient s'achever l'œuvre de destruction...

Le lendemain il n'y avait plus là qu'un monceau de cendres fumantes.

Au centre des débris on voyait un pieu fiché en terre qui supportait un écriteau, et sur cet écriteau on lisait, au-dessous du nom de Molly-Maguire, en lettres d'un demi-pied de haut :

QUITTANCE DE MINUIT.

(1) Membres des sociétés secrètes.

FIN DU PROLOGUE.

PREMIÈRE PARTIE.

—

MAC-DIARMID.

I

LA MAISON NOIRE.

Ceci est une histoire d'hier. Les événements que nous avons racontés aux précédents chapitres se passaient à la fin de 1844.

Plusieurs mois se sont écoulés, nous sommes en juin 1845.

Le fait palpite encore. L'oubli n'a pas eu le temps de tisser le voile qui recouvre chaque événement tour à tour...

Durant ces quelques mois, les choses ont marché. — En ces pays de grandes luttes, où il semble que la volonté d'un seul homme soit entre le courroux contenu des partis et la plus implacable de toutes les guerres civiles, chaque jour amène son progrès contesté, sa bataille perdue ou gagnée; une bataille gagnée presque toujours, car l'étoile de l'Irlande grandit et monte à l'horizon politique. Ces huit millions d'esclaves, qui ont eu tant de peine à devenir un peuple, se dressent pauvres, mais forts, vis-à-vis des suppôts à demi vaincus de la tyrannie protestante.

Ils ont encore, dit-on, les vices et les faiblesses que mène avec soi la servitude. — mais ils prêtent l'oreille aux leçons vaillantes d'une voix libre; leur cœur apprend à battre. Il vont s'éveiller hommes...

Et, tandis que les uns courbent encore la tête sous la puissance fatale de la misère, tandis que d'autres, voués à de mystérieuses vengeances, poursuivent durant les nuits noires leurs batailles inutiles et cruelles, quelque chose s'agite au dedans et au dehors de la nation. L'Angleterre, émue, écoute la voix longtemps muette de sa conscience. O'Connell, captif, trouve un arc de triomphe au delà des portes ouvertes de sa prison; Robert Peel, le noble, le grand génie, muselle son propre parti et ensemence de ses mains le champ où va croître la moisson catholique.

Et l'Europe regarde, attentive, les fantasques évolutions du Libérateur, sa lutte patiente, ses déroutes éhontées, ses magnifiques victoires.

Elle écoute le pamphlet unique et furieux de cet homme étrange, dont la colère calcule, qui n'a peur de rien, si ce n'est d'une épée, et qui manie en se jouant le courroux docile d'une nation adolescente.

Elle voit, derrière cet homme, la misère grandir et demander, impatiente, le pain promis, la victoire annoncée.

Elle s'étonne, déroutée, devant la comédie du *Rappel*, qui enfile l'un à l'autre ses actes interminables et semble défier la patience commune.

Elle apprend çà et là quelques noms néfastes qui s'écrivent avec du sang sur des ruines toutes neuves. Hier elle entendit pour la première fois ce nom de *Molly-Maguire*, qui est entouré aujourd'hui déjà d'une funeste renommée...

C'est une tragédie qui se joue devant nos yeux et qui mêle à des efforts gigantesques la farce bizarre. Il y a du sang, des larmes et des rires. Ce peuple est comédien. Il trouve moyen de grimacer dans son indicible détresse. Il meurt de faim, il tue et il fait des cabrioles.

Et, parmi vingt actions dirigées en sens contraire, la destinée s'accomplit...

Ces convulsions vont s'apaiser. La convalescence s'annonce. Quelques années encore, et les nuits sans lune ne s'éclaireront plus au feu de l'incendie. Le sang ne coulera plus; le whiteboysme aura déchiré son masque et brisé son poignard.

On ne se rappellera plus les burlesques francs-maçons orangistes; on aura oublié les *ventes* terribles où se réfugiait la misère courroucée du catholique expulsé de sa chaumière.

Alors viendra l'histoire avec son pinceau respectable, l'histoire honnête, et digne, et prude, dont chaque mensonge vaut dix vérités inscrites aux pages frivoles du roman

Le gai soleil de juin enfilait la voie étroite de Donnor-street à Galway; ses rayons, frappant obliquement la ligne irrégulière des maisons, mettaient alternativement de grandes ombres et de vives lumières à leurs façades sculptées.

Galway est la perle de l'Irlande; c'est la cité romanesque, la ville épique, gardant au fronton de ses demeures les belles fantaisies que le moyen âge taillait partout dans la pierre.

En passant par certaines rues, vous diriez quelque quartier transplanté d'une ville castillane. Les maisons, qui se touchent presque, s'élèvent sveltes et fières, ouvrant sur la voie discrète leurs longues fenêtres en ogive. — Le dessus de chaque porte se découpe en sculptures capricieuses. Çà et là, entre les fenêtres, des écussons symétriques étalent leurs vieux émaux, que le temps aurait dû respecter.

Donnor-street est un de ces passages où l'architecture gothique et le style de la Renaissance alternent sans aucun mélange de constructions modernes.

Chaque maison est un château, petit ou grand, aux murailles criblées d'armoiries, qui ferme fièrement les battants guillochés de son portail.

Mais ces châteaux sont depuis longtemps veufs de leurs nobles hôtes; ceux qui ne sont pas inhabités servent d'asile aux professions les plus bourgeoises, et encore ont-ils peu de faveur auprès des industriels, à cause de l'incommodité de leurs distributions intérieures.

À l'angle de Donnor-street et de la ruelle sans nom qui mène au Claddag, cette patrie des matelots et des pêcheurs de Galway, une grande maison d'architecture éminemment curieuse et caractéristique avait été transformée en auberge, sous le patronage de Saunder Flipp, Écossais et presbytérien.

Il y avait au-dessus de la porte principale, entre deux écus sculptés dans la pierre où la harpe d'Irlande s'écartelait de diverses pièces chevaleresques, un beau tableau composé de pâtés de couleur bleue, jaune et rouge, qui représentaient le bon roi Malcolm.

Au-dessous on lisait : *Ale d'Écosse, potteen, pension pour hommes et pour chevaux.*

C'était un des principaux *public-houses* protestants de Galway. À différentes époques, les orangistes y avaient tenu les séances de leur club. Quoique presbytérien, Saunder Flipp avait une tendresse de frère pour les gens de l'Église établie qui venaient boire à son auberge.

Il était allé une fois, dans son zèle enthousiaste, jusqu'à proposer à ses pratiques orangistes de mettre bas l'enseigne du roi Malcolm, qui avait été en son temps un partisan du pape; mais la grandeur d'âme des anglicans avait dédaigné cette offre soumise, et les pâtés de couleur bleue, rouge et jaune continuaient de représenter sans encombre le vieux monarque écossais.

C'était un beau temps pour Saunder, les voyageurs abondaient en la ville de Galway. On était à la veille des élections, et les deux partis, qui se préparaient à une lutte acharnée, avaient convoqué le ban et l'arrière-ban de leurs amis.

L'Ulster [1] avait envoyé un nombreux contingent de protestants pour tenir avantage le marché aux votes et travailler les consciences indécises. Des gens de Londres étaient venus dans le même but, et du midi de l'Irlande affluaient des bandes bruyantes qui n'étaient certes pas là pour appuyer le candidat tory.

En outre, il y avait à Galway un autre appât pour la foule, — un grand procès de whiteboysme; — c'était assez pour emplir jusqu'aux combles toutes les hôtelleries, et, de fait, la vieille cité, trop petite, déversait une partie de ses hôtes sur Tuam et les autres villes environnantes.

Ce procès de whiteboysme, qui était en train de se juger, piquait la curiosité très-vivement. L'accusé, que le grand jury avait renvoyé devant les assises, était, disait-on, l'un des principaux chefs de l'armée des Molly-Maguires.

Cet homme, qui jouissait d'une grande influence dans la partie occidentale du comté, entre la mer et les deux lacs, avait trouvé dans la population une telle sympathie, qu'aucun témoin ne s'était rencontré pour déposer contre lui à la dernière session.

Lors de son arrestation, il y avait eu de terribles émeutes dans le Connaught. Des bandes étaient venues, de nuit, jusqu'au milieu de la ville de Galway, et, si le prisonnier avait voulu y mettre un peu du sien, il ne fût pas resté quarante-huit heures sous les verrous de la

—————
[1] Des quatre provinces qui composent l'Irlande, trois : le Leinster, le Munster et le Connaugh, sont presque exclusivement catholiques. — La quatrième, l'Ulster, est composée d'un nombre à peu près égal de protestants et de catholiques.

peine. — Mais le prisonnier demeurait calme au fond de sa cellule. Il désavouait l'émeute, et prétendait faire triompher légalement son innocence.

Au lieu de l'acquitter purement et simplement, faute de preuves, on avait renvoyé l'affaire à deux mois, comme cela se fait assez généralement en Irlande.

Le bruit public était que, pendant ces deux mois, on avait découvert enfin ce qu'il fallait de témoins pour faire condamner le vieux Mill's Mac Diarmid...

De l'autre côté de la rue étroite, et justement vis-à-vis de l'auberge du *Roi-Malcolm*, s'élevait une grande maison noire, délabrée, chancelante, dont les fenêtres gothiques, veuves de leurs vitraux, laissaient passer le vent et la pluie.

Dégagée des habitations qui la pressaient, cette maison eût été une belle ruine. Ses murailles, couvertes de sculptures féodales, brisaient leurs courbes avec grandeur et s'ouvraient à leur milieu, ménageant un portail sarrasin digne du palais d'un prince. Elle était beaucoup plus large de façade que l'hôtel de Saunder Flipp ; mais elle avait seulement deux étages, surmontés d'une haute toiture à pic.

Sa forme était celle d'un château : un corps de logis et deux ailes, séparés entre eux par de profondes échancrures.

Elle était inhabitée. — On la laissait tomber en poussière, comme tant de palais en Irlande, et nul n'allait s'inquiéter de l'imminence de sa chute...

Il était deux heures de l'après-midi ; le soleil, entrant par une grande fenêtre ogive, éclairait joyeusement les cloisons rougeâtres du parloir de l'auberge du *Roi-Malcolm*.

Il y avait çà et là, dans les compartiments de cette salle, destinée aux membres importants de la société orangiste, quelques gentlemen attablés et buvant du *toddy*.

La loge la plus voisine de la fenêtre était occupée par quatre personnages, deux hommes et deux femmes, qui s'entretenaient paisiblement.

Mistress Fenella Daws, l'aînée des deux femmes, pouvait bien avoir quarante ans. Elle était très-maigre, très-blafarde, et coiffée à l'enfant. Ses cheveux, d'un blond ardent, décimés par l'âge, étageaient leurs petites bouclettes pommadées autour d'un front étroit où il n'y avait pas trop de rides. Ses yeux blancs avaient d'étonnantes façons de se mouvoir de bas en haut et de rouler avec détresse, chaque fois qu'elle ouvrait sa mince bouche contenant de grandes dents, — de ces dents larges, blanches, cruelles, menaçantes, qui déchirent les tranches de bœuf inconcevables.

Manifestement, sa ferme volonté était d'avoir un charmant sourire. Quand elle souriait, son nez long et mince se busquait doucement. Ses yeux, garnis de franges roussâtres, se fermaient à demi ; ses larges dents se montraient éblouissantes et terribles.

Elle était grande, toute en jambes, et habillée suivant la dernière mode d'Almack : — une robe de mousseline claire, dont le frêle tissu était menacé de ruine par les angles aigus de ses épaules, rabattait ses plis sur la plus austère de toutes les poitrines. Un fichu éclatant tournait nonchalamment autour des vertèbres puissamment accusées de son cou. — De beaux souliers vernis, emplis par des pieds plats, relevaient orgueilleusement sa jupe trop courte.

Elle avait du vague dans l'esprit et des romans dans le cœur. La noble poésie était sa nourriture...

A côté d'elle s'asseyait une charmante fille de dix-huit ans, sa nièce, miss Francès Roberts.

Miss Francès ne ressemblait vraiment point à sa tante : — elle avait de beaux yeux limpides et sérieux ; son front pur s'encadrait de fins cheveux blonds, dont les boucles abondantes tombaient avec profusion le long de ses joues.

Les filles de l'Angleterre ont le privilège de ces admirables chevelures, dont la nuance chatoie et dont les ondes perlées ruissellent sur la blancheur sans rivale de leur peau transparente.

Les sourires de Francès étaient aussi rares que ceux de sa tante s'épanouissaient fréquents ; — mais, quand elle souriait, c'était un suave rayon qui réjouissait l'œil et chauffait le cœur.

Elle avait un petit air de dignité sévère qui contrastait singulièrement avec les airs langoureux de Fenella Daws. On eût dit vraiment que la tante et la nièce avaient changé de rôle, ou que la jolie fille, par une muette moquerie, mettait sur son gracieux visage le masque qui convenait à la vieille femme.

Cette austérité n'avait, au reste, nul rapport avec la timidité de nos vierges. La modestie change d'allures en passant le détroit, et les belles filles d'Albion n'entendent point comme nous la pudeur.

Peut-être l'entendent-elles comme il faut.

Le regard de Francès, ferme et hardi, ne se baissait point à tout propos. La rose délicat de sa joue ne passait point au pourpre de minute en minute. Elle était calme et à son aise comme un homme.

Et cette assurance donnait à sa physionomie ce qu'il faut à une femme de fierté douce. Il y avait autour d'elle comme un reflet attrayant de digne sérénité.

Dans la manière dont la traitait sa tante, on aurait pu reconnaître un singulier mélange de déférence étudiée et de dédain très-franc. Fenella ne pouvait voir en effet dans cette petite fille qu'une créature évidemment inférieure, mais Francès était la fille de feu sir Edmond Roberts, knight et membre du parlement. Cela méritait considération.

Fenella se faisait honneur volontiers de cette parenté. Elle parlait avec emphase des belles connaissances de sa nièce, qui avait été élevée dans une maison d'éducation fashionable, et qui était l'amie, — mais vraiment l'amie, — de plusieurs grandes dames, parmi lesquelles il fallait compter lady Georgiana Montrath.

De ces nobles amitiés, Fenella recevait comme un lointain reflet de distinction, qui lui était cher pour ne le savoir lui dire.

Sans cela, sa supériorité eût écrasé bel et bien miss Roberts.

Mistress Fenella Daws et sa nièce buvaient le thé assises du même côté de la table et adossées à la fenêtre.

En face d'elles, les deux hommes buvaient et s'entretenaient.

Ils étaient tous les deux, à peu de chose près, du même âge. Celui d'entre eux qui avait le plus d'apparence était un personnage gros, court, au front chauve et plat, flanqué sur les tempes de deux mèches de cheveux gris. Il avait une longue figure emmanchée à un cou trapu, et son menton sans barbe descendait en pointe sur sa poitrine. Ses yeux, à demi fermés, affectaient une dignité sévère. Ses lèvres remuaient avec lenteur pour prononcer d'emphatiques paroles.

Il tenait le plus roide qu'il pouvait son torse obèse, couvert d'un habit noir.

Ce n'était rien moins que Josuah Daws, esq., sous-intendant de la police métropolitaine de Londres, époux de Fenella Daws, et oncle de miss Francès Roberts.

Il était en Irlande avec une mission du gouvernement, — disait-il, — et paraissait avoir au degré suprême la conviction de son importance.

Son compagnon, qui avait nom Gib Roe, était un homme de taille moyenne, grand et maigre, qui semblait mal à l'aise sous son habit de gentleman. Sa figure anguleuse, aux traits profondément fouillés, offrait en ce moment le type le plus parfait de la servilité aux abois. — On s'étonnait de ne point voir des haillons sur ces épaules courbées, et cette main jaunie, aux jointures calleuses, qui tressaillait et tremblait au moindre bruit, devait avoir touché bien souvent le denier de l'aumône.

Gib avait mis son chapeau à côté de lui sur la table, ce qui éloignait toute idée qu'il pût être un homme comme il faut. En Irlande, en effet, de même qu'en Angleterre, le chapeau d'un gentleman doit être rivé soigneusement à son crâne, et se découvrir est le fait d'un manant.

Gib avait des cheveux crépus, mais rares, qui s'ébouriffaient autour de sa tête pointue. Ses yeux déteints et caves disparaissaient presque derrière les poils inégalement hérissés de ses sourcils. Sa joue était hâve, ce qui faisait ressortir la tache rouge, signe menaçant, que la misère ou la maladie avait imprimée sur la saillie aiguë de ses pommettes.

Le reste de ses traits était aquilin : un long nez mince, recourbé sur une bouche pincée, autour de laquelle errait un sourire triste, matois et soumis.

Il regardait en dessous de temps à autre Josuah Daws, et, chaque fois que Josuah Daws parlait, il courbait l'échine et renfonçait son sourire d'esclave.

— Buvez un coup, Gibbie, pauvre créature ! dit Josuah Daws avec un geste protecteur.

— Oh ! Votre Honneur, grand merci ! répliqua Roe, qui avala une large rasade de toddy.

— C'est entendu, reprit l'homme de police, — que vous êtes à nous, mon garçon.

— C'est entendu, Votre Honneur.

— Parlez plus bas, Gibbie !... Je ne vois point la nécessité de mettre ces dames dans notre secret... bien que notre secret n'ait rien que d'honorable, mon garçon, et de chrétien, et de...

— Oh ! Votre Honneur, je crois bien, murmura Roe.

— Nous disions que vous viendriez chez le juge avec moi, demain matin, pour faire votre déposition contre ce scélérat de papiste...

— Oui, Votre Honneur.

— Et que vous amèneriez vos enfants...

— Oui, Votre Honneur.

— Qui ont été les témoins de l'incendie...

— Oh! Votre Honneur!... soupira Gib en baissant les yeux.

Puis il ajouta :

— Sans bouchal, sans doute... et je bois un verre, Votre Honneur..t J'ai vu ; ils ont vu, les chères créatures... *Arrah!* nous étions à Kilkenny tous les trois, mais il n'importe, puisque Votre Honneur nous paye...

— Et que c'est pour le bien de la vraie croyance, Gibbie... Où son. les enfants à présent?

— Ils coupent de la tourbe dans les *bogs,* s'il plaît à Votre Honneur.

— Et quel âge ont-ils, Gibbie?

— *Ma bouchal!* les innocents!... Paddy a onze ans; sa sœur Su va sur sa treizième année; que Dieu les protège!

— A merveille! grommela le sous-intendant de police.

Puis il ajouta entre ses dents en se frottant les mains joyeusement :

— Il a fallu que je vienne de Londres pour mettre ordre à tout cela!... Ah! ah! ces magistrats de la verte Erin ont le bras court et les oreilles longues!... Je demande pardon à Dieu de ce mouvement d'orgueil...

Josuah Daws se prit à réfléchir.

Gib garda un respectueux silence.

La tante et la nièce, cependant, poursuivaient leur entretien. Elles causaient d'une récente excursion faite, à l'occasion de la Saint-Patrick, sur les bords enchantés des lacs Mask et Corrib.

— Que je voudrais être à Londres, Francès, disait la tante ; — à Londres, dans le Strand, pour raconter toutes ces merveilles!... Je donnerais un thé, miss, un grand thé, ma fille... peut-être un raout, si mister Blount le juge à propos, afin de me faire honneur de cet incroyable voyage!... Quels sites! quelles eaux! quels bois! quelles prairies! quels costumes! quels horizons! que de pittoresque! que d'imprévu! que de poésie!...

Fenella s'arrêta essoufflée.

— C'est un beau pays, dit Francès.

— Beau n'est pas le mot, je pense, miss Fanny!... C'est étonnant, prodigieux, diabolique!... des sauvages à longs cheveux... des filles à manteaux rouges... des enfants nus... Et quand on pense, Fanny, que toutes ces choses appartiennent à Satan !

Francès secoua sa blonde tête.

— Croyez-vous donc, madame, réplique-t-elle, — que ces beaux enfants, qui nous souriaient si doucement le long des rives du lac Mask, étaient possédés du malin esprit?... et ces jolies jeunes filles, dont nous admirions les grands yeux noirs?...

— Parlez pour vous, miss Fanny, je vous prie, interrompit Fenella; — je n'aime pas les yeux noirs chez les femmes...

— Et ces fiers garçons, reprit Francès, — à l'air si franc, si brave!...

Les yeux de Fenella s'alanguirent.

— C'est vrai! murmura-t-elle, — et je n'aurais jamais cru trouver de si beaux hommes dans ce pays damné!... Ils ont quelque chose de robuste, Fanny, ne le pensez-vous pas? et de poétique... Mais que Dieu nous protège, ma nièce! l'Irlande est au pape... et le pape est l'antechrist.

Francès rêvait.

— Et que peut être l'antechrist, déclara Fenella Daws, — sinon Satan, le Grand Ennemi?...

— Assurément, murmura Francès avec distraction.

Mistress Daws la regarda en dessous.

— Quel a été le sentiment de ces sauvages, pensa-t-elle, — en nous voyant glisser, ma nièce et moi, sur le gazon des rives du lac?... Ils ont la poésie du Nord... leurs bardes nous ont sans doute chantées déjà sur la harpe héroïque... et leurs vers nous comparent, je le crois, à deux divinités descendues des nuages... Je voudrais bien voir leurs vers.

— A quoi pensez-vous, Gibbie? demanda en ce moment avec brusquerie le sous-intendant de police.

Le pauvre Roe avait penché sa tête rêveuse sur son sein. Peut-être songeait-il à ces jours de misère insoucieuse où il allait par les grands

bogs du Connaught, défiant la faim, défiant le froid et chantant les vieux airs des bardes de l'île verte...

Son regard se fixait, à travers les carreaux de la croisée, sur la façade sombre de la maison ruinée.

L'œil de Daws se tourna curieusement du même côté; mais Daws ne vit que la muraille enfumée et les lignes confuses des vieilles sculptures rongées par la mousse.

La joue pâle de Gib s'était couverte de rougeur.

— Oh! Votre Honneur!... murmura-t-il en tremblant.

Puis, voyant que la grave figure de son nouveau patron n'exprimait aucun soupçon, il ajouta :

— Je songeais que Paddy, l'innocent, n'a rien pour couvrir ses pauvres épaules, et que la petite Su ne peut pas se présenter devant la justice, toute nue comme elle est, la jolie créature...

— C'est juste! c'est juste! s'empressa de répondre Daws, qui mit sa main à sa poche et en retira plusieurs couronnes.

Les yeux caves de Roe brillèrent à la vue de l'argent, dont le tintement affecta délicieusement ses oreilles.

— *Och!* murmura-t-il en reniflant avec énergie cette exclamation irlandaise ; — *och!... och!...*

— C'est pour toi, dit Daws; — tu achèteras des vêtements aux petits.

Roe s'empara de l'argent, et le fit disparaître dans les poches de son habit de gentleman.

— A la santé de Votre Honneur! dit-il avec enthousiasme; *arrah!* à la santé de la belle dame et de la jolie demoiselle! och! les enfants ont vu l'incendie, les pauvres chérubins!... De Kilkenny à la Moyne, il n'y a guère que cent milles, après tout!

— Chut! mon garçon, chut! dit Josuah.

Gib remit son verre, et se tut avec la docilité d'un automate.

De temps à autre, cependant, la porte du parloir s'ouvrait, et quelque grave personnage faisait solennellement son entrée. La plupart des nouveaux arrivants portaient d'énormes bibles sous le bras et saluaient l'assistance avec cette affectation de grave pruderie qui distingue le cagotisme protestant.

Les stalles du parloir s'emplissaient l'une après l'autre.

Il y avait là le procureur O'Kir, gros saint, dont la bible avait des marges grasses, et qui écorchait impitoyablement ses clients pour la plus grande gloire de la vraie foi ; — le juge Mac-Foot, auteur du *Traité des Visions dans la veille et des Abstractions de la chair;* — le bailli Payne, homme édifiant qui avait toujours un texte saint en réserve pour donner aux pauvres qui lui demandaient l'aumône ; — le sous-bailli Munro, le lieutenant Peters, l'enseigne Dickson, l'intendant Crackenwell...

La crème enfin des notables et freemen de Galway!

On buvait dru, mais le toddy n'avait pas eu le temps d'échauffer les têtes. Chacun gardait encore son masque de pudibonde gravité.

On parlait du procès du vieux Mac-Diarmid, — le misérable coquin! — On parlait des derniers méfaits de miss Molly-Maguire, — des élections prochaines, et de la faiblesse condamnable du ministère tory...

Les chances du *poll* étaient vraiment douteuses. Qui serait victorieux? James Sullivan, — un saint devant le seigneur, — le protégé du noble lord Montrath, — ou ce scélérat de Derry, créature d'O'Connell, patron de Mac-Diarmid, papiste engagé, papiste honteux, papiste, papiste, papiste?...

Fenella Daws en était à sa sixième tasse de thé, dans lequel elle trempait de larges tartines beurrées. — Ce que mangent ces créatures d'élite, à part la poésie, est quelque chose de prodigieux!

Tout en mangeant, elle donnait carrière à son éloquence, qui était un mélange assez original de poésie mystique et de commérages bourgeois. Elle parlait de la fête de saint Patrick, des danses bizarres de la montagne, du tir au fusil, des énormes roches soulevées par la main des jouteurs.

Francès, doucement complaisante, lui donnait la réplique.

— Sans doute, sans doute, Fanny, disait mistress Daws en tournant ses yeux blancs avec beaucoup de charme; — vous avez vu tout cela comme une bonne fille que vous êtes... mais il vous manque, ma chère enfant, ce je ne sais quoi que je possède à si haut degré... cette faculté d'extraire le vrai beau de toute chose, ce.sens divin, ce feu sacré... vous m'entendez bien?

— Oui, madame.

— La nature est pour vous de la terre et de l'herbe... La vie passe devant vos yeux comme un drame sans passion... Tenez! cette scène

Poignante à laquelle nous assistâmes sur la montagne, le soir de la fête, vous laissa presque froide !

Francès essaya de sourire, —mais elle ne put, et une émotion profonde se peignit sur ses traits.

— Je me souviens ! murmura-t-elle ; — oh ! je me souviens... quel noble courage !

— Et quel magnétique regard, miss Fanny !... Comme il dominait la foule sauvage qui rugissait autour de lui... On entendait le bois des shillelahs choquer la chair, et les plaintes se mêlaient aux malédictions...

— Et il était seul contre tous ! dit Francès.

— Seul, ma fille !... seul avec son casque d'or, sa ceinture de soie brodée et son justaucorps de pourpre !...

Francès la regarda étonnée.

— Vous parlez du major Percy Mortimer ? demanda-t-elle.

— Et de qui donc parlerais-je !...

— Moi, répliqua Francès, sans baisser les yeux, — je parle de son sauveur, Morris Mac-Diarmid.

— Cet homme au carrick gris ! s'écria Fenella en riant, —ce rustre au bâton !... ce paysan...

L'œil bleu de Francès étincela d'indignation.

— Lui-même, répliqua-t-elle, cet homme qui est venu mettre sa poitrine sans défense entre la mort et Percy Mortimer... Je n'ai point vu, madame s'il avait une écharpe de soie ou des haillons, j'ai vu son œil étinceler, j'ai entendu sa voix tonner parmi les hurlements de la foule.

— Et le major ! ma nièce... pas un muscle en mouvement sur son pâle visage...

— J'ai vu son shillelah vibrer comme une baguette magique..... et la foule a reculé, madame, la foule irritée, furieuse ! elle a reculé devant un seul homme !

— Mais le major !... Il se tenait droit et impassible... son œil était grand ouvert...

— Le major est un vaillant soldat, madame...

— Et il est si beau ! et si poétique ! Fanny...

— Oh ! il était beau vraiment et sublime, celui qui l'a sauvé ! s'écria Francès, emportée par un irrésistible mouvement d'admiration.

Fenella Daws la regarda, étonnée à son tour.—Elle vit son œil étinceler et son front, si calme d'ordinaire, se couvrir d'une rougeur ardente.

Un sourire pincé vint à la lèvre de la dame entre deux âges.

— Comme vous vous animez, ma fille ! dit-elle. — Ne vous ai-je pas entendue prononcer le nom de ce héros en carrick ?

— Morris Mac-Diarmid, madame, tout le monde le répétait autour de nous...

— Et vous l'avez retenu ? miss Fanny.

— Et je ne l'oublierai jamais, madame !

Fenella Daws pinça les lèvres davantage.

— N'est-ce pas le fils de Mill's Mac-Diarmid l'incendiaire ?... dit-elle.

Francès baissa les yeux et garda le silence.

Mistress Daws se prit à considérer curieusement sa nièce.

Un instant elle fut sur le point de croire... mais n'était-il pas invraisemblable qu'une miss comme il faut, — la propre nièce de Fenella Daws, — pût aimer un homme en carrick ?...

Un rustre, moins qu'un rustre, moins qu'un mendiant, — un Irlandais !...

Josuah Daws et le pauvre Gib Roe continuaient d'échanger quelques paroles à de rares intervalles. Josuah donnait à Gib des instructions que celui-ci recevait avec un respect soumis.

Mais son attention n'égalait point, à beaucoup près, son respect. Sa prunelle errait, distraite, et jetait à chaque instant de furtifs regards vers la sombre façade de la maison abandonnée.

Le grave Josuah buvait comme un Anglais et mettait à cette occupation tant de conscience, qu'il ne prenait point garde à la nombreuse compagnie qui se réunissait peu à peu dans le parloir.

Sa femme et sa nièce, abritées au fond de la loge, ne voyaient rien.

Enfin le sous-lieutenant de police jeta les yeux autour de lui, et poussa un cri de surprise qui fit tressaillir Gibbie.

Le parloir s'était en effet rempli, et de tous côtés le bruit des conversations se croisait.

Il y avait là pour le moins une trentaine de gros bonnets protestants qui déblatéraient contre O'Connell, et affirmaient que l'Irlande ne se porterait point comme il faut tant qu'on n'aurait pas pendu le dernier papiste.

On remarquait parmi eux trois ou quatre uniformes d'officiers de dragons. Les porteurs de ces uniformes étaient le centre de plusieurs groupes, et semblaient les personnages importants de la réunion.

On les entourait, on les choyait ; tous les toasts étaient à leur intention, toutes les politesses convergeaient vers eux.

Eux se laissaient faire et buvaient sans trop de remords une notable quantité de punch orangiste. Ils se bornaient à porter de temps à autre la santé de sa très-gracieuse Majesté la Reine, comme pour *sauvegarder* leur caractère officiel.

Et les bons marchands protestants de Galway les excitaient à bien faire, et leur conseillaient de briser nombre de têtes papistes à l'occasion, afin d'être agréables au vrai Dieu et de gagner sûrement le ciel.

Les dragons ne disaient point non. Ils étaient bons princes, et s'échappaient même parfois jusqu'à formuler une malédiction militaire contre la canaille catholique du comté.

Le punch coulait à flots abondants. L'éloquence orangiste ne tarissait guère. Le bruit montait. Les joues prenaient de gais reflets de pourpre. Les yeux s'allumaient.

— Lord Montrath et Sullivan ! criait-on.

— Hurrah ! pour Sullivan !

— Malédiction sur Derry, le misérable !

— Sullivan pour toujours !

— A bas le bill de Maynooth !

— A bas le bill des collèges !

Et mille autres choses.

Il régnait déjà dans le parloir une atmosphère d'orgie.

Mistress Fenella Daws, sortant enfin de sa rêverie, daigna donner son attention aux choses qui l'entouraient.

Elle crut convenable de manifester aussitôt une extrême frayeur.

— Monsieur ! s'écria-t-elle, retirons-nous ! Veuillez, je vous conjure, nous frayer un passage !

Josuah Daws épiait en ce moment Gibbie, qui avait le visage tourné vers la fenêtre. Il sembla n'avoir point entendu la demande de sa femme ; son regard était fixé avidement devant lui.

Une vague inquiétude se peignit dans les yeux de Francès, car la foule s'épaississait à chaque instant, et, pour gagner la porte, il fallait traverser le parloir tout entier. Quant à Fenella Daws, elle joignait les mains avec détresse et dardait au ciel ses yeux blancs comme il eût été fait de sa vie.

Malgré le tumulte croissant, nous devons dire cependant que rien n'annonçait, parmi cette assemblée à moitié ivre, le danger d'une insulte pour les deux dames : on ne les regardait point. C'était une débauche sérieuse, où la passion se cachait sous un vêtement burlesque de grave pruderie ; c'était une bacchanale dévote où l'on citait la Bible à tout propos et où chaque bourgeois parlait de sang, honnêtement, entre deux bribes d'un sermon mystico-amphigourique...

Josuah Daws cependant regardait toujours fixement devant lui.

Il se trouvait placé vis-à-vis de la fenêtre, et son œil tombait d'aplomb sur la noire façade de la maison voisine, que le soleil laissait dans l'ombre.

Cette maison, à demi ruinée, gardait son caractère de silencieux abandon.

Josuah Daws venait de découvrir ce qui attirait si obstinément l'attention de Gib Roe de l'autre côté de la rue.

Longtemps il n'avait aperçu qu'un mur noir, percé de fenêtres dépouillées, mais enfin, en suivant patiemment la direction du regard de Gib, il avait distingué tout en haut de la fenêtre principale, et à la place où une ogive dégarnie de carreaux, une figure brune, inerte, immobile, qui semblait faire partie des vieilles sculptures de la façade poudreuse.

Cette figure s'encadrait entre les nervures de pierres, destinées autrefois à soutenir les vitraux de la fenêtre. Soit que la réalité fût ainsi, soit qu'un bizarre jeu de lumière prêtât à l'illusion, elle apparaissait plus grande que le visage d'un homme.

Son regard fixe traversait la rue et tombait, lourd, sur la croisée de l'hôtellerie du *Roi-Malcolm*.

C'était cette grande figure immobile qui causait la distraction de Josuah Daws.

Il ne s'était point rendu compte d'abord de sa présence au haut de la fenêtre. Le soleil, qui passait entre l'une des ailes de la maison ruinée et le corps de logis, frappait vivement les yeux du sous-intendant de police et mettait du noir sur la muraille opposée. Mais, à force de regarder, Josuah Daws distingua, derrière la dentelle de pierre qui fermait encore l'ogive, des bras de proportion gigantesque, puis un torse énorme, tout un corps enfin qui dépassait de beaucoup la taille ordinaire de l'homme.

Josuah n'était pas un ami du merveilleux ; néanmoins cette vision avait quelque chose de si extraordinaire et en même temps de si vague, qu'il se tourna, ébahi, vers Gib Roe, s'attendant à recevoir l'explication de quelque étrange mystère.

— Qu'est-ce cela ? demanda-t-il.

Roe le regarda d'un air innocent.

— Quoi, Votre Honneur ?

— Cette tête ?...

Gib ouvrit de grands yeux étonnés.

— Je ne vois point de tête... répondit-il.

— Monsieur, répéta en ce moment Fanella Daws avec un geste dramatique, vous répondez de ce qui peut arriver à deux faibles femmes...

— Longue vie à James Sullivan ! criait la foule.

— Longue vie à Sa Seigneurie lord George Montrath, son patron respectable !...

— Monsieur !... oh ! monsieur, murmurait la triste Fenella.

Francès, qui s'était levée, regardait curieusement la cohue agitée. Ses beaux yeux bleus ne donnaient aucun signe de frayeur.

Et la foule hurlait.

— L'union pour toujours !

— L'union et la suprématie protestante !

— A la santé du lieutenant Peters !

— Et du digne enseigne Dickson !

— Et de l'honorable cornette Brown !...

— Au diable O'Connell et ses aboyeurs !

C'était un concert assourdissant de clameurs et de *speechs*, allongés par l'ivresse.

Au plus fort du tumulte, la porte d'entrée du parloir s'ouvrit brusquement, et un homme vêtu, lui aussi, du costume de dragon, parut sur le seuil.

C'était un officier supérieur en grande tenue, avec le casque et la ceinture brodée d'or, dont les glands tombaient presque jusqu'à terre.

Il portait le bras droit en écharpe, — ses épaulettes indiquaient le grade de major.

A son aspect, les officiers inférieurs, engagés dans l'orgie, cessèrent subitement de mêler leurs voix à celles de leurs compagnons.

Comme ils étaient les personnages principaux de cette débauche de famille, les autres convives imitèrent machinalement leur exemple, et il se fit dans la salle un silence complet.

Mistress Fenella Daws avait mis un terme à ses gémissements. Elle regardait le major avec un intérêt non équivoque, et sa bouche mince essayait en vain d'arriver à un joli sourire.

Il n'y avait dans les yeux de Francès que la curiosité de son âge.

— Och ! grommela Gib Roe ; — voilà un beau Saxon, ma sainte foi !

Josuah Daws s'arracha à la contemplation de cet être fantastique qui l'occupait depuis plusieurs minutes, se tourna vers l'entrée, et adressa au major, qui ne le voyait point, un salut respectueux.

Les officiers qui se trouvaient en ce moment dans la salle étaient de différents grades. Il y avait un lieutenant, un cornette et un enseigne.

— Monsieur Peters, — leur dit le major d'un ton de commandement froid, — monsieur Brown et monsieur Dickson, je vous prie de sortir.

Les trois jeunes gens, malgré leur état d'ivresse, firent un mouvement pour obéir.

Mais les habitués de l'auberge du *Roi-Malcolm*, qui les pressaient de toutes parts, ne pouvaient avoir à un si haut degré le sentiment de la discipline militaire. Au lieu de livrer passage, ils serrèrent leurs rangs, et l'impression de respect qu'avait produite l'arrivée du major alla s'affaiblissant à vue d'œil. — Que veut cet homme ? se demandait-on. — Avons-nous quelque maladie contagieuse qui donne peur aux soldats de la reine ?

— Ne peut-on boire avec nous un verre de punch et causer des affaires du temps sans se déshonorer ?...

— Restez, mes chéris, restez, et laissez dire votre diable de major.

Les trois officiers subalternes baissaient la tête et se taisaient.

— Monsieur Dickson, répéta le major, monsieur Brown et monsieur Peters, — sortez !

Un murmure confus s'éleva dans le parloir. Tous les yeux se tournèrent irrités vers cet homme dont l'impérieuse froideur n'avait point égard aux observations des notables bourgeois de Galway.

Fenella joignit ses mains et dut se préparer dès lors à s'évanouir si l'occasion s'en présentait.

— Oh ! lord !... murmura-t-elle ; — rien n'est joli comme un bras en écharpe !...

Josuah Daws hochait la tête et gardait son air d'importance sévère.

— Gib Roe ouvrait de grands yeux, comptait les broderies d'or du nouvel arrivant et enfilait tout le chapelet des exclamations irlandaises.

Le major, cependant, demeurait immobile à quelques pieds du seuil.

C'était un homme de trente ans à peu près, de taille moyenne, et dont les proportions parfaites laissaient deviner une remarquable force musculaire. Il n'avait pourtant rien d'athlétique en sa personne, et ses membres, dont son uniforme collant dessinait les formes pures, gardaient en leurs contours fins et presque délicats un caractère d'élégance aristocratique.

La jambe s'enfonçait jusqu'au genou dans les plis vernis d'une botte molle à éperons ; le reste était serré par une culotte collante de casimir blanc dont le devant disparaissait presque sous deux gerbes de broderies symétriques. Sur son frac rouge se nouait une ceinture de soie blanche à franges d'or, entre les plis de laquelle on apercevait les crosses sculptées de deux magnifiques pistolets.

Le rouge de son uniforme faisait ressortir énergiquement la pâleur mate de son visage.

Il avait de beaux traits régulièrement dessinés, un front noble et une coupe de figure hautaine.

Mais sur tout cela il y avait comme un voile de morne froideur.

A l'ordre répété deux fois par la bouche de leur supérieur, les trois officiers subalternes, dominés par leur habitude d'obéissance, demandèrent passage, et firent de leur mieux pour gagner la porte.

Mais toutes ces têtes irlandaises, pour qui l'austérité puritaine n'est jamais qu'un masque d'emprunt, étaient échauffées par le toddy outre mesure.

Les protestants ont d'ailleurs en Irlande une si haute idée de leur importance, et croient si sincèrement que les soldats anglais sont créés uniquement pour courir sus aux papistes, que les honnêtes *freemen* de Galway ne pouvaient supporter patiemment cet outrage manifeste. Un homme qui était leur allié naturel témoignait contre eux cette défiance offensante : c'était intolérable !

Et ce n'était pas la première fois que le major Percy Mortimer ordonnait à ses officiers de se tenir en dehors du club orangiste. Il y avait récidive. Évidemment le major n'aimait pas le club ; — d'où l'on pouvait conclure rigoureusement qu'il était un *modéré*, pour le moins ; peut-être un *neutre*, peut-être un *nécessitaire*, — c'est-à-dire un de ces misérables qui ont l'infamie de trouver que les protestants, tout en admettant la nécessité d'une satisfaction plus ou moins complète à donner aux mécréants catholiques !

Tel était, nous ne pouvons pas le cacher, l'épouvantable soupçon qui pesait sur le major Percy Mortimer.

Et il y avait bien longtemps que les *freemen* de Galway s'étaient dit pour la première fois que le gouvernement de la reine tombait en démence notoire, et qu'un tel choix, obstinément soutenu, était une preuve trop manifeste de l'incapacité de Robert Peel !...

On l'avait envoyé à Londres une fois déjà, quand le brave colonel Brazer, — un fidèle, celui-là, tout prêt à sabrer pour la bonne cause ! — avait demandé lui-même son changement.

Mais Brazer était trop bon Anglais pour être bien en cour auprès de Robert Peel ; — on ne l'écoutait guère.

Heureusement il était toujours le chef direct du major Percy, et il devait venir de Clare, à l'occasion des élections.

Ce jour-là, grâce à cet espoir et au punch aidant, les membres du club orangiste trouvèrent le courage de produire hautement leur opinion.

L'un d'eux prononça le mot de trahison, et tout aussitôt un chœur formidable de voix avinées répéta : — Trahison ! trahison !

On poussa trois hurrah pour M. Dickson, trois hurrah pour M. Brown, autant pour M. Peters, le double pour le brave colonel Brazer, et on prodigua, sans compter, les malédictions au major Percy Mortimer.

Le visage de celui-ci demeurait froid et impassible vis-à-vis de cette bruyante tempête ; son regard, qui tombait indifférent sur la foule courroucée des bourgeois, n'exprimait ni frayeur, ni colère, ni mépris.

Il semblait qu'il fût parfaitement étranger à ce qui se passait autour de lui.

Sa figure ressortait pâle entre les reflets métalliques de son casque et le rouge vif de son uniforme. On eût dit que la fantaisie d'un artiste avait revêtu quelque belle statue de marbre du brillant uniforme des dragons de la reine.

Pour la troisième fois, et sans élever la voix davantage, il ordonna aux trois officiers de sortir.

Et, comme ceux-ci ne pouvaient vaincre la résistance des bourgeois ameutés, le major Percy Mortimer tira de sa ceinture brodée d'or un de ses riches pistolets qu'il arma et dont il examina soigneusement l'amorce.

Francès pâlit.

Sa tante se mit un flacon sous le nez et poussa deux ou trois gémissements.

— Soutenez-moi, Fanny, murmura-t-elle; — nous allons assister à un drame affreux!...

— Faites place, messieurs, prononça lentement le major en élevant le pistolet qu'il tenait de la main gauche.

Il y eut un mouvement de recul dans la foule qui frémissait de colère, comme un seul bourgeois hargneux et couard.

Cela dura quelques secondes à peine; mais les trois officiers, que la gravité de leur position avait remis en leur assiette, saisirent ce moment et se frayèrent de force un passage vers la porte.

Ils sortirent sans prononcer une parole, domptés qu'ils étaient sous la rigueur de la discipline britannique.

Le major resta le dernier; il avait remis son pistolet dans sa ceinture, et allait gagner la porte à son tour, lorsqu'un cri furieux s'éleva derrière lui dans la salle.

L'ivresse était à son comble; il y avait réaction aveugle contre ce sentiment de peur qui naguère comprimait l'assemblée.

En définitive, les bourgeois de Galway étaient là quarante contre un seul homme qui avait un bras blessé. Ils pouvaient se montrer braves.

Huit ou dix d'entre eux, vociférant et blasphémant, s'élancèrent entre le major et la porte.

L'œil de Francès jeta un éclair. Tout ce qu'il y avait en elle d'instincts jeunes et généreux se révolta énergiquement contre cette lâche attaque. Sans réfléchir, elle fit un mouvement pour s'élancer au secours de Percy Mortimer. — Mais la malheureuse Fenella la retint et lui dit d'une voix éteinte :

— Oh! Fanny!... oh!... mon pauvre cœur se déchire... oh!... hélas!... ah!...

Et ses yeux blancs tournaient lamentablement.

Francès fut obligée de la soutenir entre ses bras.

Le grave Josuah Daws avala d'un trait le reste du toddy, et se leva pour mieux voir.

Gib Roe l'imita. — En se levant, il jeta un furtif regard sur la maison ruinée, où la grande figure brune apparaissait toujours.

Il régnait dans la salle un tumulte extraordinaire. Quarante voix, alignant les mots avec l'incroyable prestesse de la volubilité irlandaise, criaient, se croisaient et se maudissaient.

Un cercle qui allait se rétrécissant toujours se formait autour de Percy Mortimer.

Et chacun excitait son voisin à commencer l'attaque; on se poussait. — Une seconde encore, et le major allait évidemment être écrasé par cette cohue ivre et follement exaspérée.

Il était seul au centre du cercle, debout, les bras croisés sur sa poitrine. — Il n'avait point jugé à propos de reprendre son pistolet, qui restait désarmé à sa ceinture.

Pas un muscle ne tressaillait sur cette physionomie pâle et pure, dont les belles lignes avaient l'immobilité de la pierre.

Sa tête était haute, son œil, calme et froid, se reposait avec indifférence sur les assaillants qui hurlaient devant lui.

La colère de ceux-ci arrivait au délire. Ils vociféraient d'absurdes injures, et leur vocabulaire d'outrages s'épuisant rapidement, ils arrivaient à traiter le major anglais de suppôt d'O'Connell et de papiste.

— En même temps, ils s'approchaient toujours. Les plus furieux mettaient déjà la main sur le major, qui gardait son immobilité de statue, lorsqu'un bruit aigu se fit entendre du côté de la fenêtre.

Un des carreaux de la croisée tomba brisé en mille pièces, et un objet lancé du dehors, passant par-dessus la tête des assaillants, vint rebondir contre la poitrine de Percy Mortimer, pour rouler ensuite sur le plancher.

L'un des assaillants se baissa pour le ramasser; mais à peine l'eût-il touché qu'il le laissa retomber comme si c'eût été un charbon ardent.

Il poussa un cri de terreur.

Puis un silence profond se fit; et, comme si une puissance magique eût étendu tout à coup sa protection sur le major, le cercle s'élargit autour de lui.

L'objet lancé par la fenêtre demeurait à terre; c'était un caillou de

Percy Mortimer, me reconnaissez-vous?

la grosseur du poing, auquel une bande de papier était attachée.

Sur cette bande, on voyait empreint le terrible sceau des Molly-Maguires, — un cercueil.

Les bourgeois de Galway se tenaient immobiles et respirant à peine, car le nom de l'homme que la vengeance des *payeurs-de-minuit* condamnait à mort était en dessous et ne se voyait point.

— Ce fut le major qui se baissa pour ramasser ce menaçant message.

Il retourna le papier et lut à haute voix :

Au major Percy Mortimer ! C'était le moment de s'évanouir. Mistress Fenella Daws sut en profiter. Elle poussa un cri déchirant, et se laissa tomber pâmée sur sa banquette.

Gib Roe fit un effort pour garder son air innocent, et grommela une exclamation de surprise.

Josuah Daws s'était tourné vivement vers la fenêtre et avait jeté son regard sur la noire façade de la maison voisine ; — mais, à la place où apparaissait naguère cette grande figure brune dont l'œil inerte se fixait sur le parloir, l'ogive, dépourvue de ses vitraux, ne présentait plus maintenant qu'un trou sombre...

Le major jeta le caillou et froissa le papier entre les doigts de sa main qui restait libre.

Nul ne se fût douté assurément que le nom écrit sur ce papier funèbre était le sien. Son visage ne trahissait pas la plus légère émotion. — Seulement il regarda d'un œil indifférent et stoïque l'écharpe qui soutenait son bras droit blessé.

— Ce sera la septième fois, dit-il.

Les bourgeois de Galway s'écartèrent en silence, et le major Percy Mortimer sortit sans que personne songeât désormais à lui disputer le passage.

Morris dicta, le lord écrivit.

II

LE GRAND LIBÉRATEUR.

Le tumulte excité parmi les dignes bourgeois de Galway dans le parloir de l'auberge du *Roi Malcolm* n'était rien, absolument rien, auprès de l'abominable tapage qui se faisait dans le *tap-room* et jusque dans le comptoir de Saunder Flipp.

Le lendemain, on devait élire un membre du parlement, pour remplacer l'honorable Algernon Arrow, député du comté, enlevé à la fleur de l'âge par un flux de rhum.

L'honorable Algernon Arrow avait été, en son vivant, un de ces tories modèles, créés spécialement et tout exprès mis au monde pour étayer de leur épais entêtement le monstrueux édifice des priviléges protestants.

Il était mort plein d'arrack et de fiel, maudissant le parlement, anathématisant Robert Peel, et prédisant la chute de la dynastie de Brunswick, — dont les ministres aveuglés traitaient les papistes comme des hommes !

Les temps avaient bien changé depuis l'élection de ce digne gentleman ! Il s'agissait d'envoyer à la Chambre un protestant d'égal mérite, et la chose n'était point facile.

— Sullivan pour toujours !

James Sullivan était l'espoir du parti orangiste. Il déplorait amèrement l'émancipation : il découvrait avec respect en parlant des batailles bénies de la Boyne et de Londonderry, il adorait saint Cromwell et pleurait d'attendrissement à la pensée que tel évêque anglican était obligé, vu le malheur des temps, de vivoter avec trois cent mille francs de rentes.

Trois cent mille pauvres francs !

— Le pain de douze cents Irlandais ! — Une misère !

L'auberge du *Roi Malcolm* était un des nombreux centres d'action où se réunissaient les partisans de Sullivan. Son *agent* électoral avait ouvert un compte courant avec l'honnête Saunie, et le poteen, la bière, l'usquebaugh coulaient à flots généreux dans le comptoir.

— Le *tap-room* était encombré d'électeurs campagnards venus là de tous les coins du canton. On y buvait en chantant des chansons où William Derry, le candidat catholique, était impitoyablement taillé en pièces. — Quelques demi-gentlemen se mêlaient çà et là aux groupes des buveurs. C'étaient en général des gens étrangers au comté, des orangistes bénévoles, arrivés tout exprès de l'Ulster ou de Dublin pour chauffer l'élection de Sullivan.

Ils prêchaient ; quelques-uns les écoutaient ; le plus grand nombre se contentaient de boire. Orateurs et auditeurs portaient tous à leurs chapeaux sans rebords d'énormes cocardes d'un jaune rougeâtre, emblème de leur nuance politique.

Lorsque le major Percy Mortimer sortit du parloir pour gagner la rue, le tap et le comptoir, encore émus par le passage récent des trois officiers subalternes, unirent leurs voix avinées pour jeter vers le ciel une immense acclamation.

— Vivent les dragons de la reine ! disait-on. — Les dragons de la reine sont membres du club... longue vie, longue vie au brave major Mortimer !

2

Celui-ci essayait de percer la foule en silence, mais la cordialité des hôtes du cabaret se montrait presque aussi menaçante que la colère des gentlemen du parloir.

Chacun voulait serrer la main du major et toucher son uniforme; de tous côtés on élevait des verres autour de lui, et l'on criait :

— Buvez, Percy, buvez, mon bijou ! A la santé des vrais protestants et de James Sullivan, notre cher trésor !

Percy gagnait du terrain, mais il n'avait qu'un bras de libre, et la foule se serrait de plus en plus autour de lui.

— Buvez, répétait-on, — buvez, major Mortimer; si vous n'êtes pas un coquin de modéré, comme on le dit... un papiste déguisé... buvez !

Percy poursuivait sa route comme il pouvait et ne buvait point. — C'était merveille de voir son visage pâle et froid se dresser parmi toutes ces têtes ardemment enluminées.

Le moment vint où il fut impossible au major de faire un pas de plus. La cohue, moitié riant, moitié menaçant, lui barrait absolument le passage et portait jusqu'à sa bouche les verres remplis d'usquebaugh.

Le major s'arrêta, promena sur la foule son regard tranquille et prit un verre plein.

— Il va boire, cria-t-on. — Il va boire à la santé de notre Sullivan..: Du diable si ce n'est pas un honnête homme !

Percy Mortimer tenait son verre à la main et semblait hésiter.

— Il ne veut pas, dit une voix. — Il boirait bien plutôt à la santé de Derry le réprouvé !... Naboclish ! nous l'avons chassé une fois déjà, nous le chasserons bien encore !

— Entendez-vous, Percy, ce qu'ils chantent? cria de loin une autre voix ; — buvez, ma bouchal ! pour ne pas faire honte à vos amis !...

— Au diable ses amis ! c'est un nécessitaire !

— C'est un papiste ! hurla aussitôt une partie de l'assemblée.

— Non, non ! riposta l'autre moitié ; — voyez son bras droit ! Il porte la marque des Molly-Maguires qui ont voulu l'assassiner... C'est un bon protestant !

— C'est un papiste !...

— Il va boire à la santé de Sullivan !...

— Qu'il boive, s'il veut, à la santé de Derry !...

Le major leva son verre pour le porter à ses lèvres; — il se fit un silence profond, et toutes les oreilles se tendirent.

— Je bois à l'Irlande ! dit Percy Mortimer d'une voix grave en parcourant la foule du regard.

Les uns applaudirent, les autres sifflèrent; il y eut des acclamations et des grognements. En somme, le plus grand nombre ne comprit point la signification de ce toast.

Le major gagna la rue; on ne s'occupa plus de lui.

Dans la rue, l'agitation continuait. Toute la maison loyale de Saunder Flipp était pavoisée de jaune. Des drapeaux orange pendaient à toutes les fenêtres, et au-dessus de la toiture un énorme transparent portait cette devise :

« Sullivan pour toujours ! »

Saunie avait établi devant sa porte un comptoir en plein air où ceux qui ne pouvaient entrer se rafraîchissaient en passant. Toute cette partie de Donnor-street avait un air de fête et ressemblait à un petit coin de foire.

Le milieu de la rue était à peu près désert, mais, à l'autre bout, il y avait foule encore. Un immense drapeau vert, au centre duquel était brodée la harpe d'Irlande, se déployait au-dessus de l'enseigne du Grand-Libérateur.

Et, tout en haut de la maison, un transparent non moins grand que celui de Saunder Flipp portait ces paroles ennemies :

« William Derry pour toujours ! »

Cette auberge du Grand-Libérateur appartenait à Janvier O'Neil de Dunmore, catholique, jouissant d'un certain crédit. C'était un des quartiers où se travaillait l'élection de William Derry, candidat proposé par O'Connell.

L'établissement de Janvier O'Neil servait assez bien de pendant à l'auberge du Roi Malcolm. C'était aussi une vieille maison qui avait connu de plus nobles jours, et qui, tombée en roture, gardait les armoiries de ses anciens seigneurs. Seulement, Janvier O'Neil, moins riche que Saunder Flipp, n'avait pu faire aux antiques murailles toutes les réparations convenables.

Il y avait bien des trous à la toiture, bien des lézardes entre les croisées ; mais ce matin on avait fait la toilette au vieil édifice : les injures du temps d'sparaissaient sous de vertes guirlandes, et de

larges pancartes, portant les cris repeal, du recouvraient soigneusement trous et lézardes.

Çà et là le nom obscur de William Derry se mariait en lettres gigantesques au nom européen d'O'Connell.

Et de cette maison, ainsi pavoisée et parée comme pour une fête, sortaient des hurlements, des cris de joie ou de colère, de longs murmures, des bravos, des éclats de rire.

Chaque fenêtre ouverte donnait issue à un concert de chants et de clameurs.

On voyait à l'intérieur des figures empourprées, de longs cheveux qui s'agitaient, des bras à demi nus qui se démenaient avec une vivacité frénétique.

La rue était encombrée, dans une longueur de vingt-cinq à trente pas, par le trop-plein de l'auberge catholique.—Le long des maisons, sur le pavé humide et jusque dans le ruisseau, on voyait une cohue débraillée, drapée dans des haillons inouïs, qui buvait, qui buvait sans cesse et emplissait la rue d'un infernal tapage.

Janvier O'Neil tenait cave ouverte pour le compte de Derry, comme Saunder Flipp pour le compte de Sullivan.

Des deux côtés, les mœurs étaient pareilles et les séductions semblables. — On s'adressait avec un égal sans-gêne aux instincts grossiers des pauvres électeurs. Le poteen de Saunder valait l'usquebaugh de Janvier. Les caves du Roi Malcolm n'étaient pas plus inépuisables que les celliers du Grand-Libérateur.

De part et d'autre la balance s'établissait au profit de la soif des votants, et chacun pouvait, sans trop violenter sa conscience, boire la coupe pleine de ces naïves corruptions.

Mais l'effet n'était pas tout à fait le même dans les deux camps. A l'auberge du Roi Malcolm, l'ivresse avait un caractère sombre et haineux : c'était la fièvre d'un parti déchu qui comptait ses pertes avec rage et s'accrochait désespérément aux débris minés d'une vieille tyrannie. — A l'autre bout de Donnor-street, au contraire, c'était une joie folle et bruyante mêlée à de puériles fanfaronnades. L'assemblée y était plus nombreuse ; l'ivresse y criait de joie plus que de colère.

Et cependant, sous ces haillons troués, que de maigreur la famine récente avait laissée ! De quel signe profond la misère avait marqué ces joues hâves, où l'alcool mettait pour une heure des reflets sanglants !

Et cependant encore, que de courroux amassés au fond de ces cœurs, comprimés sous leur éternel martyre !

Mais ici le caractère irlandais se montrait sans mélange. C'étaient là les fils opprimés de la verte Erin, les vrais enfants de l'Irlande avec leurs vices funestes qui sont les fruits de la servitude, et l'énergie vivace et la gaieté brillante que développe en eux le moindre instinct de bien-être.

Ils s'amusaient sans mesure comme sans arrière-pensée ; ils ne songeaient point à la faim du lendemain ; ils se donnaient tout entiers à leur joie enfantine et oubliaient jusqu'à la haine qui les soulève contre leurs oppresseurs.

Il y avait là, sans nul doute, des membres de l'une des associations criminelles et terribles qui désolent l'Irlande ; peut-être de ces malheureux avait allumé dans l'ombre de la nuit la torche vengeresse et signé la redoutable quittance que Molly-Maguire envoie aux agents des landlords.—En ce moment, grâce à la versatilité du caractère national, toutes les figures exprimaient une allégresse uniforme. On s'ébattait avec complaisance ; toutes les consciences étaient légères, et, en fouillant jusqu'au fond toutes ces âmes, vous n'y eussiez point trouvé un seul remords.

Au dehors comme au dedans de l'auberge papiste, c'était un mouvement incessant, une agitation sans frein. Vous eussiez dit des gens qui viennent de remporter une grande victoire, et il semblait que ce mot de repeal crié sur tous les tons était le chant de triomphe de l'Irlande enfin délivrée.

Aux fenêtres et dans la rue, les plus échauffés montraient le poing à leurs adversaires de l'auberge rivale, et, tout en riant, demandaient à grand bruit une bataille. — On n'avait peur de rien : on défiait le shérif, le maire, les aldermen ; on défiait les dragons absents, et jusqu'au terrible major, qui faisait aux Molly-Maguires une guerre si acharnée.

En ce moment on le bravait, on l'appelait presque, ce flegmatique et intrépide soldat, dont le courage indomptable allait chercher les révoltés jusque dans la nuit de leurs cavernes. —Et pourtant, d'ordinaire, son nom mettait du froid dans toutes les veines. Quelque mystérieuse puissance, disait-on, protégeait sa vie. Tant de fois déjà la vengeance des associés s'était émoussée contre une invincible cuirasse !

On le blessait. — Le lendemain il montait à cheval, et, pâle, il guidait ses dragons jusqu'aux retraites les plus inaccessibles de la montagne.

Possédait-il un pouvoir surnaturel?...

En quittant l'auberge du *Roi Malcolm*, le major Percy Mortimer remonta Donnor-street à pas lents. Midi approchait ; le soleil, passant par les échancrures des toits taillés à pic, tombait d'aplomb dans la rue.

Les gens du cabaret de Janvier O'Neil aperçurent au loin la couleur vive et les dorures de l'uniforme du major.

— Voilà un dragon ! s'écria Patrick Mac-Duff, du bourg de Knockderry. — Que Dieu le protège s'il passe à portée de mon shillelah !

Patrick était un grand gaillard, rose, frais, bien découpé, qui ne mangeait de la viande qu'une fois l'an, le jour de Noël, comme tout paysan irlandais, mais à qui la pomme de terre et le gâteau d'avoine avaient merveilleusement profité.

— Gare au dragon ! répondit un chœur de voix échauffées.

Patrick Mac-Duff, qui buvait, commodément assis sur le pavé, se leva et fit faire à son bâton deux ou trois fois le tour de sa tête.

Une douzaine de garçons l'imita. Aux fenêtres on criait : Courage ! et on disait : Bravo !

Tous les regards étaient fixés sur le major, qui continuait de s'avancer.

Aux croisées du *Roi Malcolm*, d'autres regards également ennemis suivaient la marche de Percy Mortimer.

— Cela nous eût fait une mauvaise affaire, disait le procureur O'Kir, si nous avions porté la main sur un officier de Sa Majesté ; mais du diable s'il ne va pas rendre une petite visite à ses amis du *Grand-Libérateur !*...

— D'un côté, répondit le juge Mac-Foot, auteur du *Traité des Visions dans la Veille et des Abstractions de la Chair,* — je suis content de ne m'être point mis en hostilité avec les lois du royaume : de l'autre, je suis fâché de voir ce Moabite orgueilleux se carrer dans la rue et marcher la tête haute, comme un soldat du vrai Dieu.

— Celui qui aime l'épée périra par l'épée, murmura le bailli Payne.

— Il vaut mieux faire pendre un homme avec prudence, que de lui donner une chiquenaude à la légère.

— Voyez ! voyez ! ajouta Saunder Flipp, qui venait lui-même apporter un bol de toddy, — il se rend tout droit à l'auberge de ce macréant d'O'Neil !

— Que la malédiction de Dieu soit avec lui ! dirent les protestants scandalisés.

Gib Roe avait prêté aide à Josuah Daws pour emporter mistress Fenella, qui ne voulait point reprendre ses sens. La jolie Francès les avait suivis, et toute la famille du sous-intendant de police avait gagné le logement qu'elle occupait au second étage de l'auberge du *Roi Malcolm.*

Si M. Daws était resté un instant de plus dans sa stalle auprès de la fenêtre, il eût revu en ce moment la grande figure brune qui, un instant auparavant, avait attiré si vivement son attention.

La grande figure était toujours à la même place, mais elle n'était plus seule. Au-dessous d'elle, à une autre ouverture de l'ogive, se montrait une tête de jeune homme, blonde et douce, dont les yeux bleus se fixaient avidement sur le major.

Il y avait dans ce regard de la tristesse et de la menace. — Quant au géant, son visage exprimait un triomphe naïf. Il avait fait un coup adroit : le caillou avait été attaché à la sentence signée Molly-Maguire avait frappé le major en pleine poitrine ; on ne pouvait mieux faire.

Le major était maintenant à moitié chemin du *Roi Malcolm* au *Grand-Libérateur.*

Patrick Mac-Duff, qui commençait à distinguer ses épaulettes et son écharpe, ralentit le moulinet de son bâton et baissa la voix d'un ton.

— *Arrah !* dit-il, c'est un officier !..... Pensez-vous qu'il faille le mettre dans le ruisseau, vous autres ?

— Un officier ne vaut pas mieux qu'un soldat, répliqua John Slig, tenancier sans bail, qui n'était point électeur, et n'avait pour payer le potteen de William Derry que ses bras et sa langue.

— A l'eau, l'habit rouge ! cria-t-on des fenêtres.

— A l'eau, l'habit rouge ! à l'eau ! répétèrent les paysans couchés sur le pavé.

Le major s'avançait toujours, suivi des malédictions protestantes, vers les catholiques menaçants.

Sa joue, qui avait la blanche et délicate carnation d'une joue de femme, n'était ni plus ni moins pâle que de coutume ; ses yeux froids gardaient leur impassible regard ; son pas restait lent et calme. On eût dit qu'il achevait en paix une promenade tranquillement commencée.

Le soleil, qui frappait les yeux des buveurs catholiques, es empêchait de distinguer les traits du nouvel arrivant.

Patrick Mac-Duff, à qui la clameur générale rendait du cœur, s'élança en avant de ses compagnons et brandit son lourd bâton au-dessus de sa tête.

Les autres marchèrent sur ses traces, chancelant et riant. Ils étaient ivres.

— Allez, mes chéris, allez, disait-on aux fenêtres, — forcez le Saxon à crier pour William Derry.

Évidemment Patrick ne demandait pas mieux, — mais au milieu de sa course il s'arrêta brusquement, et son shillelah retomba le long de son flanc.

— Le major ! murmura-t-il.

Ceux qui le suivaient de plus près murmurèrent comme lui :

— Le major !...

Et ce nom, répété tout bas de proche en proche, arriva jusqu'à la porte de l'auberge du *Grand-Libérateur,* franchit le tap, traversa le comptoir, et monta d'étage en étage.

Dans la rue on ne cessa de crier aussitôt ; on se tut dans le cabaret ; on fit silence aux fenêtres.

Ces hommes ivres, qui s'élançaient menaçants tout à l'heure, se rangèrent des deux côtés de la chaussée, laissant libre un large passage.

Patrick, d'un geste machinal, toucha son chapeau à petits bords en signe de respect.

Le major lui rendit son salut, et tout le monde se découvrit...

Ils sont ainsi faits, même aux heures d'ivresse. La main qui pesa sur eux fut si lourde, qu'ils ne savent point encore se redresser comme des hommes à la lumière du jour et hardiment proclamer leurs haines.

Ils furent esclaves si longtemps, que la vue du maître suffit encore à les courber. — Ils peuvent bien, la nuit venue, prendre en main le fusil et la torche ; ils peuvent incendier, combattre, mourir.

Mais regarder un Anglais en face est au-dessus de leurs forces.

Il semble qu'ils aient honte d'être libres ou que leur liberté, proclamée, soit pour eux une décevante chimère. Ils ignorent l'usage calme et digne de leurs droits de citoyens. Ils ne voient point de milieu entre la violence sauvage et la puérile frayeur. Ils rougissent sous le regard comme des enfants menacés du fouet de l'école ; et ces mêmes hommes, à qui les ténèbres et leurs masques vont donner une audace indomptable, fuiront le visage de leur ennemi au premier rayon du soleil et se détourneront de sa voie comme s'ils étaient de faibles femmes.

S'ils ne se cachent pas à son approche, ils lui souriront, ils le flatteront, et leur bouche pourra, sans se blesser, couvrir la haine amassée sous de caressantes paroles.

Il faudra des années pour guérir cette lèpre de la servitude, de longues années de liberté ; — comme il faudra des années de bien-être pour guérir la plaie chronique de la misère....

A travers la froideur habituelle du major Percy Mortimer, on eût distingué dans son regard, tandis qu'il traversait cette foule dégueni llée, une pitié grave et profonde. Il perça lentement les groupes qui s'étaient ouverts pour lui donner passage, et son geste courtois répondit aux saluts de la foule.

Quand il fut passé, des murmures timides s'élevèrent. Patrick Mac-Duff remit son chapeau sur sa tête, ferma son gros poing et fit un geste de menace silencieuse.

A mesure que le major s'éloignait, le murmure grossissait. — Quand le major eut tourné l'angle de la rue, le murmure se changea en une formidable clameur.

— A bas le Saxon ! cria Mac-Duff.

On fit chorus dans la rue, on fit chorus dans le comptoir, dans le tap, dans le parloir et à tous les étages de la maison de Janvier O'Neil.

De tous côtés résonnait ce cri répété par mille bouches:

— A bas le Saxon !

On s'agitait, on brandissait les shillelahs ; on s'attaquait avec une frénésie folle à l'ennemi absent.

Puis, toute cette colère tombant comme par magie, une joie vive succéda sans motif à ce courroux insensé. Des chants éclatèrent de toutes parts, coupés par des éclats de rire.

Le nom d'O'Connell retentit, entouré de fanatiques bravos.

Le potteen et l'ale se reprirent à couler.

— Longue vie à William Derry! William Derry pour toujours!...

Pendant ce temps, la grande figure brune quittait son poste et laissait vide le trou de l'ogive. La tête blonde disparaissait à son tour, et Mahony le Brûleur descendait l'escalier en ruines de la maison abandonnée avec Jermyn, le dernier des fils de Mac-Diarmid.

III.

KATE NEALE.

La demeure de Mahony, ce géant que nous avons vu porter la torche de *bog-pine* dans la nuit de l'incendie, formait l'extrême pointe du Claddagh, l'un des faubourgs de Galway. C'était une sorte de masure chancelante construite en pans de bois à peine dégrossis; elle s'ouvrait d'un côté sur le Claddagh, de l'autre sur une cour remplie de hautes herbes et d'orties, au delà de laquelle s'élevait la grande maison ruinée dont la façade noire regardait l'auberge du *Roi Malcolm*.

Mahony n'avait qu'un pas à faire pour se rendre au poste où nous l'avons aperçu dans la matinée.

C'était un homme de près de cinquante ans, aux cheveux noirs, crépus, parmi lesquels couraient çà et là quelques poils gris; il avait une figure vigoureusement caractérisée, où les lignes se heurtaient avec rudesse, et qui dénotait plus d'énergie que d'intelligence.

Son histoire était celle d'un grand nombre de ses compatriotes. — Il avait possédé sans bail une petite ferme au bord des lacs; une année de détresse était venue, et l'agent du landlord l'avait impitoyablement chassé.

Mahony avait une femme et des enfants : — bien longtemps il courut de village en village, demandant du travail pour ses robustes bras.

Il n'y avait point de travail.

Dans le Connaught, le pauvre tenancier qui se meurt de faim entre les murs nus de sa cabane n'a pas de quoi payer le labeur d'autrui.

Mahony avait mendié.

Mais là où chacun manque du nécessaire, qui donc pourrait donner l'aumône ?

Il y a bien en Irlande des mains secourables qui se tendent vers le malheur. Hélas ! ces mains sont vides le plus souvent, et le clergé catholique, subissant la misère qui l'environne, n'a guère que des paroles consolantes pour suppléer à sa propre indigence. Il prie lorsqu'il faudrait aussi soulager, et sa bourse, tôt épuisée, ne garde qu'un jour le modique salaire qu'il doit au respect des fidèles.

La femme de Mahony devint malade ; ses enfants souffraient et avaient faim. — Il regardait avec rage ses membres vigoureux qui, amaigris, montraient leurs muscles de fer.

Pas de travail pour conjurer cette famine qui pesait sur des êtres chers ! — Il y avait de la haine dans le cœur de Mahony.

Un jour, de vagues rumeurs passèrent autour de ses oreilles ; il entendit un nom inconnu mêlé à des paroles vengeresses.

La nuit suivante il se coucha point dans sa masure.

La ferme qu'il avait occupée longtemps sur le bord du lac Mask n'était plus le lendemain qu'un monceau de cendres.

Il s'était fait un grand renom entre les Molly-Maguires. On le connaissait à vingt lieues à la ronde dans les assemblées nocturnes, et il était célèbre parmi les *payeurs-de-minuit* sous le nom de *Mahony le Brûleur*.

Jermyn Mac-Diarmid et lui venaient d'entrer dans la masure. Ils s'étaient assis tous les deux le plus loin possible de Maud Mahony, autour de laquelle quatre ou cinq enfants jouaient dans la poussière.

— Femme, demanda le Brûleur, il n'est venu personne ?

— Personne, répondit Maud d'une voix triste. — Qui donc viendrait chez nous, quand il y a du potteen plein la rue et des gâteaux d'avoine gratis à la porte de chaque taverne ?

— Attendons-le, reprit Mahony en s'adressant à Jermyn, — il ne peut tarder à venir.

Le dernier des fils de Mac-Diarmid était dans toute la fleur de cette beauté adolescente dont la peinture est toujours bienvenue est l'un des plus grands charmes de la poésie antique. La jeunesse assouplissait

encore cette grâce qui allait devenir vigueur. Ses traits gardaient une naïveté douce, et il semblait que des rêveries d'enfant pouvaient seules descendre sur ce front si pur, où des cheveux qu'eût enviés une vierge étageaient leur blonde richesse.

Et pourtant, il y avait quelque chose en Jermyn qui déjà n'était plus l'insouciance heureuse de l'adolescent. Ses joues perdaient leur reflet rose ; sa bouche oubliait le frais sourire des jeunes années ; on lisait dans son regard une tristesse morne et comme une habitude précoce de souffrir.

Parfois ses sourcils se fronçaient sous l'effort d'une pensée inconnue, — et alors sa physionomie si douce prenait soudain une expression de virile menace ; un feu sombre s'allumait dans ses yeux bleus ; une ride amère plissait sa bouche.

C'est que l'amour, qui rajeunit la vieillesse, mûrit bien vite le cœur des enfants.

Jermyn aimait, Jermyn était jaloux, — et c'est souffrir cruellement que d'être jaloux à cet âge où le cœur vulnérable et désarmé saigne à la moindre blessure !

Jermyn avait mis sa tête entre ses mains et regardait le géant qui allumait paisiblement son dhourneen (1).

— Quand le caillou a frappé sa poitrine, dit Jermyn — quel air avait-il ?

— Quel air ? répliqua Mahony, — toujours le même air, vous savez bien, Mac-Diarmid... L'air qu'il aura le jour de ses noces et le jour de sa mort... *Musha !* mon fils, quand avez-vous vu cet homme-là changer de visage?...

— Il n'a pas eu peur ?... murmura Jermyn.

— Peur!... Non, sur ma foi, mon bijou!... pas plus peur aujourd'hui que ce soir de l'année dernière où il y avait dix couteaux dégainés autour de sa poitrine nue... On le tuera, c'est sûr, mon fils, mais on ne lui fera pas peur!

Jermyn passa une de ses mains sur son front.

— C'est un cœur brave et fort, pensa-t-il tout haut.

— Je ne sais pas, je ne sais pas, dit le géant. — On prétend qu'il a le diable à son service. Moi, je crois plutôt qu'il sait tout bonnement jeter des sorts... Parlons raison, Mac-Diarmid. Comment expliquer autrement la conduite de Morris, votre frère ?

Jermyn ne répondit pas.

— Voilà trois fois, reprit Mahony, que Morris se mêle de ses affaires... Sans Morris, on peut bien dire cela devant vous, le major aurait déjà porté chez Satan sa face pâle et ses yeux immobiles..... Il faut que Morris ait été ensorcelé.

Jermyn garda encore le silence, et le géant reprit en secouant les cendres de sa pipe :

— Voyez-vous bien, mon petit bijou, il y a quelque chose qui ne va pas droit dans la maison de Mac-Diarmid : je n'y vois point de mal ; d'ailleurs c'est un saint homme, et il est en prison pour nous... mais Morris, — un beau gars, pourtant ! — a un sort sur la tête, bien sûr!... On dirait que le bog-pine lui fait peur... Il veut faire de nous des soldats, *ma bouchal!*... et, en attendant, voilà trois fois qu'il se met entre nous et un habit rouge... Et Owen, mon fils!... Owen qui a épousé Kate Neale, la fille d'un middleman!

— Elle n'était plus d'asile, interrompit Jermyn, — et il l'aimait.

— Il l'aimait, grommela Mahony, — à la bonne heure... mais on dit qu'il y a un autre membre de la famille qui s'avise aussi d'aimer...

Jermyn mit sa main sur le bras du géant et le serra convulsivement ; ses sourcils s'étaient froncés, tandis que son visage devenait plus pâle.

— Tais-toi ! murmura-t-il d'un ton impérieux.

— Bien, bien, répliqua Mahony avec soumission. Ceux qui disent cela se trompent peut-être, mon joli gars... et, après tout, la noble Heiress est au-dessus de nous... Maud, ma chérie, faites taire les enfants, ou je les écrase entre mes deux poings... En tout cas, Mac-Diarmid, vous êtes un bon, vous... et je suis sûr qu'il n'y a pas dans tout le Connaught un homme plus disposé que vous à envoyer le major à tous les diables.

— C'est un dangereux ennemi de l'Irlande, dit Jermyn en rougissant.

Le géant eut un sourire naïvement malicieux.

— *Arrah !* mon fils, s'écria-t-il, à qui le dites-vous?... Mais voilà Dan qui revient de la prison.

— Quelles nouvelles de notre père, Dan? demanda Jermyn.

(1) Pipe courte, expression irlandaise.

Dan avait un visage triste et grave.

— Mauvaises, répondit-il sans franchir le seuil. — Mac-Diarmid souffre et ne veut point être soulagé... Il repousse la liberté plutôt que de manquer aux ordres d'O'Connell... Rien ne peut le fléchir. O'Connell! toujours O'Connell! c'est son Dieu!

— Pauvre père! dit Jermyn.

— Que Dieu le bénisse! ajouta Mahony; — c'est un saint homme, celui-là!

— Et les gens d'O'Connell, reprit Dan avec amertume, — chantent joyeusement par les rues, tandis que le vieillard abandonné souffre... Venez, Jermyn; l'heure avance, et l'on nous attend à la ferme.

Jermyn se leva aussitôt; il échangea une poignée de main et quelques paroles rapides avec Mahony, puis il sortit en compagnie de son frère.

Orangistes et catholiques continuaient de boire et de s'ébattre aux portes des tavernes.

Les deux Mac-Diarmid traversèrent la ville à grands pas, regardant avec un mépris égal les joies folles des deux partis rivaux.

Ils passèrent sans se mêler à aucun groupe, sans adresser la parole à personne.

Une fois dans la campagne, ils poursuivirent leur route hâtivement. C'est à peine si quelques mots rompirent parfois leur silence à de longs intervalles.

Le jour commençait à baisser lorsqu'ils arrivèrent sur le versant du Mamturk, à la ferme de Mac-Diarmid.

Owen se trouvait seul en ce moment dans la salle commune avec la fille de Luke Neale, qui était maintenant sa femme. — Le middleman avait été tué dans la nuit de l'incendie, en essayant de défendre sa ferme. Kate n'avait qu'un vague souvenir des événements de cette nuit terrible; elle se rappelait confusément les heures de veille auprès de la couche du major blessé, puis son sommeil interrompu brusquement par l'arrivée d'un inconnu masqué de noir, puis encore son départ, et la course rapide du chariot dirigé par le valet de ferme Pat, qui l'avait conduite, ainsi que le major, dans une auberge de Tuam.

Elle savait que les auteurs de cette attaque nocturne étaient les *ribbonmen;* mais elle ignorait que les fils de Mac-Diarmid fussent membres de cette association redoutable.

L'arrestation du vieux Mill's lui semblait, comme à tout le pays, une iniquité, ou tout au moins une erreur de la justice. — Le vieux Mill's passait à bon droit pour un des soutiens les plus fervents d'O'Connell, et chacun savait avec quelle sévérité le Libérateur traitait en toute occasion les associations secrètes.

Les fils du vieux Mill's, si respectueux et si dévoués, pouvaient-ils avoir d'autres sentiments que leur père?

En ces temps malheureux où les catastrophes se succèdent sans relâche et où le deuil entre par toutes portes, la vie marche vite; les plaies, tôt cicatrisées, ne saignent pas longtemps; le bruit de la tempête étouffe les sanglots et les pleurs.

En des jours plus tranquilles, Kate Neale n'aurait point consenti à donner sa main si peu de temps après la mort de son père; mais, maintenant qu'elle était sans famille et qu'elle devait tout à la généreuse hospitalité de Mac-Diarmid, elle n'avait point cru pouvoir résister à l'amour impatient d'Owen.

Elle aimait Owen depuis son enfance. — Au temps où Luke Neale était un pauvre fermier sur le versant du Mamturk, les deux enfants s'étaient rencontrés bien souvent dans la campagne; ils étaient beaux tous les deux, tous les deux francs et bons; ils échangèrent leur foi.

Plus tard, Luke suivit les conseils des gens de loi protestants de Galway; il voulut faire fortune, et prit la route facile qui s'offre à chacun en Irlande: spéculer sur la misère.

La misère, on le sait, est ce qu'il y a de plus exploitable au monde. — Luke se fit middleman, on devient riche à ce métier, quand la vengeance du pauvre ne vous jette pas mort à la moitié du chemin.

Au bout de peu d'années, Luke fut un fermier opulent; il défendit à sa fille de voir Owen, qui était désormais trop pauvre pour prétendre à la main de Kate Neale.

Mais ces défenses sont vaines. — Kate obéit peut-être; elle continua d'aimer.

Il y avait sept mois maintenant qu'elle avait perdu son père; l'amour heureux faisait diversion à sa peine; son regret adouci laissait place en son cœur aux premières joies du mariage.

Mais elle était Irlandaise. Ce peuple, dont le caractère léger abrége

tout, jouissances et douleurs, est constant pour un point: il n'oublie jamais la vengeance.

Kate voyait parfois dans ses rêves le pâle visage de son père mort. Elle demandait alors à son mari :

— Où sont les assassins de Luke Neale?

Et, quand Owen lui avait répondu par quelque subterfuge, elle tombait dans la rêverie et reprochait à son cœur de s'endormir et de trop aimer.

Elle voulait, la pauvre femme, se lever seule contre cette association mystérieuse qui l'avait faite orpheline. Elle voulait découvrir ces hommes qui tuaient dans les ténèbres, et les jeter, dévoilés, sous la hache de la loi.

Et, chaque fois qu'elle priait Dieu, elle lui promettait de venger son père.

Il n'y avait dans son âme, à part cette pensée, que miséricorde et amour. C'était une douce enfant, pieuse, bonne, dévouée. Depuis un mois que ses larmes séchées avaient fait place au sourire, elle avait donné à Owen tout le bonheur qui peut être le partage d'un homme. Ils s'aiment ardemment et uniquement, leur tendresse mutuelle les isolait du monde et leur était un rempart contre la souffrance.

Car Owen, lui aussi, avait beaucoup à oublier. — Le malheur était tombé sur la maison de Diarmid. Le vieux Mill's, jeté dans une prison à la suite du meurtre de Luke Neale, attendait sa sentence. On n'avait point reçu, depuis sept mois, de nouvelles de Jessy O'Brien, la fille adoptive de Mac-Diarmid, la sœur chérie des huit frères, qui avait été la fiancée de Morris avant de devenir la femme de lord George Montrath.

Et, à différentes reprises, de funestes rumeurs s'étaient répandues dans le pays. — On disait que lady Montrath était morte; on disait même que lord George avait déjà pris une autre femme.

Enfin, il y avait un Mac-Diarmid de moins. Natty, le cinquième frère, tué par une balle, était resté sur le gazon devant la ferme de Luke Neale.

Toute la famille était dehors en ce moment. Kate et Owen restaient seuls.

En l'absence de Joyce qui vaquait à des travaux de culture, et qui s'était fait suivre par la petite Peggy, Kate préparait le souper commun; elle attisait le feu sous le chaudron où cuisaient les pommes de terre, et rangeait d'avance les assiettes d'étain sur la table à la place de chaque convive.

Et, partout où elle allait, Owen la suivait, dérobant çà et là un baiser, échangeant un sourire contre une douce parole.

Les bestiaux, qui étaient rentrés d'eux-mêmes à la chute du jour, se couchaient de l'autre côté de la corde et prenaient fraternellement l'herbe du soir.

Les deux grands chiens de montagne, accroupis des deux côtés du foyer, chauffaient leurs pattes dans les cendres, et suivaient d'un œil endormi le gai combat du jeune couple.

A voir cette scène de calme et naïf bonheur, vous n'eussiez certes point cru que ce sol était celui de l'Irlande.

L'illusion vous eût emporté loin, bien loin de ce malheureux pays où les passions s'agitent avec frénésie et hâtent l'action mortelle du poison et de la misère.

Tout aurait disparu à vos yeux, l'effort désespéré de la tyrannie orangiste, la sanglante colère du ribbonman et jusqu'aux bruyants échos de cette agitation interminable dont le fracas essaye d'étouffer la menace des deux partis qui sont en présence et se regardent.

Owen avait à peu près vingt-trois ans, son visage franc et ouvert disait naïvement son bonheur. C'était un beau garçon, grand et fort, dont le front semblait vierge de toute pensée importune; sa nature était d'être gai. Il avait été triste pourtant bien des fois dans sa vie, mais, chaque fois que la joie revenait, il l'accueillait de tout son cœur.

Kate était une charmante fille d'Irlande, aux traits souriants, au regard vif. Le malheur récent l'avait bien un peu pâlie, et quelques rayons manquaient au feu de ses prunelles, mais à cette heure de repos heureux elle revivait égayée et se retrouvait elle-même.

Pendant qu'elle se hâtait pour terminer les apprêts du souper, ses beaux cheveux noirs voltigeaient çà et là effleurés par la lèvre d'Owen; sa fine taille se balançait gracieusement et, tandis qu'elle échappait aux mains de son mari, un malicieux sourire entr'ouvrant ses lèvres roses, montrait au demi-jour des chandelles de jonc l'émail perlé de ses dents.

Le couvert était mis et les pommes de terre bouillaient dans la chaudière.

La tâche de Kate était accomplie.

Elle s'assit auprès d'Owen, leurs sourires amis se croisèrent. Ils se murmurèrent à l'oreille de ces bonnes paroles que les amants se disent mille fois et se disent tout bas, — et qu'on désapprend, dit-on, après quelques mois de mariage.

Ils restèrent ainsi serrés l'un contre l'autre, heureux de se toucher, de se voir, et ne demandant rien à Dieu, sinon d'être ainsi toujours.

Depuis le jour de son mariage, Owen, par une sorte de tolérance muette, restait en dehors des actes de l'association. — Morris lui avait fait cette trêve.

On lui donnait quelques jours pour aimer bien et être heureux.

Et il jouissait ardemment de ce bonheur dont il devinait la limite prochaine. Il se hâtait de jouir, il buvait à longs traits cette coupe aimée qu'on allait lui arracher peut-être, à demi pleine encore...

Un bruit de pas se fit au delà de la porte sur la montée.

Owen et Kate s'éloignèrent instinctivement l'un de l'autre ; un nuage passa sur leur front naguère si radieux.

C'est qu'après un moment d'oubli la réalité revenait vers eux ; ils avaient chassé d'un commun accord d'importuns souvenirs, et la porte qui s'ouvrait allait donner entrée à de graves pensées de malheur.

Dan et Jermyn, venant de Galway, franchirent les premiers le seuil. Jermyn parcourut la salle d'un regard impatient.

— Notre noble parente n'est pas encore de retour? demanda-t-il.

— L'Heiress aura prolongé sa promenade plus tard que de coutume, répondit Owen — nous l'attendons.

Quelques instants s'écoulèrent, au bout desquels Joyce revint des champs avec Peggy.

Sam et Larry le suivirent de près.

Kate tira les pommes de terre de la chaudière et les plaça sur la table.

L'œil de Jermyn interrogeait la porte avec une inquiétude croissante.

La porte s'ouvrit enfin.

Ce fut Morris qui entra.

— Ellen ne vous suit-elle pas, mon frère? demanda Jermyn.

— Je viens de loin, mon frère, répondit Morris, mais j'ai entendu le pas d'un cheval au pied de la montagne, et la noble Ellen ne peut tarder à revenir.

Ces paroles étaient à peine achevées lorsque la porte qui venait de retomber s'ouvrit de nouveau.

Ellen se montra sur le seuil ; ses cheveux noirs, épars, tombaient le long de sa joue pâle ; quelques gouttes de sueur perlaient à son front.

La respiration lui manquait comme si elle eût fourni une course désespérée.

Les Mac-Diarmid la saluèrent, comme d'habitude, avec amour et respect. — Jermyn, dont les sourcils étaient violemment froncés, la contemplait d'un œil jaloux.

L'Heiress rejeta en arrière le capuchon de sa mante rouge, et traversa la salle pour se rendre à son siège accoutumé.

Les Mac-Diarmid prirent place à leur tour et s'assirent, après qu'Ellen eut prononcé en latin la prière de bénédiction. Le souper de famille commença triste et silencieux.

A part quelques sourires échangés entre Kate Neale et Owen, aucun visage ne se dérida autour de la grande table. Durant tout le repas, la lumière inégale des chandelles de jonc n'éclaira que des traits mornes et des regards assombris.

La gaieté irlandaise faisait trêve : il y avait sous ce toit, où naguère la vie coulait si pleine, une grave et lugubre pensée.

Bien des sièges restaient vides maintenant. — Le chef de la maison, prisonnier et menacé de mort, laissait là sa place inoccupée. — Jessy n'était point revenue ; Natty était mort, — Mickey, le frère aîné, avait pris la route de Londres pour avoir des nouvelles de Jessy.

On avait mangé à la hâte, — on avait porté tout bas la santé du vieux Mill's.

Ellen avait à peine touché le mets rustique qui demeurait entier sur son assiette ; elle ne parlait point ; sa belle figure, où ces quelques mois écoulés avaient mis plus de pâleur, exprimait une préoccupation puissante. Ses grands yeux noirs restaient constamment baissés et n'allumaient plus aux rayons vacillants de la lumière leurs sombres reflets d'or.

Les convives respectaient son silence et sa rêverie. Kate Neale se levait de temps en temps pour la servir comme si elle eût été une reine.

Et vraiment, assise comme elle était, toute seule à la place d'honneur, environnée d'attentions respectueuses et tendres, elle semblait une reine en effet.

Jermyn seul osait suivre d'un regard obstinément avide les sentiments divers qui venaient se peindre tour à tour sur la physionomie de l'Heiress. Il y avait dans ce jeune homme une admiration sans borne, mêlée de jaloux élans de colère.

Il lisait comme en un livre ouvert sur ces nobles traits pâlis par un mystérieux travail. Il traduisait chaque mouvement, il interprétait chaque soupir, et dans sa poitrine son cœur battait douloureusement.

Ellen ne le voyait point ; elle ne voyait rien ; son âme était ailleurs. Lorsqu'elle eut récité à genoux, devant une image grossière de la Vierge, la prière de tous les soirs, elle mit un baiser sur le front de Kate, et donna la main à ses frères d'adoption ; puis elle se retira dans la petite cabane accolée au corps du logis principal.

Kate et Owen disparurent à leur tour.

Il ne resta dans la chambre que les cinq autres frères et Joyce, qui se jeta dans un coin sur la paille.

— Lève-toi, lui dit Morris, — et remplis les cruches de potteen... Cette nuit il n'y aura que les femmes à dormir sous le toit de Mac-Diarmid.

Joyce obéit aussitôt ; les pots d'étain furent remplis, et les cinq frères s'assirent de nouveau autour de la table.

Chacun d'eux prit sa place accoutumée ; Morris seul en changea ; il alla s'asseoir sur le siège réservé à son père, comme s'il se fût institué le chef et le roi de la famille.

Il y avait en lui un air d'autorité grave et ferme ; on voyait que depuis longtemps sa tête s'était levée au-dessus de la tête de ses frères.

— Mickey va revenir cette nuit, dit-il ; — je le sais... Nous l'attendrons... Et, quand la lumière brillera au sommet de Ranach-Head, nous partirons ensemble... Quelles nouvelles de Tuam, Larry?

— A Tuam, répondit ce dernier, — on a fait grand bruit de bâtons, parce que quelques coquins venus de l'Ulster ont voulu chanter trop haut le nom de James Sullivan... Percy Mortimer est allé rétablir l'ordre avec ses dragons... En définitive, on boit et on crie, voilà tout.

— Sam, reprit Morris, quelle nouvelle d'Headfort?

— On crie et on boit, répondit Sam ; — avec un verre ou deux de potteen, les pauvres diables oublient qu'il y a un lendemain, et qu'au bout de l'ivresse ils retrouveront la famine.

— Et à Galway, Dan? reprit encore Morris.

— Il faudrait adresser cette question à notre noble parente Ellen, interrompit Jermyn avec amertume ; — j'ai vu ce matin sa mante rouge dans le Claddagh, et, comme elle est revenue la dernière...

— Silence, enfant! dit Morris d'un ton sévère.

— A Galway, reprit Dan, personne ne pense à nous, mon frère... On pourrait pendre Mac-Diarmid sans qu'il y eût un verre d'usquebaugh de perdu... William Derry pour toujours!... Ils attendent O'Connell, et ils sont fous d'avance.

— Ils sont si malheureux!... murmura Morris, qui appuya sa tête sur sa main.

Il y eut un instant de silence.

Puis Morris passa ses doigts dans les boucles brunes de ses cheveux, et découvrit son front blanc et large, où il y avait comme un héroïque reflet d'énergie intelligente et de robuste volonté.

— Ils sont si malheureux, répéta-t-il, — qu'ils ne sentent plus leurs cœurs... On dit qu'après des années de captivité le prisonnier, délivré de ses chaînes, ne peut ni se lever ni mouvoir ses membres engourdis... Libre, il reste inerte sur le sol. On lui crie : Va-t'en, et il demeure... Ses fers lourds pèsent encore sur lui par le souvenir... Nous sommes ainsi, frères, et il faudra un coup de tonnerre pour secouer notre apathique torpeur.

— Ils sont lâches! dit Sam avec mépris.

— Oh! non! s'écria Morris dont les yeux brillèrent ; — ils sont braves!... mais ils ont tant souffert! Ne les méprisez pas, Sam, et surtout ne désespérez point d'eux avant l'heure de la grande épreuve... Notre rôle, c'est de les relever ; notre mission, c'est de réveiller leur âme assoupie et d'y raviver cette immense haine qui est le salut de l'Irlande... Nous les avons vus s'armer pour quelque vengeance partielle, et nous nous sommes dit : Soyons leurs chefs ; tournons le fer irlandais contre le véritable ennemi de l'Irlande... changeons les incendiaires en soldats, et que la dernière *quittance* signée par la pauvre Erin à l'orgueilleuse Angleterre soit une bataille... et soit une victoire!...

— Oui, murmura Sam, — nous nous sommes dit cela.

— Voilà passés depuis lors, ajouta Larry, — plus des trois quarts d'une année.

— Et notre père est en prison, dit Sam.

— Et Natty est mort !... acheva Jermyn.

— Et Jessy est morte ! prononça une voix émue qui partait du seuil.

Les cinq Mac-Diarmid se levèrent à la fois. — Mickey, dont le carrick était plein de poussière, et qui portait en main son bâton de voyage, franchit le seuil.

— Jessy, ta fiancée, mon frère Morris, reprit-il en gagnant la table à pas lents, — nous avions juré de la protéger, t'en souviens-tu ?

La force d'âme de Morris luttait en ce moment contre une douleur poignante. Son visage était calme ; son cœur se fendait.

— Soyez le bienvenu, mon frère Mickey, dit-il, et prenez place... nous vous attendions, et nous sommes heureux de vous revoir.

Sam, Larry, Dan et Jermyn avaient les larmes aux yeux.

— Pauvre Jessy ! dit Sam ; — sans cette association maudite, nous aurions pu lui porter secours.

— Elle était si bonne !

— Et si belle !

— Et si douce !

— Elle nous aimait tant !...

— Elle aimait tant surtout notre frère Morris ! dit Mickey, qui s'assit à sa place ordinaire, laissant le siége paternel à son cadet.

Morris avait aux lèvres un tremblement convulsif.

— Pitié, frère ! murmura-t-il ; — vous savez bien que j'ai besoin de tout mon courage.

— Je t'obéis, Morris, répondit Mickey, — parce que je t'ai accepté pour chef... mais que Dieu te pardonne de nous avoir retenus lorsque nous voulions passer la mer pour sauver notre sœur !...

— Pouvait-elle donc être sauvée ? demanda Sam.

Mickey garda un instant le silence. — L'œil de Morris, brûlant et sec, se fixait sur lui et dévorait d'avance sa réponse.

— J'ai vu la tombe de la pauvre fille dans le cimetière catholique de Richemond, répondit-il lentement : il y a sur la pierre le nom de Jessy O'Brien, morte à dix-neuf ans, épouse de Sa Seigneurie George lord Montrath...

Le souffle de Morris sifflait dans sa gorge.

Les autres Mac-Diarmid baissaient la tête, comme s'ils eussent voulu éviter son regard.

— Puis il y a le noble écusson de Sa Seigneurie, reprit Mickey, — et une croix de marbre blanc sculptée, sur laquelle on a écrit : *Priez pour elle...*

Mickey se tut — Il se fit un silence dans la salle. — Au bout de quelques secondes, Morris se leva.

Son mâle et beau visage peignait l'angoisse d'une douleur en vain combattue. — Ses yeux étaient baissés. — Une larme longtemps retenue roulait sur sa joue, qui semblait ne plus vivre.

— Prions pour elle, dit-il.

Les six frères s'agenouillèrent.

La voix de Morris, pénible et entrecoupée, récita les versets latins du *De Profundis*.

Puis l'on entendit des sanglots. La fougue du caractère irlandais exagère durant un instant la douleur comme la joie. Sam, Larry et Dan se tordaient ensemble le canal Saint-Georges. — Jermyn et Mickey avaient repris leurs siéges.

Morris demeurait à genoux, les bras croisés sur sa poitrine.

Quand il se releva, son œil était humide encore.

— Mon frère Mickey, dit-il. — vous ne nous avez pas tout appris... avons-nous un crime à venger ?

— Oui, répliqua Mickey.

Un frémissement courut autour de la table. — Les yeux de Morris se séchèrent ; son regard brûla, son front se redressa menaçant et fier.

— Lord George l'a tuée ? murmura-t-il entre ses dents serrées convulsivement.

— Vous l'avez dit, mon frère Morris, repartit Mickey.

— Et lord George doit venir bientôt dans le Galway ?

— Lord George est arrivé, mon frère. Nous sommes voisins... Milord est installé à cette heure avec milady, dans le château neuf de Diarmid... Nous avons traversé ensemble le canal Saint-Georges... Milady est une gracieuse femme, vraiment la fille d'un noble pair.... George Montrath est un heureux époux !

Le sang monta violemment à la joue de Morris ; sa colère rompit toute digue, et durant un instant il perdit cet empire absolu qu'il avait sur lui-même et qui donnait à sa volonté une invincible force.

Une malédiction rauque s'échappa de sa bouche, tandis que son poing fermé heurtait le chêne rugueux de la table.

Mais cela ne dura qu'un instant. — Les autres Mac-Diarmid, qui interrogeaient du regard sa physionomie décomposée, virent son front rappeler tout à coup le calme vainqueur.

Un puissant effort avait dompté au dedans de lui son courroux soulevé. La pâleur était revenue à sa joue, et son œil, froid désormais, fit le tour de la table, répondant au regard avide de ses frères.

Ceux-ci attendirent encore quelques secondes, puis leurs têtes chevelues commencèrent à s'agiter ; leurs regards se croisèrent, et un murmure d'indignation s'éleva.

— Par le nom de notre père, dit Sam, — cette lady Montrath sera veuve bientôt, je le jure !

— Sang pour sang ! s'écria Larry, — c'est la règle.

Jermyn et Dan répétèrent : — Sang pour sang !

Mickey leur imposa silence d'un geste où il y avait de l'amertume. Il était l'aîné de la famille, et le choix commun l'avait fait descendre à la seconde place.

Morris était le chef, — le *maître*, — Mickey n'avait peut-être point ce qu'il fallait de grandeur d'âme pour pardonner à son frère sa supériorité reconnue.

Il y avait en lui du dévouement, mais il y avait aussi de la vanité rebelle et comme une arrière-pensée de rancune. — Mickey avait plus d'une victoire à pardonner à Morris.

Au dehors il obéissait, il le servait en fidèle lieutenant ; à la maison il se souvenait trop que Dieu l'avait fait le chef naturel et qu'il avait droit au siége de son père absent. Il se soumettait : il eût donné son sang pour défendre Morris, — mais son orgueil révolté parlait tout bas au fond de son cœur. — Malgré lui et à son insu, il écoutait ces sourdes colères qui étaient vieilles en son cœur et qui renaissaient à la vue de l'influence de Morris.

Cette influence était souveraine dans la famille. — Les Mac-Diarmid, malgré leur turbulence native et la liberté de leurs paroles, se soumettaient toujours à la volonté du jeune *maître*. Ils discutaient, ils récriminaient, — et ils obéissaient.

Sam, Larry et Dan avaient pour Morris une affection sans bornes, où il se mêlait du respect et une confiance absolue.

Jermyn, dominé par un sentiment unique, partageait à un degré moindre cette confiance et ce respect.

Il était le plus jeune et se souvenait de la protection dévouée de Morris qui avait entouré les années de son enfance. — Mais il aimait et haïssait.

Trois fois Morris avait sauvé la vie de l'homme qu'il croyait son rival.

Et, comme il n'y avait rien dans le cœur de Jermyn qui pût rester debout en présence de ce sentiment unique par son origine et double en ses effets, il marchait avec froideur désormais dans la voie indiquée par son frère.

— C'est bien parler, enfants, dit Mickey en relevant son regard sur Morris, — mais c'est parler trop tôt.... Qui sait si Mac-Diarmid sera de notre avis ?

Morris avait baissé les yeux ; il n'y avait plus maintenant sur son pâle et noble visage aucune trace de colère, et l'on n'y aurait pu lire qu'une profonde tristesse.

— Jessy était ma fiancée, dit-il ; — je l'aimais... oh ! je l'aimais tant, que son souvenir gardera mon cœur contre tout autre amour... Elle était mon bonheur et mon espoir, cet homme me l'enleva...

Il s'arrêta, et son œil noir plein d'un enthousiasme grave se tourna vers le ciel.

— Et cet homme l'a tuée ! dit Larry.

— Et vous n'avez pas encore dit : Je la vengerai, Mac-Diarmid! ajouta Sam.

Mickey eut un sourire, comme s'il eût été heureux d'entendre une autre bouche que la sienne exprimer sa pensée.

— Qui sait si je ne l'eusse point aimée plus que l'Irlande ! reprit Morris, dont la voix se baissa jusqu'au murmure, tandis que sa tête penchée s'appuyait sur sa main. — Rien qu'à me souvenir du bonheur que je rêvais avec elle et pour elle, mon âme s'amollit, ma volonté plie et je sens des larmes sous ma paupière... Oh ! frères, combien je l'aimais !.... Tout à l'heure, emporté par cette passion revenue, j'ai senti des paroles insensées qui emplissaient ma bouche et voulaient s'élancer au dehors... j'ai été sur le point de mettre une vengeance égoïste à la place de la vengeance de l'Irlande...

Morris s'arrêta encore.

Les fils de Diarmid écoutaient indécis; — ils cherchaient à comprendre.

— La volonté de notre frère, dit Mickey, dont le sourcil se fronça, — est que le meurtre de Jessy soit oublié, et que Mac-Diarmid, qui n'a pas su le protéger, se dispense de le venger...

Le regard de Morris pesa dur et perçant sur la paupière de Mickey, qui rougit et se détourna.

— Ma volonté est que Mac-Diarmid soit tout entier à l'Irlande, dit-il. — Mon avis est que Mac-Diarmid n'a pas le loisir de se venger tant que l'Irlande souffre...

Morris s'était redressé sur le siége paternel ; — son front rayonnait d'une énergie sereine et un calme inspiré.

Il se fit un silence. — Sam le premier tendit sa main au jeune maître par-dessus la table.

— Mac-Diarmid, dit-il, — votre esprit voit plus loin que le nôtre... je vous crois, et je ferai ce que vous ordonnerez.

Les autres frères suivirent l'exemple de Sam.

Mickey tendit sa main à son tour.

— Mon frère Morris, dit-il avec un soupir, — je pense que j'ai eu tort... mais c'est que je songeais à la pauvre petite tombe où j'ai lu le nom de notre Jessy !

Le cercle se serra autour de la table.

Morris se leva et réveilla le valet Joyce qui dormait sur la paille.

— Allez voir au dehors, lui dit-il, — si le feu est allumé au sommet de Ranach-Head.

Joyce sortit et revint un instant après.

— Le feu est allumé, répliqua-t-il.

— Avertissez Owen, notre frère, reprit Morris. — Aujourd'hui est expiré le premier mois de son mariage. Il faut qu'il redevienne un homme et que sa tâche soit accomplie.

Joyce entr'ouvrit la porte du petit bâtiment où dormait autrefois le vieux Mill's, et qu'habitaient maintenant Kate et Owen.

Il prononça le nom de ce dernier.

Owen parut aussitôt et reçut les ordres de Morris avec une résignation triste. — Kate sera malheureuse, dit-il, car je ne puis lui apprendre où je vais... Elle croira que je ne l'aime plus... mais que votre volonté soit faite, Mac-Diarmid !

Morris lui donna sa main.

— Partons, reprit-il ; — vous, Jermyn, restez.

Jermyn, avait déjà le pied sur le seuil. Il s'arrêta et jeta à Morris un regard de défiance.

— Vous voulez encore sauver Mortimer ! murmura-t-il en fronçant le sourcil.

— Ma dette est acquittée, enfant, répondit Morris, et la vie de Mortimer est à ses ennemis.

— Pourquoi m'empêcher de vous suivre?...

— Parce qu'il ne reste que deux femmes dans la maison de Diarmid, mon frère, et que la fille des rois, la noble Heiress, doit avoir une garde auprès de son sommeil.

Jermyn baissa la tête et s'éloigna de la porte.

Les autres frères passèrent, suivis de Joyce.

Au loin, du côté de la mer, et dans la direction de Kilkerran, brillait un feu rougeâtre qui semblait être parmi les nuages,

Les six frères remontèrent le Mamturk en tournant le dos au lac, et redescendirent vers la mer.

Jermyn se coucha sur la paille et ferma les yeux.

Il était seul dans la vaste salle. — Une chandelle de jonc brûlait encore sur la table, éclairant vaguement les murailles enfumées et les saintes images qui les recouvraient. La voûte disparaissait complétement dans l'ombre, ainsi que les animaux qui dormaient de l'autre côté de la corde tendue.

Jermyn ne sommeillait point encore.

La lueur répandue dans la salle était si faible, qu'on n'aurait point pu voir la porte de la retraite d'Ellen tourner lentement sur ses gonds.

Ce fut comme une blanche apparition qui se montra dans l'ombre. La noble fille franchit le seuil sans bruit et s'avança lentement vers Jermyn étendu sur la paille. La lumière lointaine envoyait de vagues reflets à son pâle visage.

Elle était tête nue ; — ses longs cheveux noirs tombaient, dénoués, sur sa robe blanche, dont les plis libres laissaient deviner la grâce fière de sa taille de reine...

En un moment où la chandelle, ranimée par un souffle de vent, jetait une lueur plus vive, on aurait cru distinguer une larme qui se suspendait aux longs cils d'Ellen.

Mais la lueur se voila. — Tout rentra dans la nuit grisâtre. — Était-ce bien une larme?...

La tête d'Ellen se dressait hautaine. Son pas était calme. Son souffle égal soulevait doucement l'étoffe moelleuse de sa robe...

IV

L'HEIRESS.

La retraite d'Ellen s'appuyait au mur occidental du logis des Mac-Diarmid. C'était une chambre beaucoup plus petite et moins élevée que la salle commune où nous avons assisté par deux fois au repas du soir de la famille.

Ses murailles, comme celles du logis principal, se cachaient çà et là sous des estampes grossières, mais une sorte de goût délicat avait présidé à leur arrangement, et la main qui les avait choisies avait donné constamment la préférence aux antiques légendes où la piété se colorait de poésie.

Pour meubles, il y avait une espèce de commode en bois noir sculpté, dont la forme massive et lourde parlait des siècles passés. Le temps avait fait subir aux personnages représentés sur les panneaux de nombreux outrages : on ne connaissait plus guère le sujet des scènes, et l'amateur le plus habile n'y eût point su déchiffrer l'idée de l'artiste ; mais néanmoins quelques figures restaient entières, et leur vigoureux relief accusait un art précieux.

Au-dessus de ce bahut, sur un socle enclavé dans le mur, se trouvait une Vierge de pierre, qui tenait entre ses bras Jésus enfant, dont le front se couronnait de rayons d'or.

Cette sculpture semblait plus vieille encore que le meuble de bois noir. Elle portait les signes distinctifs de l'art barbare, et ses draperies ébauchées se roidissaient sur des contours à peine indiqués.

Une légende en caractères celtiques était gravée sur le socle et courait autour d'un écusson de forme ronde qui contenait une massue noueuse, un sceptre et un diadème.

C'était là l'unique héritage d'Ellen Mac-Diarmid.

Ellen se laissa choir au pied de son lit.

C'était à la fois son blason et son histoire. — Ces vieux débris étaient à elle, et cela suffisait pour tracer autour de la noble fille un cercle mystique, commandant le respect à tous.

Ellen était la fille d'un pauvre homme qui avait labouré durant sa vie un champ étroit et aride, à peine suffisant pour lui donner la nourriture de chaque jour. Cet homme avait eu bien souvent, pour ne point mourir de misère, des secours du vieux Mill's et de ses enfants. — Mais cet homme était de race souveraine; il descendait en ligne directe de Diarmid le Roux, roi des Iles, avant l'invasion danoise.

A un certain jour de l'année, tout ce qui portait le nom de Mac-Diarmid dans le Connaught se réunissait autour de la cabane du pauvre homme, qui se nommait Randal, et qu'on appelait l'*Heir* (l'héritier). On dressait une table dans son champ; — il présidait, assis sur un siége élevé, au festin que lui donnaient les débris dispersés de l'antique tribu. On parlait du passé lointain, des jours où le chef du clan portait une couronne, des temps plus rapprochés où le même chef, descendu au titre de lord, possédait encore un domaine de prince et ne pouvait point apercevoir, en montant sur la plus haute tour du château de Diarmid, un pouce de terre qui ne fût de son héritage.

On se disait comment toutes ces richesses avaient passé une à une aux mains rapaces des protestants, — et l'on se demandait si le doigt de Dieu ne relèverait pas quelque jour une race jadis si puissante et tombée si bas sous le poids de son courroux!...

On allumait des cierges autour de la Vierge de pierre; on chantait de vieux cantiques et des hymnes de guerre qui avaient traversé de bouche en bouche des générations de guerriers libres et des générations d'esclaves...

Et l'on criait malédiction sur lord Montrath, le fils des spoliateurs, dont la maison moderne s'élevait à quelques pas des vieilles tours, et, opulente, semblait railler leur décrépitude abandonnée...

Ellen, à la mort de son père, avait été recueillie par le vieux Mill's, son parent éloigné. Elle avait emporté la Vierge de pierre. — En Irlande, le pouvoir des traditions est sans bornes; Ellen, tombée jusqu'à la pauvreté, restait pour les habitants du pays, et surtout pour la famille, l'objet d'un culte pieux; elle était toujours la fille des puissants lords et l'*Heiress*, — l'héritière unique de la branche royale des Diarmid.

Il ne serait jamais venu à l'esprit du vieux Mill's ou de ses enfants de lui demander compte de ses actions. Elle était libre; on eût regardé comme un crime, dans la maison de Diarmid, d'épier sa conduite ou de vouloir pénétrer ses secrets. — Elle était reine; chacun obéissait à ses moindres caprices.

Et pendant bien longtemps il y avait eu comme une auréole de joie autour du front insouciant de la jeune fille. Mill's était son père respecté; les fils de Mill's étaient ses frères; sa vie coulait paisible et douce; le repas commun s'égayait à ses radieux sourires.

Le jour, elle courait avec Jessy O'Brien, sa compagne aimée, jusque sur les crêtes blanches du Mamturk; elles allaient, causant et chantant, les deux belles filles, poursuivant l'ombre rare des bois ou perdant leurs limpides regards dans le lointain bleu du paysage.

D'autres fois, Ellen avait fantaisie d'être seule, — elle s'asseyait sur le dos d'un poney rapide et dévorait l'espace, cherchant

à tromper l'inquiétude vague de son âme de vierge qui s'éveillait.

Sa course l'emportait jusqu'à la mer. Elle gravissait les énormes masses basaltiques que la tradition dit avoir été entassées par la main des géants. — Elle suivait ces féeriques colonnades et ces escaliers prodigieux dont la bizarre et gigantesque structure semble le produit d'une imagination de poète; — elle franchissait ces ponts surnaturels dont l'arche tremble au-dessus de l'abîme.

D'autres fois encore, elle descendait au bord des grands lacs; sa main blanche maniait la rame, et, cachée dans la brume épaisse, elle voguait d'île en île, chantant à son insu et rêvant doucement.

Puis, le soir venu, elle remontait le Mamturk et s'asseyait à la table de famille auprès de Jessy O'Brien, la joyeuse enfant qui lui souriait et qui l'aimait...

C'étaient des jours bienheureux. — L'étranger pouvait posséder les riches domaines de Diarmid et asseoir sa demeure toute neuve auprès du vieux château qui chancelait.

Ellen n'allait point songer à ces splendeurs passées. Elle n'avait ni désirs ni regrets; elle était heureuse de vivre, heureuse d'être belle, et sa prière montait vers Dieu le soir, comme un doux chant de reconnaissance et d'amour...

Maintenant Ellen était triste; ses grands yeux noirs avaient appris les larmes.

Tout avait changé autour d'elle: Jessy n'était plus là; le malheur s'asseyait à la table de Mac-Diarmid. — Il n'y avait plus que des visages sombres sous ce toit, où régnait naguère un calme et souriant bonheur.

Mais ce n'était pas pour cela seulement qu'Ellen était triste.

A droite de la Vierge de pierre se trouvait un lit étroit, sans rideaux, et qui touchait à la muraille. Ce lit, formé de bois grossier, sur lequel s'étendait un matelas unique, était blanc et frais. — Dans la ruelle, il y avait un crucifix de faïence surmontant un bénitier. — Au pied, un matelas de paille servait de couche à la petite Peggy.

Deux chaises en forme de baquet et une harpe rustique complétaient l'ameublement de la chambre d'Ellen.

Vis-à-vis du lit s'ouvrait une fenêtre basse, qui donnait sur le versant de la montagne et d'où l'on apercevait, lorsque le soleil éclairait le paysage, la plaine cultivée, le Connemara, les vertes hauteurs de Kilkerran, Ranach-Head, les ruines échancrées de Diarmid, et, à l'horizon, l'azur foncé de la mer.

En quittant la salle commune, Ellen déposa son flambeau sur l'antique commode. Elle jeta loin d'elle sa mante rouge, humide encore de rosée, et dénoua ses longs cheveux noirs, qui ruisselèrent, lourds et mouillés de sueur, le long de son visage.

Ses deux mains pressèrent son front qui brûlait. — Machinalement et sans y penser, sa bouche répétait les paroles latines de la prière du soir, qu'elle venait d'achever.

Le calme qu'elle avait montré durant le repas était un masque; ce masque tomba. — Les regards égarés de la jeune fille parcoururent la chambre, comme si elle eût cherché un objet invisible et mystérieux.

Son sein soulevé bondissait; on entendait sa respiration pénible et précipitée; la sueur perlait sous ses cheveux

Elle mit sa poitrine au-devant de l'arme.

Elle se laissa choir au pied de son lit, et sa poitrine rendit un gémissement sourd.

Durant quelques secondes, elle demeura immobile et comme affaissée sous le poids d'une détresse navrante; — puis elle se redressa tout à coup vivement, et gagna d'un saut la fenêtre, qu'elle ouvrit.

La nuit était fraîche et calme; le regard d'Ellen interrogea avidement les ténèbres et se dirigea vers les hauteurs de Kilkerran, qui se rétrécissent et s'aiguisent pour former, vis-à-vis de l'île Mason, le cap de Ranach, dont l'extrême pointe est couronnée par les ruines du château de Diarmid.

La plaine, les montagnes, la mer, tout disparaissait dans la nuit.

Ellen joignit ses mains et leva les yeux vers le ciel en un mouvement de reconnaissance passionnée.

— Il n'y a pas de feu!... murmura-t-elle. — C'est un jour de répit. Demain, Dieu m'inspirera peut-être un moyen de le sauver!

Elle revint lentement vers le lit, et s'assit sur la couverture.

Ses traits gardaient leur pâleur mate, et il y avait toujours dans ses yeux un insurmontable effroi; mais sa poitrine s'apaisait par degrés, et les convulsifs tressaillements qui l'agitaient naguère faisaient trève.

Ses belles mains blanches se croisèrent sur ses genoux; sa tête se pencha, inondée par les masses ruisselantes de ses cheveux, jusqu'à toucher sa poitrine.

— Le sauver! répéta-t-elle d'une voix sourde. — Oh! il ne veut ni se défendre ni fuir!... Dieu a mis en son cœur cet orgueilleux courage qui se plaît à défier la mort... Pitié, sainte Vierge! ayez pitié de moi!... protégez-le, protégez-nous!

Deux larmes brûlantes roulèrent le long de sa joue et tombèrent sur sa main.

Elle releva lentement sa tête, rejetant en arrière d'un mouvement paresseux le voile que lui faisait sa chevelure. — Son noble visage apparut, suppliant et dévot; — son regard éteint se rallumait à l'ardeur de sa prière.

Elle était belle ainsi comme les saints anges de Dieu, et il vous eût fallu l'adorer. Ce qui dans sa nature était trop hautain et trop fier se courbait à cette heure de solitude et d'angoisses. Son âme s'agenouillait devant le Seigneur et humiliait dans l'oraison l'orgueil indompté de sa pensée.

C'était une pauvre femme brisée par la douleur. Ses yeux dardaient leur élan vers le ciel sourd, ou retombaient alanguis, et se baignaient dans les larmes.

Ou bien encore son cœur, révolté soudain, renvoyait le sang à sa joue. Elle se redressait dans sa vigueur éprouvée; son œil brûlait, farouche, sous la frange relevée de ses longs cils, et son front orgueilleux semblait défier l'excès de son martyre.

Et qu'elle souffrait, mon Dieu! — Elle aimait un Anglais, elle, la fille des grands lords, dépouillée par l'invasion anglaise; — elle aimait un soldat protestant, elle, la servante exaltée de la Vierge mère, patronne du catholicisme; — elle aimait le major Percy Mortimer.

Elle l'aimait de toutes les forces de son âme; — elle l'aimait d'autant plus que c'était un amour insensé, coupable, impossible, et qu'elle avait plus vaillamment résisté à ses victorieuses atteintes.

Pauvre Ellen!...

Mais ne les vîtes-vous point fières quelque jour, et insouciantes et bravant les choses de l'amour? Ne vous sembla-t-il pas que la passion dût glisser toujours sur l'âme dure de ces dures enfants, comme glisserait la pointe d'une épée sur un bouclier de cristal poli?...

Il y avait tant de dédain dans ces sourires de vierges!...

Et, quelques mois plus tard, vous les retrouvâtes courbées. Elles pleuraient. Leurs joues étaient pâles. Leurs yeux mouillés priaient. Elles aimaient.

C'est que cette impénétrable égide de cristal poli qui brise la pointe des épées laisse passer les chauds rayons du soleil...

Ellen, depuis les jours de son enfance, était au milieu de cette famille amie comme une idole chèrement vénérée. Le religieux respect du vieux Mill's et de ses fils l'avait mise sur un piédestal d'où elle dominait de trop haut ce qu'elle aurait voulu aimer.

Longtemps son cœur, qui cherchait où se prendre, n'avait trouvé autour de soi que froideurs timides et craintes agenouillées. Les fils du vieillard la regardaient en bas. Ils s'arrêtaient aux bords du cercle fatal, tracé par le culte traditionnel. Aimer l'*Heiress* autrement qu'une sainte du calendrier catholique leur eût semblé un sacrilége.

Jessy elle-même, sa sœur d'adoption, arrêtait souvent avec effroi les élans de sa douce tendresse. Elle avait peur d'aimer trop; chaque baiser donné ou reçu lui causait une sorte de remords. — On eût dit qu'elle voyait encore au front de sa noble parente la couronne d'or de Diarmid des Iles.

Il en est ainsi dans ce coin du Connaught où se réfugia, au temps des conquêtes, la vieille nation irlandaise. Dix siècles ont passé sur ces souvenirs héroïques, et ces souvenirs restent debout.

Ils se dressent, après tant d'années, comme ces tours rondes que garde çà et là l'antique sol hibernien, et qui marquent, dit-on, la place où se livra quelque grande bataille aux jours oubliés de l'ère païenne. Les savants se disputent autour de leurs flancs de granit; les antiquaires mesurent leurs circonférences égales et comptent leurs quatre ouvertures qui regardent invariablement les quatre points cardinaux.

Qui fonda ces murailles éternelles? Sont-ce des observatoires, des temples, des sépultures?...

On ne sait plus; mais ils ne chancellent pas encore.

Nos neveux s'arrêteront comme nous devant ces tours mystérieuses et aussi impérissables que les traditions obstinées du peuple irlandais...

Ellen était seule au milieu de la gloire bizarre que lui faisait cette religion du passé.

Pauvre paysanne, son sort était comme une parodie mélancolique de ces nobles destinées dont, trop hautes, coulent tristes et solitaires au-dessus de l'heureux niveau des communes affections.

Tout, autour d'elle, lui disait de fermer son cœur, — son cœur généreux et jeune qui devinait déjà les joies d'aimer.

Un seul, parmi les fils de Diarmid, plus faible ou plus ardent, laissait son âme rêver d'Ellen et mêlait en ses veilles les élans d'une tendresse fougueuse aux sourds gémissements du remords. — Mais c'était un enfant. — Son amour se taisait. Il avait honte et frayeur.

Il se reprochait sa passion comme un crime, il n'avait garde de la montrer, et ne savait que souffrir tout bas.

Ellen, en ce temps, n'avait jamais arrêté sa pensée sur Jermyn.

Un jour, il y eut bien de la douleur sous le toit de Diarmid. Jessy O'Brien, la nièce chérie de Mill's et sa fille d'adoption, avait disparu.

C'était une pure enfant bien douce et gaie, et bien timide. Elle aimait Morris Mac-Diarmid depuis qu'elle connaissait son cœur, et Morris l'aimait. Leur amour mutuel était de ceux que le temps cimente et affermit, amours pleins de dévouement sûr et de constance éprouvée, amours confiants, heureux, tranquilles, dont la racine est tout au fond de l'âme.

Jessy n'était point hardie comme Ellen. Elle ne savait point gravir ces merveilleux escaliers de basalte qui pendent au-dessus de la mer, le long des côtes occidentales de l'Irlande. — On ne chercha point son cadavre au pied des hautes falaises.

Lord George Montrath était venu, pour la première fois de sa vie, passer huit jours avec quelques compagnons de plaisir, dans ses terres d'Irlande.

Il n'avait jamais vu, — et telle est la règle fashionable, — ni ses châteaux, ni ses parcs magnifiques, ni les splendeurs sauvages de ses domaines.

Il trouva tout cela fort beau. Il chassa. Il ne s'ennuya point trop.

Quelques pauvres familles pleurèrent après son départ, parce que les filles de l'ouest sont belles et que milord avait cru de son devoir de donner un peu de plaisirs à ses honorables hôtes, en dehors de la chasse et des courses à cheval.

Ce fut le jour de son départ que Jessy O'Brien manqua pour la première fois au repas de famille.

Avec elles manquèrent Molly Mac-Duff, la perle de Knockderry, Madeleine Lew, la reine du claddagh de Galway, — et d'autres.

Le vieux Mill's dit:

— Enfants, il faut sauver votre sœur.

Il avait des larmes dans les yeux.

Morris se leva, prit des armes et sortit.

V

LE PAQUEBOT.

Le soir, grâce aux poneys errants, Morris avait traversé les *bogs* entre Headfort et Ballinasloe. Il coucha dans quelque ferme du comté de Roscommon, et reprit au point du jour la route de Dublin.

Morris allait à Londres. — C'est là seulement qu'on est sûr de trouver les landlords irlandais.

Le vieux Mill's se rendit avec sa famille à Galway.

Il vendit une chaîne d'argent qui avait des siècles d'âge. Ellen vendit un bracelet d'or qui était toute sa fortune.

La famille entière s'embarqua sur un paquebot qui emportait à Londres le capitaine des dragons Percy Mortimer, rappelé sur les doubles plaintes des catholiques et des protestants.

Percy Mortimer était venu en Irlande avec des instructions du ministre. On lui avait ordonné de tenir la balance égale, autant que possible, entre les deux partis, et de surveiller pareillement la folie orangiste et le désespoir catholique.

Il avait fait son devoir.

Il s'éloignait, écrasé sous la haine des deux camps rivaux. — O'Connell et lord George Montrath avaient demandé tous les deux sa destitution, et son supérieur, le lieutenant-colonel Brazer, avait vivement apostillé la requête. — C'était un vieux soldat, encroûté protestant, jaloux de la confiance accordée à un officier plus jeune. Il détestait Percy du meilleur de son cœur, et il allait maintes fois envoyer contre lui des notes accusatrices, restées jusque-là sans effet.

Percy Mortimer avait la confiance d'avoir accompli sa tâche. C'était un homme fort. Devant ce coup qui brisait sa carrière brillamment commencée, il demeura ferme.

Il y avait sur le paquebot des orangistes, et il y avait des catholiques. — Chacun fuyait le soldat en disgrâce. Les protestants s'éloignaient de lui avec tout le dédain de leur morgue bouffie; les papistes s'enhardissaient, voyant son calme austère, jusqu'à railler tout haut sa déconvenue.

Percy Mortimer ne prenait point garde aux railleries et restait au-dessus du mépris.

Il se promenait sur le pont, seul et silencieux. Son maintien avait une réserve courtoise. Il n'y avait en lui ni abattement ni hauteur.

Parfois, lorsque l'ombre descendait sur la mer, il allait s'asseoir à l'écart contre le bordage. Il demeurait là, pensif et absorbé, jusqu'à une heure avancée de la nuit.

Son visage froid s'éclairait alors d'intelligence vive, et une fière audace venait parmi la pâleur de son front.

Il était beau comme un héros, beau et vivant et riche d'énergie. — Mais, si son regard croissait le sien, l'auréole s'éteignait à son front. Son visage, blanc comme celui d'une femme, reprenait l'immobilité du marbre.

Il va sans dire que les Mac-Diarmid le fuyaient comme les autres. — Un soir, Ellen alla s'asseoir auprès de lui.

Mill's et Percy Mortimer la virent adresser la parole au proscrit et lui sourire. — C'était devant tous les passagers assemblés.

Ellen n'avait point de rougeur au front, et ses traits gardaient leur candeur fière.

Les Mac-Diarmid éprouvèrent une sorte d'horreur superstitieuse à voir la fille des rois descendre jusqu'à ce soldat saxon. Ils étaient partagés entre leur respect pour Ellen et le désir de rompre violemment cet entretien, qui était à leurs yeux un scandale.

Mais le respect l'emporta. Ils se groupèrent à l'autre extrémité du pont et se prirent à épier de l'œil cette bizarre entrevue.

A mesure qu'elle se prolongeait, la surprise du vieillard et de ses fils se chargeait de malaise davantage. Ce n'était pas le malaise seulement qu'éprouvait Jermyn; son regard brûlant jaillissait sous ses sourcils contractés, et tombait sur Percy Mortimer comme une sanglante menace; ses tempes se mouillaient de sueur, et de convulsifs tressaillements agitaient les boucles blondes de ses cheveux.

L'enfant s'éveillait homme aux navrantes atteintes de la jalousie; une angoisse inconnue lui brisait le cœur, et il pouvait mesurer, à son martyre, la fougue passionnée de son amour.

Il restait cependant auprès de ses frères anéanti par le sentiment de son impuissance. Il eût voulu s'élancer vers cet homme qu'il devinait son rival; il avait soif de son sang; mais frapper et se venger, c'était soulever un coin du voile qui couvrait sa téméraire pensée : il avait peur. Sa colère, contenue qu'elle était, lui semblait déjà un aveu, et il détournait la tête pour éviter le regard de ses frères.

Il y avait tant de distance entre lui et sa noble parente! — et un Mac-Diarmid était le dernier qui pût franchir ces barrières, imposées par la religion de famille.

Ellen et Percy Mortimer s'entretinrent jusqu'à l'instant où les ténèbres envahirent le pont du paquebot. — Au moment où ils se séparèrent, les traits du jeune capitaine exprimaient une admiration émue; il baisa respectueusement la main de sa belle compagne, dont le front gracieux s'inclina en signe d'adieu.

Jermyn serrait son cœur à deux mains et se sentait défaillir.

Ellen revint d'un pas tranquille vers son père d'adoption; elle ne prononça pas une parole qui pût avoir trait à ce qui venait de se passer. — Mill's et ses fils se turent également.

Cette nuit, Ellen dormit un calme sommeil; les vagues inquiétudes qui commençaient à poindre dans son cœur de jeune fille firent trève. — Elle eut de bien beaux songes, et il lui sembla qu'une main surnaturelle relevait les murailles écroulées de son noble château de Diarmid...

Ellen avait une belle âme, pieuse et fière. Elle avait grandi, libre de tout frein, sans autres enseignements que les conseils timides de son père d'adoption et les leçons du pauvre prêtre catholique de Knock-derry.

Celui-ci avait le droit de parler haut, même à la fille des grands lords, parce qu'il parlait au nom du ciel; mais il ne savait point les choses du monde, et ses naïves exhortations n'avaient pu donner à Ellen ce fil conducteur qui guide dans les mille sentiers de la vie.

Une fois qu'Ellen eut perdu de vue les têtes grises de Mamturk et les longues grèves de la côte de Galway, tout fut nouveau pour elle. A part la digne courtoisie que l'hospitalité du vieux Mill's lui avait enseignée, elle ne savait rien du code compliqué qui régit les relations mondaines.

Elle était habituée à dominer tout ce qui l'entourait, et il y avait en elle une croyance dépouillée de tout orgueil, qui la faisait supérieure aux autres créatures humaines.

Le respect presque religieux des Mac-Diarmid, sa naissance si souvent exaltée autour d'elle, les souvenirs à chaque instant évoqués de la splendeur de ses aïeux, tout contribuait à lui faire un piédestal qui mettait au niveau des pieds des têtes de la foule.

Elle en était plus malheureuse que fière, mais elle croyait sincèrement à ces grandeurs illusoires dont on la berçait depuis l'enfance.

Elle avait vu le capitaine Percy Mortimer entouré de l'aversion de tous. Son âme généreuse s'était émue, elle ne savait pourquoi. Habituée à suivre sa première impulsion et à ne rendre compte de ses actes à personne, elle était allée, comme toujours, où son cœur l'appelait.

C'était une sorte d'aumône qu'elle avait cru faire, peut-être, au proscrit; — et, quand elle lui eut donné quelques instants de sa présence secourable, elle ne sentit point de trouble au fond de sa conscience.

Le lendemain seulement au réveil, le souvenir de cette soirée lui revint; elle revit cette belle et froide figure du soldat saxon, qui s'était animée à son sourire; elle crut entendre les sons de cette voix un instant grave qui s'était faite si douce pour lui dire : Au revoir.

Et les façons de cet homme, à mesure qu'elle se souvenait, lui semblèrent si nouvelles !... Il y avait tant de différence entre l'intérêt des quelques paroles échangées et l'ennui uniforme du culte domestique qui l'entourait naguère !

C'était tout un horizon qui s'ouvrait devant elle.

Vers le coucher du soleil, Ellen retourna s'asseoir le long du bordage, auprès du capitaine Percy Mortimer.

Elle y resta bien longtemps, — si longtemps que Jermyn en perdit patience.

La jalousie le rendait fou.

Au moment où Ellen se levait pour se retirer, elle vit, entre elle et Percy, la forme d'un homme qui se dressait, le couteau à la main. Elle mit sa poitrine au-devant de l'arme, et Jermyn s'enfuit en pleurant.

Percy Mortimer avait reçu Ellen dans ses bras; — Ellen sentit ses membres se glacer et son front devenir brûlant...

Cette nuit, au lieu du sommeil de vierge, elle eut d'ardentes veilles, toutes pleines de joies sans motifs et de souffrances inconnues.

Le jour trouva ses beaux yeux ouverts; elle sourit à l'aube naissante, mais il y avait sous sa paupière des larmes à peine séchées.

Elle aimait; elle ne le savait point. — Avec l'amour un instinct nouveau s'était éveillé en elle.

Quelque chose lui disait de fuir cet homme qui avait chassé le repos de sa couche.

Mais, en même temps, un irrésistible attrait l'entraînait à le revoir.

Il n'y eut en elle qu'un instant de combat entre ces deux sentiments contraires.

Il faut l'éducation pour rendre victorieux le premier instinct de pudeur, et cette frayeur, qui naît en même temps que l'amour, est faible contre la passion ignorante.

Du combat, il ne reste rien, sinon un naïf besoin de mystère.

Ellen revit le capitaine Percy Mortimer vers qui son cœur s'élançait malgré elle; mais elle fut plus prudente que les premiers jours, et les hôtes du paquebot n'assistèrent point à cette troisième entrevue. Ce furent quelques mots échangés, de l'émotion et un silence qui parlait.

Jermyn était cloué à son lit par la fièvre.

Le paquebot entra dans la Tamise. — Ellen et Percy ne s'étaient point dit qu'ils s'aimaient ; mais il s'était fait entre eux un involontaire échange de confidences.

Ellen avait appris au capitaine le motif du voyage de la famille ; — Percy avait dit à Ellen que sa vie était vouée au labeur ingrat d'une entreprise qui dépassait peut-être les forces d'un homme.

Il avait dévoué sa jeunesse à l'accomplissement d'une grande pensée ; il s'était fait le bras d'une vaste intelligence ; il avait passé deux années en Irlande à préparer les bases d'un traité de paix entre les passions qui déchirent ce malheureux pays.

Protestant, il avait opposé une digue aux furieux envahissements des prétentions protestantes. — Et en même temps il avait poursuivi, l'épée à la main, les ténébreux bataillons du whiteboysme.

Et il succombait déjà sous les haines liguées des deux partis extrêmes ; son dévouement portait ses fruits.

Ellen comprenait vaguement et admirait qu'on pût tirer l'épée pour conquérir la paix.

La tâche de Percy lui apparaissait grande et noble ; elle la voyait à travers son amour naissant et s'habituait vite à chercher ailleurs que dans le triomphe absolu des catholiques le salut de sa chère Irlande.

Percy était pour elle le sauveur de son pays, — et qu'elle était heureuse d'avoir un prétexte de plus pour admirer et pour aimer.

Dès ce moment son cœur était donné sans réserve.

Morris avait traversé les comtés de l'Irlande et ceux de l'Angleterre. Il était à Londres depuis un jour lorsque son père et ses frères quittèrent le paquebot.

Il les attendait devant la douane.

Percy Mortimer entendit prononcer le nom de Richmond. — Il sut où il devait se rendre pour revoir Ellen.

Lord George Montrath possédait en effet une maison de plaisance au devant de Richmond.

Morris, en vingt-quatre heures, avait pris toutes les informations nécessaires, son plan était prêt.

Il était environ deux heures de l'après-midi, au moment de l'arrivée. Le vieillard et ses fils, accompagnés d'Ellen, traversèrent Londres pour prendre à pied le chemin de Richmond. La nuit était presque venue lorsqu'ils atteignirent les premières maisons de la ville.

Morris leur montra du doigt une gracieuse demeure qui regardait la Tamise, du haut d'un coteau verdoyant :

Et il leur dit :

— C'est là !

On s'arrêta. — Le vieux Mill's, appuyé sur son bâton, regarda longtemps ce noble manoir qui était la prison de sa fille adoptive. Le vent de la rivière soulevait les longues mèches de ses cheveux blancs. — Ses yeux étaient humides.

Le regard de Morris restait sec. — Il avait perdu cet air de santé robuste qui faisait de lui naguère un des plus joyeux garçons de Knockderry ; sa joue était creuse et pâle ; la fièvre brûlait dans ses yeux.

On se remit en marche.

Le voyage avait épuisé peu à peu les ressources de la famille. L'*Heiress* eut néanmoins un lit dans l'un des hôtels de Richmond. — Mill's et ses fils s'étendirent sur la paille d'une écurie.

Le lendemain, avant le jour, les huit jeunes gens étaient debout.

— Ramenez-moi ma pauvre enfant, dit le vieillard d'une voix tremblante.

— Père, répliqua Morris, l'honneur de Mac-Diarmid sera sauvé.

Les huit jeunes gens, armés de leurs bâtons, se firent ouvrir les portes de l'hôtel et gagnèrent la campagne.

L'aube blanchissait parmi les brumes de la Tamise, au-dessus de Londres endormi. — Les Mac-Diarmid se dirigèrent vers cette noble demeure que Morris leur avait montrée du doigt la veille, en disant :

— C'est là...

VI

DETTE D'HONNEUR.

Tout dormait dans la maison de lord George Montrath.

Au bas de la colline verte, la Tamise cachait, sous un voile épais de brume, ses flots jaunis et ses embarcations immobiles.

Il n'y avait personne sur le tertre, et personne dans la campagne voisine.

Mickey avait un lourd marteau sous son carrick.

En trois coups, la serrure de la grille tomba brisée.

Les Mac-Diarmid entrèrent guidés par Morris, qui était le fiancé de Jessy.

Il y eut un peu de bruit et de mouvement dans la maison. Quelques têtes de laquais sonnèrent sous le bois dur des *shillelahs*. — Milord entendit de vagues clameurs parmi son sommeil, et il lui sembla que des pas pesants choquaient le tapis moelleux de son escalier.

Il crut rêver.

Mais le somme du matin est léger. Milord s'éveilla. — Sa porte s'ouvrait.

Il se frotta les yeux. Un bruit confus se faisait tout près de lui. On eût dit que sa chambre était pleine. — Milord, étonné, se leva sur son séant et fit glisser brusquement ses rideaux de soie sur leurs tringles.

Il y avait huit hommes de grande taille, immobiles et silencieux, rangés auprès de son lit.

Le jour naissant les frappait par derrière. Milord ne voyait point leurs visages, — mais il devina.

Morris fit un pas en avant de ses frères et prononça le nom de Mac-Diarmid ; puis il ajouta quelques mots d'un ton bas et impérieux.

Lord George voulut répliquer, mais ses lèvres pâlies ne purent prononcer aucun son. — Il avait peur.

Il quitta son lit et traversa la chambre en chancelant pour gagner son secrétaire, qu'il ouvrit.

Il s'assit. Il plia une feuille de papier et trempa sa plume dans l'encre. Morris dicta ; le lord écrivit...

Les Mac-Diarmid rapportèrent à leur père une promesse en forme par laquelle lord George Montrath reconnaissait avoir enlevé Jessy O'Brien, et s'engageait à l'épouser sous huit jours.

Le vieillard s'attendait à revoir la pauvre fille et à l'emmener avec lui en Irlande. — Il fut étonné d'abord, puis il secoua sa tête blanche.

— Morris, dit-il, Jessy était à vous. Vous aviez le droit de choisir les moyens de la défendre... L'honneur comme l'entendent les Saxons est désormais sauvé ; — Dieu veuille que l'enfant soit heureuse !

Il mit son carrick de voyage sur ses épaules, robustes encore, et prit en main son bâton.

— Nous n'avons plus rien à faire ici, poursuivit-il. — Je n'étais pas venu pour voir l'enfant de ma sœur prendre le nom de l'homme dont les pères ont volé l'héritage de Diarmid... Venez, mes fils, venez, ma noble cousine Ellen, nous allons regagner le comté de Galway.

La famille se remit en marche en effet ; mais, comme il n'y avait plus assez d'argent pour passer la mer, on prit à pied la route des comtés de l'ouest.

Tout en haut des collines de Richmond, Ellen jeta un dernier regard sur Londres, puis ses beaux yeux se baissèrent tristement.

A Londres, il y avait un homme dont l'image était gravée au fond de son cœur : — Percy Mortimer, resté là derrière elle. Devait-elle jamais le revoir ?...

Morris ne partit point avec son père et ses frères. Il demeura seul à Richmond.

Il voulait attendre l'accomplissement de la promesse du lord, et ne s'éloigner qu'après avoir vu Jessy agenouillée à l'autel du mariage.

C'était un cœur de chevalier, à la fois ardent, fougueux et ferme. Il était vaillant contre lui-même, autant que contre l'ennemi.

Son âme saignait à la pensée de voir Jessy la femme d'un autre, car il l'aimait uniquement et profondément ; mais sa pensée s'élevait au-dessus des mœurs de l'Irlande dégénérée : il était fier ; il savait d'instinct l'honneur rigide des peuples forts.

Il avait jugé en lui-même ce procès suivant les lois hautaines du point d'honneur ; il s'était dit : Jessy doit être sans tache aux yeux du monde, et il avait immolé son amour.

Ce furent pour lui des jours de lutte amère et de cruelle souffrance, car il avait les mêmes craintes que le vieillard, et les rêves de ses nuits de fièvre lui montraient Jessy malheureuse dans l'avenir.

Il avait à combattre en même temps son amour révolté, son désespoir et ses doutes accablants.

Ses journées entières et une partie de ses nuits se passaient à errer seul dans la campagne des environs de Richmond.

Et, à mesure que le moment fatal approchait, sa misère augmentait ; ses craintes devenaient plus poignantes.

Il allait par les grands bois qui s'étendent autour de Richmond, formant une ceinture verte à son riche bouquet de châteaux et de villas. — Il songeait.

Il ne voyait rien.

Il ne s'apercevait pas que, derrière lui, dans l'ombre du couvert, des gens inconnus le suivaient souvent et semblaient épier sa promenade solitaire.

La pensée obsédante, qui ne lui donnait pas un instant de trêve, pesait sur lui comme un poids trop lourd. — Il marchait par les sentiers déserts d'un pas lent et pénible. Sa tête se penchait sur sa poitrine comme s'il eût été un vieillard. Un reflet maladif jaunissait son front pâle, et il regardait le vide avec des yeux agrandis où toute flamme s'était éteinte.

Les habitants de Richmond le connaissaient déjà. — Les enfants riaient et se moquaient sur son passage en apercevant de loin cette grande taille, enveloppée disgracieusement dans le pauvre carrick irlandais.

Les hommes le prenaient pour un fou, — les jeunes ladies se mettaient en frais d'imagination, et bâtissaient quelque roman impossible sur sa morne mélancolie.

Morris passait et ne savait pas. . . . .

. . . .

C'était l'avant-veille du jour fixé pour le mariage. La nuit se faisait noire. Morris errait tout seul dans la partie des bois qui avoisine la Tamise et s'avance jusque sur le chemin de Londres.

Il n'avait d'autre arme que son shillelah qui soutenait sa marche embarrassée.

A un détour du chemin il se sentit frappé violemment par derrière; — par devant, deux couteaux levés menaçaient sa poitrine.

Morris se vit perdu, car il était serré de trop près pour faire usage de son bâton. Il recommanda son âme à Dieu.

Mais à ce moment même un choc irrésistible repoussa les assaillants; un bruit de fer se fit, et Morris, en rouvrant les yeux, vit une épée tournoyer entre lui et ses assassins.

Il n'en fallait pas tant pour lui redonner courage. Son lourd shillelah vibra dans sa main robuste, et l'un des assaillants tomba. Les autres prirent la fuite.

Morris se tourna, reconnaissant, vers son libérateur. — Aux faibles rayons qui tombaient des étoiles il distingua l'uniforme des dragons de Sa Majesté et une figure bien connue dans le comté de Galway, une figure blanche et pâle qui gardait son immobilité glacée jusqu'en ce moment suprême.

C'était le capitaine Percy Mortimer, qui, libre de son devoir, se souvenait d'avoir entendu les parents d'Ellen prononcer le nom de Richmond sur le pont du paquebot.

Il se hâtait, car la pensée d'Ellen était déjà bien puissante en son cœur.

Comme tout Irlandais, Morris n'avait jamais eu pour le soldat protestant que des sentiments d'aversion; mais en son âme la haine ne pouvait combattre un instant la gratitude.

Il tendit la main à son sauveur, qui la toucha légèrement et qui remit son épée sanglante au fourreau.

— Etes-vous blessé? demanda Mortimer.

— Non, répondit Morris. — Vous êtes venu à temps, monsieur... Je n'ai reçu qu'un coup qui s'est perdu dans les plis de mon carrick.

— Je vous en félicite, dit le capitaine, qui salua courtoisement et poursuivit avec rapidité sa route vers la ville de Richmond.

Morris voulut le rappeler, afin de lui rendre grâce et de lui dire au moins le nom de l'homme qu'il venait de sauver.

Peut-être le capitaine Percy Mortimer n'entendit-il point, du moins il ne répondit pas.

Le shillelah de Morris avait jeté un homme étourdi en travers du chemin. Il se pencha sur lui, et reconnut un des domestiques de lord George Montrath.

— Elle sera bien malheureuse... murmura-t-il.

Mais le sort en était jeté.

Le surlendemain, il s'agenouilla pour la première fois de sa vie dans une chapelle protestante.

Jessy et lord George Montrath étaient devant l'autel.

Le ministre prononça la formule du mariage chrétien. — Morris avait sa tête entre ses mains, et refoulait ses sanglots, qui voulaient éclater.

Jessy était lady Montrath...

Quand elle se retourna pour gagner la sortie de la chapelle, son regard rencontra celui de Morris pour la première fois depuis qu'elle avait quitté l'Irlande.

Morris poussa un cri déchirant et tendit ses deux bras vers elle.

Jessy chancela. Lord George la soutint. Il avait aux lèvres un amer sourire.

Jessy était bien changée. Ses compagnes ne l'eussent point reconnue. — Mais elle était bien sous cette riche parure de mariage!

Morris souffrait tant qu'il espéra mourir...

Jessy passa lentement devant lui, au bras de son époux; elle monta en voiture. Au moment où lord George allait l'y suivre, il sentit un doigt toucher son épaule; il se retourna, et vit à deux pouces de son visage la face bouleversée de Morris.

— Qu'elle soit heureuse, milord! dit ce dernier entre ses dents convulsivement serrées, — ou bien!...

Lord George reprit son ironique sourire et fit un geste. Ses gens repoussèrent violemment Morris. — La voiture partit au galop.

Morris revint à pied en Irlande.

Depuis ce jour, tous les mois, Jessy écrivait à son père d'adoption.

Elle ne se plaignait point et le nom de Morris n'était jamais prononcé dans ses lettres; — mais elle semblait bien triste.

Une fois, le mois s'écoula, et la missive accoutumée ne vint point.

Un autre mois se passa, et, sur ces entrefaites, un malheur vint frapper la maison de Diarmid. Le vieux Mill's, accusé de whiteboysme, fut mis en prison comme ayant contribué à l'incendie de la ferme de Luke Neale.

Une fois le chef de la famille absent, ses fils se jetèrent avec une violence accrue dans la guerre nocturne des ribbonmen.

Morris avait cherché dans une autre passion un refuge contre les souffrances de son amour. Il s'était imposé une tâche immense et s'était donné tout entier au salut de l'Irlande.

Son patriotisme ardent et aveuglé peut-être lui avait montré une voie ouverte. Cette voie ardue et périlleuse, il s'y était jeté avec toute la fougue intrépide de sa nature; il en avait vu bien vite les dangers, et soupçonnait au bout un précipice infranchissable. — Mais il ne voulait point reculer.

Après trois mois passés, ses frères lui dirent :

— Allons à Londres pour défendre ou venger notre sœur !

Mais Morris avait si peu de bras pour si gigantesque tâche! Il écrivit, on ne répondit point. Le temps s'écoulait; — et quand Mickey partit enfin, la pauvre Jessy était morte...

Ellen, à son retour dans le comté de Galway, revit ses montagnes chéries avec trouble. Sa joie d'enfant se mêlait à une souffrance sérieuse.

Elle voulut croire d'abord que l'absence de Jessy O'Brien, sa sœur aimée, mettait en elle les mornes et sombres tristesses qui l'accablaient maintenant. Mais tout à coup des espoirs ardents venaient à travers sa mélancolie. Elle souriait, heureuse, et ses larmes étaient de joie.

Certes, la pauvre Jessy était en dehors de ces brusques changements.

Ellen ne se reconnaissait plus elle-même. Elle avait laissé au loin son doux repos de jeune fille pour rapporter les joies et les douleurs de la femme qui aime.

Et combien tout avait changé autour d'elle! comme sa solitude s'animait! De quels reflets inconnus se parait la nature tant de fois observée!

A vrai dire, Ellen n'était plus seule. Un souvenir l'accompagnait sur le sable d'or des grandes grèves, au sommet dépouillé des monts et sur l'eau bleue des lacs paisibles. Elle s'entretenait avec l'absent, et son amour grandissait jusqu'à lui tenir lieu de toutes les affections qui sont la vie de la femme.

Ellen chérissait toujours sincèrement son père d'adoption et ses frères, mais tout se voilait devant l'image adorée de l'Anglais.

Elle l'aimait tant, et sa pensée se complaisait avec lui si ardemment, que rien ne pouvait l'en distraire. Elle l'avait aimé tel qu'il était ; puis, dans ses brûlantes rêveries, elle l'avait embelli et agrandi jusqu'à l'idéal.

Elle s'en était fait un héros sans modèle, et l'idée de Percy Mortimer, vaguement comprise, lui apparaissait comme un ordre de Dieu.

Et, chose étrange, il n'y avait plus de regret parmi cet amour. Elle attendait l'absent avec espoir, mais sans impatience. Quelque voix au dedans de son cœur lui disait : Il reviendra pour t'aimer...

Il revint. Robert Peel avait jugé son intelligence et sa force. C'était, au service de sa pensée politique, un de ces instruments d'élite, durs et droits comme l'acier...

Percy revint avec le grade de major et le commandement militaire du comté de Galway ; — le lieutenant-colonel Brazer, son ennemi, fut envoyé à Clare, ce qui ne put le ramener, à l'égard du jeune major, à des sentiments d'amitié très-profonde...

Ellen fut bien heureuse, car l'amour de Percy répondait au sien.

Ils eurent quelques beaux jours, de longues causeries dans la solitude et de purs serments échangés à la face du ciel.

Mais le major Percy Mortimer était toujours en butte à la haine des deux partis extrêmes, et cette haine grandissait parce que son fier courage se posait entre eux comme une digue et ne savait point fléchir.

En ce pays que soulève une fièvre furieuse, la haine se traduit par des coups de poignard.

Les Molly-Maguires, poursuivis à outrance par l'infatigable activité du major, lui envoyèrent ce cartel funèbre auquel nul ne survit plus d'un jour.

Et le couteau des nocturnes assassins sut trouver le chemin de sa poitrine.

Mais il y avait comme une égide mystérieuse au-devant de la vie du major Mortimer. Par trois fois son sang coula, et la mort ne vint pas.

Trois autres fois, Morris Mac-Diarmid, acquittant noblement la dette contractée dans les bois de Richmond, se mit entre la poitrine et le poignard.

Ellen, la pauvre fille, ne vivait plus ; sa terreur, incessamment éveillée, ne lui donnait plus de merci, et en même temps elle sentait naître en elle une angoisse pleine de remords, parce qu'elle se voyait l'esclave d'un homme qui faisait une guerre mortelle à ses frères.

Elle avait deviné dès longtemps que les Mac-Diarmid étaient affiliés aux sociétés secrètes.

VII

LE FEU.

Bien des fois Ellen, poussée par la tendresse qu'elle gardait à sa famille adoptive, avait voulu se placer comme un ange de paix entre les révoltés et le bras infatigable du major Percy Mortimer.

Elle était Irlandaise, et avait ce puissant amour du pays, commun à tous les fils d'Erin. Sa douce voix s'était élevée bien souvent, intercédant pour celle des *ribbonmen* qu'elle avouait coupables, mais qui étaient si malheureux !...

Percy Mortimer, qui, sur tout autre sujet, aurait fait fléchir sa volonté devant celle d'Ellen, n'avait rien à lui accorder sur ce point : à ses prières, il répondait par un silence triste. La nuit venue, il montait à cheval, et poursuivait sa guerre implacable.

Depuis son retour en Irlande, la haine acharnée des Molly-Maguires ne l'avait jamais laissé sans blessure. Mais il avait beau être faible et souffrir, il lui restait toujours assez de sang pour courir sus aux *payeurs-de-minuit* et faire l'assaut de leurs retraites inaccessibles.

Dans ces derniers temps surtout, il les avait chassés de ruine en ruine jusqu'à balayer toute la partie du comté qui se trouve à l'orient des lacs.

L'abbaye de Glanmore, avec ses cloîtres moussus et ses grands souterrains ; l'abbaye de Ballilough, située au milieu des eaux du lac Corrib et défendue par sa position contre toute surprise ; les ruines du Château-Connor, sur la crête abrupte des Mamturks ; tout avait été fouillé par le sabre de ses dragons.

Le whiteboysme, à aucune époque, n'avait eu d'ennemi plus ardent et plus audacieux.

Et, d'un autre côté, il défendait les catholiques paisibles contre les manifestations fanfaronnes et insultantes, si chères aux zélateurs de l'orangisme. Il essayait de tenir la balance égale entre les deux partis. Sa main était ferme et robuste ; — mais c'était la main d'un homme.

Des deux parts on criait à l'injustice, et les Molly-Maguires eux-mêmes ne pouvaient le détester plus que les partisans outrés de la suprématie protestante.

Menaces et malédictions glissaient sur sa conscience éprouvée. Il poursuivait sa route sans trembler ni pâlir.

Ellen, à son insu, l'en aimait mieux peut-être pour cette persistance inflexible ; c'était un motif de plus à admirer. Mais c'était un motif de craindre. — Elle voyait sans cesse des bras armés autour de lui. Elle ne pouvait le défendre et n'avait à lui donner que sa prière ardente qui montait vers Dieu nuit et jour.

Ce soir, son inquiétude excitée atteignait à l'angoisse. — Elle arrivait de Galway ; elle avait vu Percy Mortimer ; elle savait que les Molly-Maguires lui avaient jeté ce jour même leur terrible menace.

Et cette menace, Ellen frémissait à se l'avouer, ne pouvait manquer de s'accomplir à la fin ! Les Molly-Maguires, malgré leurs pertes, étaient nombreux encore ; ils avaient des intelligences partout, et, à force de combattre, ils apprenaient à tout oser.

Cette dernière menace de mort, jetée si hardiment jusqu'au milieu du club orangiste, annonçait un paroxysme de rage et une attaque prochaine.

Ellen, la pauvre fille, n'avait personne à qui demander appui ou seulement conseil. Son amour l'isolait au milieu de la famille dévouée, bien plus encore que n'avait fait jusque-là le respect dont on l'environnait.

Elle était seule ; elle avait d'autres intérêts et d'autres affections que Mac-Diarmid ; — des affections contraires, des intérêts ennemis.

Si forte que fût sa nature, elle se sentait plier sous le faix ; elle n'avait plus ni vigueur ni courage ; sa prière allait ce soir-là vers Dieu, morne et désespérée.

Elle souffrait trop et depuis trop longtemps !...

Elle avait eu pourtant un mouvement de joie vive au milieu de cette accablante détresse, c'était lorsque son regard, s'élançant avidement vers Ranach-Head et la mer, n'avait vu partout que ténèbres.

Cette nuit complète était comme un gage de trève.

Ellen, en effet, depuis une année, passait ses nuits debout bien souvent à méditer et à prier. Les Mac-Diarmid ne pouvaient s'agiter si près d'elle sans que son oreille ne l'avertît de leurs mouvements.

Elle savait quand ils sortaient armés pour leurs mystérieuses expéditions ; elle savait quand ils rentraient, et, si elle n'avait point pénétré plus avant dans leurs secrets, c'est que sa nature fière et digne répugnait d'instinct à toute honte.

Elle ne s'était jamais approchée de cette porte qui, doucement entr'ouverte, l'eût mise en tiers dans les entretiens nocturnes de ses frères d'adoption.

Elle ne voulait rien apprendre ; — peut-être craignait-elle son amour...

Depuis quelques semaines, elle avait remarqué au loin une lumière, sorte de phare qui s'allumait la nuit de temps à autre sur l'extrême pointe du cap où se dressaient les ruines de Diarmid.

C'était les nuits où ce phare s'allumait que les Mac-Diarmid sortaient.

Et toujours, le lendemain, des bruits sinistres couraient dans la montagne : on entendait raconter quelque terrible vengeance, et les tenanciers effrayés se faisaient entre eux le récit de la justice de Molly-Maguire.

Cette lumière était un signal, il n'y avait point à en douter. — Or, rien ne brillait cette nuit du côté de la mer ; les ténèbres descendaient à chaque instant plus épaisses, et c'est à peine si on distinguait la silhouette noire des monts de Kilkerran se détachant vaguement sur le ciel assombri.

C'était un jour de répit, un jour encore pour espérer et pour aimer.

Le temps passait ; Ellen était toujours assise sur le pied de sa couche et perdue dans sa méditation inquiète.

Elle ne savait point le compte des heures ; sa tête alourdie se penchait, et le sommeil sollicitait, pour la première fois depuis longtemps, sa paupière fatiguée.

Elle détacha les agrafes de sa robe, et souleva sa couverture pour entrer dans son lit.

Avant de se coucher, elle voulut s'agenouiller un instant devant la Vierge de pierre pour lui adresser une suprême oraison.

La fenêtre ouverte donnait passage au vent frais de la montagne. Ellen avait pris froid à rester si longtemps immobile et à demi vêtue.

En se relevant, elle frissonna ; le vent glacé de la fenêtre tombait sur son épaule nue.

Machinalement, elle prit les deux battants de la croisée et les poussa ; ses yeux chargés de sommeil et de larmes se relevèrent en ce moment ; ils parcourut l'horizon du regard, et un cri étouffé s'échappa de sa poitrine.

Sa taille affaissée se redressa ; ses yeux grands ouverts demeurèrent fixes et béants. Elle recula d'un pas, et ses bras s'étendirent en avant, comme pour repousser une attaque menaçante...

Le phare brillait au delà de la montagne de Kilkerran, sur Ranach-Head.

La nuit épaisse donnait plus d'éclat à ses lueurs rouges ; les yeux d'Ellen fascinés ne pouvaient se détacher de ce point sanglant qui tachait, immobile, la noire étendue des ténèbres.

La nuit était calme au dehors ; — Ellen entendit la porte principale de la ferme qui s'ouvrait.

Ses paupières se baissèrent; elle croisa ses bras sur sa poitrine et prêta l'oreille. — La porte de sortie se referma.

Ellen éteignit rapidement sa lumière et se pencha en dehors de la fenêtre.

L'instant d'après, des pas se firent entendre sur le gazon, et des formes noires glissèrent dans la nuit.

Ellen en compta sept.

Elle reconnut, à leur grande taille, six des Mac-Diarmid ; le septième était petit et grêle : ce ne pouvait être que Joyce, le valet de ferme.

Un des sept frères restait dans la salle commune...

Ellen attendit quelques minutes, et, lorsque l'écho des pas se perdit au bas de la montagne, elle ralluma sa lumière.

La petite Peggy dormait depuis longtemps sur son matelas de paille, derrière le pied du lit. — Ellen s'assura que son sommeil était profond.

Puis elle rajusta sa robe blanche sur laquelle se nouait, durant le jour, l'agrafe de sa mante écarlate.

Puis encore elle fit le signe de la croix, et se dirigea, son flambeau à la main, vers la porte de la salle commune.

La porte, en s'ouvrant, ne troubla point le sommeil de Jermyn, étendu sur la couche commune.

Les deux grands chiens de montagne jappèrent et vinrent en rampant flairer le bas de la robe d'Ellen.

La tête de Jermyn était renversée sur son bras. Il rêvait de bonheur sans doute, car son jeune visage souriait, parmi les boucles éparses de ses longs cheveux blonds. La tristesse de chaque jour s'était évanouie au souffle heureux de quelque douce chimère. Ses traits avaient repris la riante beauté de l'adolescence, et sa bouche entr'ouverte, murmurant un nom adoré, trahissait le secret de son extase.

L'Heiress s'arrêta non loin de lui ; elle avait entendu son nom. Une expression de sauvage orgueil descendit sur son front...

— Il m'aime bien !... pensa-t-elle.

On eût dit que ce nom, tombé des lèvres de l'enfant, enlevait à Ellen sa dernière hésitation. Ses sourcils froncés se détendirent, son regard eut un rayonnement vif que la certitude du triomphe allume avant la lutte commencée.

Ellen franchit la distance qui la séparait de Jermyn, et son doigt tendu s'abaissa jusqu'à toucher presque son épaule.

Wolf et Bell, les deux chiens de montagne, l'avaient suivie en rampant. Ils demandaient la caresse accoutumée. Ellen ne les voyait point.

Ils se couchèrent aux pieds de Jermyn, fixant leurs grands yeux de feu sur le beau visage d'Ellen.

Le doigt de l'Heiress, cependant, s'était arrêté avant de toucher l'épaule du plus jeune des Mac-Diarmid. Un nuage avait passé sur son fier sourire, et il y avait maintenant dans ses yeux la tendre pitié d'une sœur pour un frère qui souffre.

— Pauvre enfant ! dit-elle ; — oh ! ce doit être un dur martyre que d'aimer ainsi sans espoir !... Si Mortimer ne m'aimait pas, moi !...

Le corsage soulevé de son sein ondula sous les battements de son cœur, sa paupière se baissa, — puis un rouge vif colora soudain sa joue.

— Mortimer ! répéta-t-elle ; — il faut le défendre, quoi qu'il en coûte !... Mon Dieu ! donnez-moi du courage !

Jermyn tressaillit au premier attouchement d'Ellen, mais il ne se réveilla pas. Ellen redoubla. — Jermyn étendit ses bras sans ouvrir les yeux, et saisit à l'aveugle le cou gracieux de sa cousine qui se penchait au-dessus de lui.

La tête de la noble vierge, attirée irrésistiblement, s'appuya sur la bouche de l'enfant à demi éveillé.

Ellen se dégagea, rougissante. — Jermyn s'était mis d'un bond sur ses genoux.

Il croyait rêver.

— Ellen ! Ellen ! dit-il en pressant son front à deux mains.

L'Heiress mit un doigt sur sa bouche et s'efforça de sourire.

— Silence, Mac-Diarmid ! murmura-t-elle.

Jermyn se tut et demeura écrasé sous le poids de son émotion.

La fille des lords avait repris sa réserve hautaine. — Quand Jermyn releva sur elle son regard, il ne vit plus que froideur sur les traits d'Ellen. Toute trace de trouble avait disparu.

— Mac-Diarmid, dit-elle, je suis sortie de ma retraite pour choisir parmi mes frères un cœur dévoué. . D'où vient que je vous trouve seul à veiller ?

Jermyn n'avait point de voix pour répondre.

Ses mains étaient jointes sur ses genoux, et il tâchait de rappeler sa raison qui le fuyait.

— Je ne sais, je ne sais... murmura-t-il ; — oh ! ce n'était pas un rêve !

— Vous ne voulez pas me le dire, reprit Ellen ; — nos frères sont à payer la dette de minuit..... Ils sont loin... N'ai-je pas vu la lumière briller au haut de Ranach-Head.

Le front penché de Jermyn s'était redressé à demi. Un regard défiant glissa entre ses paupières. — Son extase avait pris fin.

Sous l'amour qui le dominait complétement et lui faisait une seconde nature, il y avait le sang irlandais, prompt à se méfier et à prendre garde.

Un instant cet élément du caractère national, soudainement éveillé par la question d'Ellen, prit le dessus en lui, et fit taire la passion. — Son visage se composa rapidement. Il se leva et approcha un siége, qu'il offrit à Ellen.

— Ma noble parente, dit-il d'un ton respectueux, — si vous cherchez un cœur dévoué, l'absence de mes frères importe peu. Me voici.

Ellen repoussa le siége du pied et demeura debout. Les rôles avaient changé. A elle maintenant était l'embarras ; elle ne savait plus comment entamer la négociation.

Durant un instant elle hésita, et, lorsqu'elle reprit la parole, ce fut d'une voix insinuante et douce.

— Vous avez raison de garder votre secret, Jermyn, dit-elle. — Vous avez fait serment de vous taire, et Diarmid doit tenir ses serments... mais je sais tout... Les vengeurs ont choisi leur retraite du côté de la mer... Les fils de mon père Mill's ont quitté la ferme et je les ai vus descendre la montagne... ils ont obéi à l'ordre muet du phare qui brille sur Ranach-Head. D'où vient que vous êtes resté seul à reposer quand d'autres veillent ?...

— Ma noble parente, répliqua Jermyn, — je dormais lorsque mes frères ont quitté leur couche... Je suis bien jeune pour connaître les secrets redoutables de la vengeance irlandaise... Je ne sais rien, et c'est vous qui m'apprenez que le feu de Ranach-Head est un signal de Molly-Maguire.

Les noirs sourcils de l'Heiress se rapprochèrent, et son regard tomba, fixe et impérieux, sur le dernier des Mac-Diarmid.

— Vous mentez, Jermyn ! dit-elle.

Celui-ci baissa les yeux.

— Je n'oserais... balbutia-t-il.

— Vous mentez ! répéta Ellen ; — tous les enfants de Mill's, depuis le premier jusqu'au dernier, désertent la voie de leur père. Et si vos frères aînés ne vous avaient pas devancé, vous auriez bien trouvé tout seul le chemin qui mène aux retraites des payeurs-de-minuit.

— Qui vous fait croire ?... commença Jermyn.

— Je ne crois pas ; je sais.

— Quelle raison ?...

— Vous m'aimez, Mac-Diarmid ! interrompit Ellen.

Jermyn fit un pas en arrière. Sa main se posa sur son cœur pour en contenir les battements désordonnés.

— Moi ! oh ! non ! s'écria-t-il, — ce n'est pas pour cela !...

Ellen retrouva son orgueilleux sourire.

— Niez, dit-elle en redressant sa riche taille, vous avez raison de nier ; — car m'aimer serait une folie... Mais, si vous ne m'aimez pas, qui vous donne l'audace d'épier ma conduite et de me poursuivre en tous lieux de vos regards avides ?... Pourquoi cherchez-vous à deviner mes secrets ? Mac-Diarmid veut-il me faire payer par l'insulte l'hospitalité qu'il m'a donnée ?...

— Oh ! Ellen, interrompit Jermyn, qui avait les yeux pleins de larmes, — moi vous insulter !... Dieu m'est témoin que, si j'ai suivi parfois votre course sur la montagne, c'était pour veiller autour de vous et pour écarter tout danger de votre route. Ellen, croyez-moi, je vous en supplie, j'aimerais mieux mourir mille fois que de vous offenser !

Il se fit un silence ; la fierté du visage d'Ellen s'adoucissait par degrés jusqu'à se changer en pitié. Ses yeux, qui devenaient rêveurs, glissaient avec distraction sur le front humilié de Jermyn.

Celui-ci n'osait point relever ses paupières ; il se tenait debout devant la fille des lords dans l'attitude d'un coupable.

— Pauvre enfant ! reprit Ellen après quelques secondes et comme en se parlant à elle-même, — je n'étais pas venue pour vous faire des reproches... Votre audace porte avec elle son châtiment, et je souffre à voir si malheureux un de mes frères.

— Merci, murmura tout bas Jermyn. — Je vous aime comme Diarmid peut aimer l'héritière des rois, ma noble cousine. Je fais serment qu'il n'y a rien de plus en mon cœur.

Il s'arrêta, et une épaisse rougeur vint à sa joue.

— Mais, si j'étais roi, Ellen, ajouta-t-il impétueusement, — que j'aurais de joie à tomber à vos genoux !...

Ces paroles glissèrent sur l'oreille inattentive de l'Heiress, dont la pensée était ailleurs.

— Jermyn, dit-elle brusquement, — quel mot prononceront cette nuit nos frères en franchissant le seuil des assemblées de Molly-Maguire ?

Jermyn tressaillit, et la regarda étonné.

— Je ne sais... voulut-il dire. Ellen frappa du pied. — Répondez-moi, interrompit-elle avec une impérieuse vivacité, je le veux !

Jermyn garda le silence.

Ellen attendit un instant, puis elle lui prit la main, et sa voix contenue trouva des accents de caressante prière.

— Jermyn, répéta-t-elle d'un ton qui donnait à ses paroles une toute autre signification, — je vous dis que je le veux !

La lèvre de Jermyn tressaillit.

— J'ai juré, murmura-t-il ; — Ellen, je vous en prie, laissez-moi tenir mon serment !...

— Je le veux, répéta pour la troisième fois Ellen, qui serra la main de Jermyn entre les siennes.

La bouche de l'adolescent s'ouvrit malgré lui, et les paroles jaillirent. — Erin go braegh (1), prononça-t-il.

Puis il ajouta en courbant la tête :

— Que Dieu ait pitié de moi !

L'Heiress se tut durant quelques secondes, comme si elle eût pris le temps de graver ces paroles dans sa mémoire.

— C'est à moi de vous remercier maintenant, Jermyn, dit-elle ensuite ; — mais j'ai encore autre chose à vous demander.

En quel lieu se réunissent cette nuit les Molly-Maguires ? — Sur mon salut, Ellen, répliqua Jermyn, — nos serments sont trop terribles ! Je ne puis vous dire cela.

— Pensez-vous donc que je veuille vous trahir ? demanda l'Heiress.

— J'ai juré... j'ai juré ! dit Jermyn. — J'ai juré sur le sang de mon père... sur la sainte mort du Christ... sur la vie de la femme que j'aime !...

— Je vous en prie, prononça doucement l'Heiress.

Jermyn se laissa choir sur ses genoux.

— Ellen, dit-il avec passion, — que votre volonté soit faite !..... Pendant que vous parliez, j'adressais une prière à Dieu, mais Dieu ne

(1) Cri de guerre de la vieille Irlande.

Mahony le brûleur.

veut pas me donner la force de vous résister... Nos frères sont réunis à cette heure dans la galerie du Géant.

Il s'arrêta comme épouvanté. — Puis il ajouta d'une voix étouffée :

— Il y a maintenant un parjure sous le toit de Mac-Diarmid.

Ellen lâcha vivement la main de l'adolescent et regagna sa chambre.

Jermyn demeurait à la même place, immobile et anéanti.

L'instant d'après, l'Heiress reparut à la porte ; elle avait échangé sa robe blanche contre un vêtement plus sombre, sur lequel se drapaient les plis de sa mante rouge. A son aspect, Jermyn se releva en sursaut. — Vous allez à Ranach-Head ? murmura-t-il.

Ellen fit un signe de tête affirmatif. Jermyn mit ses deux mains sur son front, où ruisselait la sueur ; une pensée accablante venait de traverser son cerveau.

— Et vous y allez pour le sauver ?...... ajouta-t-il entre ses dents serrées.

Une rougeur fugitive colora le noble front d'Ellen, qui ne répondit point et continua sa route vers la porte de sortie.

Jermyn fit quelques pas en chancelant pour se mettre au-devant d'elle.

Ses poings étaient convulsivement serrés ; son corps tressaillait ; — il y avait de l'égarement dans ses yeux.

— Ah ! vous m'avez arraché mon secret par surprise !... s'écria-t-il ; — je vous ai donné la vie de mes frères, et le traître Saxon saura désormais où mener ses soldats .. Ellen, vous ne sortirez pas !

L'Heiress s'était arrêtée devant lui et le mesurait d'un regard tranquille.

— Faites-moi place, Mac-Diarmid ! dit-elle.

Jermyn ne bougea pas ; ses yeux rayonnaient un éclat sauvage ; sa jalousie, exaltée jusqu'à la fureur, l'aveuglait et le rendait fou.

Mais le doigt d'Ellen s'appuya sur son épaule, et son épaule robuste céda comme si une baguette magique l'eût touchée.

— Place à la fille des lords ! dit Ellen d'une voix impérieuse.

Jermyn voulut résister ; il ne le put. Il recula comme un enfant devant le geste souverain de l'Heiress, qui ouvrit la porte et disparut.

Jermyn, accablé, franchit le seuil à son tour, laissant déserte la maison de Diarmid.

Il fit quelques pas sur les traces d'Ellen, puis le souffle lui manqua ; il tomba dans l'herbe mouillée.

Le phare brûlait toujours sur les hauteurs de Ranach-Head.

La forme d'Ellen se perdait déjà dans l'obscurité, derrière le petit bouquet d'arbres qui entourait la maison de Diarmid, lorsque Kate Neale se montra sur le seuil.

Son visage exprimait l'étonnement, l'agitation et la terreur.

— La galerie du Géant!... murmura-t-elle. — C'était la voix de mon jeune frère Jermyn!... je le crois, — je le crois. Mais la voix de mon jeune frère ressemble à celle d'Owen... et il y avait une femme!...

Elle toucha du revers de sa main son front qui brûlait.

— Mon Dieu, reprit-elle, — Owen!... où est Owen?

Elle rentra dans la salle commune, où la chandelle de jonc, presque entièrement consumée, répandait de mourantes lueurs.

Elle se pencha sur la paille de la couche commune et en compta les places vides. — Son sein battait sous la toile grossière de son vêtement de nuit; ses larmes l'empêchaient de voir.

Les deux chiens de montagne tournaient et retournaient autour d'elle, inquiets et silencieux.

La pauvre Kate se laissa tomber épuisée sur le siége que Jermyn avait approché pour Ellen.

— Personne! pensa-t-elle tout haut. — Ils sont tous partis... Et Owen m'a quittée durant mon sommeil pour les suivre, sans doute...

Elle se tut durant un instant, et demeura plongée dans une méditation pleine de frayeurs.

— Avec eux! reprit-elle; — où sont-ils? — Et s'il n'était pas avec eux? car il m'a semblé entendre souvent, la nuit, le bruit de la porte qui s'ouvrait et se refermait... Nos frères sortaient, Owen restait. Pourquoi cette nuit n'est-elle pas comme les autres?... Et cette femme que j'ai vue.— Je n'ai point reconnu Ellen... Qui était-ce?..

Elle laissa tomber sa tête entre ses mains; le vent qui soufflait par la porte ouverte secouait la toile qui la couvrait, et la faisait trembler de froid; elle ne s'en apercevait point. Ses larmes coulaient abondamment. — Owen! Owen! dit-elle, — où êtes-vous? Hélas! mon Dieu! s'il ne m'aimait plus!... et si mon père...

Elle n'acheva pas; ses larmes se séchèrent dans ses yeux brûlants.

Elle se leva toute droite sur ses pieds.

— Non, oh! non! prononça-t-elle d'une voix basse et pénible, — Dieu est miséricordieux et ne voudrait pas accabler ainsi une pauvre créature!

La chandelle, près de s'éteindre, jeta quelques lueurs plus vives; machinalement Kate tourna un dernier regard vers la paille qui servait de couche aux huit frères.

Elle eut un frémissement d'angoisse; ses yeux se baissèrent effrayés, comme si elle eût voulu repousser l'atteinte d'un doute navrant et victorieux.

L'absence de toute une famille au milieu de la nuit, en Irlande,

Gib Roe, la petite Su et le p'tit Paddy.

n'a guère qu'une signification, et cette signification est terrible.

Kate s'était éveillée quelque temps après le départ d'Owen. Elle avait cherché son mari dans l'étroite couche; puis, ne le trouvant point, et prise d'épouvante, elle avait mis ses pieds nus sur la terre froide.

C'était au moment où Jermyn, subjugué par l'impérieux vouloir de l'Heiress, lui livrait le secret de la retraite des Molly-Maguires.

Kate, sur le point d'ouvrir la porte de sa chambre, avait entendu des voix. Son regard avait glissé par quelque fente. Elle avait aperçu vaguement une femme dans la demi-obscurité de la vaste salle. Elle ne l'avait point reconnue. Son oreille avait saisi seulement la réponse de Jermyn, dont elle ne pouvait distinguer les traits :

— La galerie du Géant...

Elle crut d'abord à un rendez-vous d'amour.—Puis elle songea aux nocturnes voyages des *payeurs-de-minuit*, et l'image de son père mort se dressa devant ses yeux.

Maintenant sa tête se perdait; elle ne pensait plus.

Elle appela encore Owen d'une voix faible et défaillante; son regard éperdu cherchait à qui se prendre pour combattre son épouvante...

La lumière s'éteignit.

Kate se traîna en tâtonnant jusqu'à la porte de l'Heiress.

— Ellen, ma noble parente, dit-elle, — venez à mon secours!

Personne né répondit.

Kate frappa contre la porte en répétant sa prière, et n'obtint point encore de réponse.

Elle mit le doigt sur le loquet; mais elle avait pris, en entrant sous le toit de Diarmid, ce respect profond et superstitieux que la famille gardait à l'héritière des lords; elle n'osa pas ouvrir la porte, et sa main retomba le long de son flanc.

Kate n'avait plus de courage; ses jambes chancelaient sous le poids de son corps.

Cette solitude et ces ténèbres la faisaient mourir.

— La galerie du Géant! murmura-t-elle au bout de quelques secondes. — Il faut que j'aille... il faut que je sache!...

Elle regagna la chambre où, quelques instants auparavant, elle avait cherché en vain son mari dans le vide de la couche nuptiale.

Elle se vêtit à la hâte, et agrafa par-dessus sa robe la mante rouge des filles du Connaught.

Puis elle sortit.

Elle toucha presque du pied, en passant, Jermyn évanoui dans l'herbe; elle ne l'aperçut point, et continua sa course...

5

Ellen marchait devant et dans la même direction à un demi-mille de distance. L'Heiress allait d'un pas ferme et rapide ; le capuce de sa mante était rabattu sur sa tête et cachait presque entièrement ses traits.

Elle arrivait au pied de la montagne.

Derrière elle, la lune montrait son disque pâle entre les cimes échancrées des Mamturks.

La route était solitaire. Le chemin que suivait Ellen était à peine tracé ; l'herbe y croissait, et de fréquentes fondrières lui barraient bien souvent le passage.

Mais elle ne s'arrêtait point.

Son pas, toujours égal et rapide, foulait le sol avec légèreté. — A la voir, ainsi drapée dans les plis larges de sa mante rouge, glisser sans bruit sur les sentiers déserts, on l'eût prise pour quelqu'une de ces poétiques apparitions qui descendent parfois des vieilles montagnes du Connaught, et montrent à l'Irlandais superstitieux les fières divinités qu'adoraient ses pères.

La lune montait lentement au ciel et passait sous de petits nuages floconneux dont elle blanchissait la masse transparente. — Ellen voyait déjà les profils noirs des Mamturks mêler leurs lignes confuses à l'horizon ; les monts de Kilkerran grandissaient devant elle ; la voix de la mer arrivait sourde et profonde jusqu'à son oreille.

Elle était à moitié chemin de la maison de Diarmid à la porte de Ranach-Head.

Cette route est bien longue, mais Ellen était forte ; loin de se ralentir, sa course se faisait à chaque instant plus rapide.

Le feu brûlait toujours au sommet du cap..

En arrivant dans le voisinage des montagnes, Ellen cessa de marcher dans une complète solitude. Çà et là, des pas sonnaient autour d'elle, sur les lisières des champs.

Où elle allait d'autres se rendaient sans doute.

De temps en temps, lorsque la lune, complétement dégagée de son blanc voile de vapeurs, dardait ses rayons plus vifs sur la campagne, Ellen voyait surgir de l'ombre une mante rouge comme la sienne, jetée sur les épaules viriles de quelque robuste garçon, — un carrick brun, — ou des haillons.

Mais on n'entendait nulle parole aux alentours ; les pas lourds retentissaient accompagnés du bruit régulier des shillelahs frappant le sol. — C'était tout.

Ellen côtoya les montagnes durant l'espace de deux milles. A sa droite était la mer, qui brisait sur le sable d'une petite baie ; à sa gauche se dressait la montagne, sur le versant de laquelle la lune éclairait les nobles murailles du château de George Montrath.

Une ou deux fenêtres étaient éclairées. Milord veillait peut-être. — Ellen jeta un regard distrait sur l'opulente demeure, et passa.

Les mantes rouges, les carricks et les haillons s'arrêtaient, au contraire, en face du manoir. Des regards curieux et courroucés franchissaient la distance et montaient jusqu'aux fenêtres, faiblement éclairées, les shillelahs décrivaient un moulinet menaçant. — De sourdes malédictions s'échappaient des poitrines.

Parmi ces bonnes gens qui voyageaient ainsi à une heure indue, lord George Montrath comptait, à ce qu'il paraît, peu d'amis.

L'Heiress approchait du but de sa course.

Le feu rouge disparut un instant pour être derrière un des sommets de la montagne, puis il reparut plus voisin.

Au-dessus de lui se dessinait en noir la grande silhouette du château de Diarmid, — immense ruine dentelée, sombre, haute, magnifique, qui, de l'extrême sommet du cap Ranach, s'élance, orgueilleuse encore, vers le ciel.

La route se faisait étroite entre la mer bruyante et le flanc de la montagne. Elle descendait insensiblement et se rapprochait toujours de la grève ; — Ellen mit enfin son pied sur le sable.

Derrière elle la plage, suivant les sinuosités de la baie, étendait à perte de vue sa mince et tortueux ruban d'or entre la mer assombrie et la noire végétation de la côte.

Devant elle, la grève s'arrêtait brusquement ; c'était un pêle-mêle de rochers jetés comme au hasard, et séparés çà et là par d'étroites flaques de sable.

Ces rochers s'avançaient au loin dans la mer, et brisaient la lame, qui n'était plus, en arrivant à la plage, qu'une épaisse masse d'écume.

Ellen s'engagea parmi ces récifs, et trouva sa route aisément dans leur labyrinthe confus. Elle sauta lestement de pointe en pointe, bravant la mollesse perfide des goëmons glissants, et affermissant son pas sur les roches où le varech mouillé collait son visqueux feuillage.

Elle arriva ainsi jusqu'à un espace de forme carrée où il n'y avait plus de rochers et où le sable de grèves était remplacé par un galet noir et sonore.

Elle avait doublé le cap.

La mer basse blanchissait à quelques centaines de pas d'elle. — En face, une ligne de récifs, semblables à ceux qu'elle venait de franchir, allait rejoindre le flot.

A sa gauche, le cap s'élevait à pic, montant à une hauteur immense et portant à sa cime, comme une royale couronne, les tours suspendues de Diarmid.

Entre ces tours et le sol, d'énormes colonnes de basalte, symétriques et comme alignées, se collaient aux flancs du cap.

La lune éclairait faiblement leurs dispositions bizarrement régulières. — On eût dit les tuyaux superposés d'un orgue colossal, placé là pour faire sa partie dans la tempête et mêler sa grande harmonie aux voix tonnantes de l'Océan.

L'œil s'étonne devant ces gigantesques merveilles ; l'esprit les mesure avec effroi ; sous leurs masses écrasantes, l'âme se replie, rapetissée.

Puis une voix parle tout au fond de la conscience ; on songe au bras puissant qui retient là et suspend au-dessus du vide la prodigieuse colonnade. La pensée de Dieu surgit. L'âme s'agrandit et se relève.

La tradition irlandaise, qui donne à toute chose une origine mythologique, a sa légende pour la miraculeuse architecture de Ranach-Head, comme pour la célèbre chaussée du Géant, sur les côtes de l'Ulster, comme pour les ponts naturels et les noires grottes de Kilkée, dans le comté de Clare, et tant d'autres merveilles qui arrêtent partout le voyageur sur les rivages de l'Irlande.

C'est le géant Ranach qui tailla ces colonnes et qui les disposa de façon à s'en faire un escalier pour descendre du sommet du cap et se baigner dans la mer devant l'île Mason.

Le temps a quelque peu dérangé la symétrie de l'escalier de Ranach ; mais le temps ne respecte rien, et d'ailleurs, avec des jambes de géant, on ferme vouloir et une tête à l'abri du vertige, on pourrait encore descendre, peut-être, à l'aide de cette magnifique échelle de pierre.

Ellen fit quelques pas sur le galet noir, et une voix qui semblait sortir des entrailles de la terre lui cria d'arrêter.

Elle obéit.

— Qui êtes vous ? lui demanda la voix.

— Je vous le dirai à l'oreille, répondit l'Heiress.

— Ne savez-vous que cela ? demanda encore la voix.

— Si fait, répliqua la jeune fille.

Puis elle ajouta d'un ton bas et lent :

— *Erin go braegh !*

— A la bonne heure, mon bijou, dit la voix. — Avancez et prenez garde au trou.

L'Heiress fit quelques pas dans la direction du rocher, dont les flancs semblèrent se refermer sur elle.

Elle disparut.

On l'entendit prononcer un nom à voix basse, puis son interlocuteur mystérieux reprit joyeusement :

— *Musha !* Jermyn, mon fils, — vous arrivez le dernier ; mais vous voilà costumé comme il faut !... Du diable si vous n'avez pas volé la mante de votre cousine Ellen, que Dieu la bénisse !...

VIII

LA GALERIE DU GÉANT.

La plage redevint déserte.

On n'entendit plus que le sifflement de la brise, glissant entre les rochers, et le fracas lointain de la mer.

L'œil le plus exercé n'eût point découvert à la base du roc l'endroit par où l'Heiress avait disparu. Son mystérieux interlocuteur demeurait également invisible.

Ce silence dura quelques minutes ; puis un bruit de pas se fit entre les récifs ; le galet noir sonna sous la semelle de bois d'un soulier irlandais.

La scène que nous avons rapportée se renouvela ; aux questions de la voix souterraine, le nouveau venu répondit comme Ellen et fut introduit.

D'autres suivirent. — Durant une demi-heure environ, quelque ombre surgit toutes les trois ou quatre minutes entre les têtes pointues des écueils. Les mots prononcés restaient toujours les mêmes.

et la formule d'admission ne variait guère. Le concierge de cette mystérieuse retraite, qui n'était autre que Patrick Mac-Duff, le héros fanfaron du *Grand-Libérateur*, savait sa leçon et n'en sortait point.

Au bout d'une demi-heure, le flot des arrivants se ralentit, et finit par manquer tout à fait.

Un long silence se fit.

La lune avait tourné le cap et frôlait maintenant de ses rayons obliques les immenses colonnes de pierre. L'aspect avait complètement changé. Il y avait parmi ce paysage inouï une sorte de vie fantastique, à cette heure.

Les petits nuages qui couvraient le ciel, en passant sur la lune, voilaient un instant son disque lumineux et assombrissaient la pâle clarté de ses rayons.—Tout rentrait dans l'ombre pour une seconde. — puis, sur la mer sombre, quelques diamants scintillaient au loin; ils approchaient; ils foisonnaient; c'étaient des millions d'étincelles qui dansaient sur le flanc à facettes des grandes vagues. — Et la lumière montait, éclairant et remuant pour ainsi dire les innombrables fûts de la colonnade de Ranach.

L'œil, en suivant ces masses suspendues qui semblaient fuir tantôt et tantôt se rapprocher, arrivait jusqu'aux tours de Diarmid, qui se détachaient, noires, sur le ciel blanc.

Parfois, lorsque la lune se voilait sous un nuage plus opaque et que le vent plus vif soufflait une courte rafale, un reflet rouge montait aux murailles sombres du vieux château.

C'était le feu allumé au pied même des antiques tours. — De loin, il apparaissait comme la flamme d'un phare; de près, c'était un vaste brasier dans lequel un homme, caché parmi les ruines, jetait à chaque instant des branches séchées.

A peu près au moment où les nouveaux arrivants cessèrent de déboucher sur le galet, l'homme des ruines jeta un dernier fagot dans le bûcher, et quitta son poste.

Il fit le tour de l'enceinte assez bien conservée du château de Diarmid, et, coupant le parc de Montrath, il gagna la partie méridionale du cap, où la falaise s'ouvrait en un petit chemin à demi caché sous des broussailles.

C'était un sentier taillé presque à pic, qui descendait tortueusement le flanc de la falaise, et le long duquel de pauvres arbrisseaux, brûlés par le vent du large, enchevêtraient leurs branches rabougries.

On ne pouvait guère s'y tenir debout; il fallait s'accrocher tantôt aux rameaux des buissons, tantôt à la dent du rocher qui perçait le sol maigre à chaque instant.

Cette route périlleuse aboutissait, après de longs détours, à la base du cap Ranach.

A mi-chemin, entre le sommet de la montagne et la plage, elle côtoyait l'entrée d'un souterrain naturel, connu dans le pays sous le nom de *Grottes de Muyr*.

Ces grottes n'étaient visitées, à de longs intervalles, que par les hardis chasseurs de boucs sauvages; elles servaient d'asile à ces oiseaux blancs qui pullulent sur les côtes de l'Irlande, et qui apparaissent d'en bas comme des taches de neige sur les flancs noirs des montagnes de granit.

Notre homme passa sans s'arrêter devant la bouche des grottes de Muyr, et continua de descendre.

Il gagna ainsi les récifs placés en face de ceux qu'Ellen avait traversés, et entra pour ainsi dire par une porte opposée dans la plage circonscrite entre les deux lignes d'écueils, la haute muraille du cap Ranach et la mer.

La voix souterraine se fit encore entendre.

— C'est moi, mon fils Patrick, répondit notre homme; — c'est moi, votre bon ami, qui est le seul bon patron que vous, mon cher gars.

— Et le feu? demanda Mac-Duff.

— Il est minuit, mon fils; le feu va s'éteindre tout doucement sans faire de mal à personne... Y a-t-il beaucoup de monde?

— Une procession, Pat, répliqua Mac-Duff.

Ce Pat, que nos lecteurs auraient eu peine à reconnaître sous son costume presque propre et amplement étoffé, était bien pourtant l'ancien valet de ferme de Luke Neale.

Mais il avait monté en grade, et l'agent Crackenwell, qui était l'intendant général de lord George Montrath dans le Connaught, l'avait établi dans les ruines de Diarmid.

Pat était chargé en ce lieu d'une mission bizarre qui lui avait fait bon nombre d'ennemis, tout en augmentant singulièrement son importance.

Au su de tout le monde, sa besogne consistait à garder et à nourrir un animal féroce, — un loup disaient les uns, un tigre disaient les

autres, — qui faisait sa demeure dans l'un des donjons du château.

La vertu du pauvre Pat n'était point la discrétion; fier de ses bons habits et de sa position nouvelle, il s'en était vanté à qui avait voulu l'entendre. Chacun savait désormais que Pat, trois fois dans la journée, jetait la pâture au monstre, et recevait pour cela un salaire qui eût rendu jaloux le plus actif travailleur du comté.

Et pourtant Pat, le pauvre bon garçon, ne faisait œuvre de ses dix doigts!

Il s'était arrangé un logement commode au rez-de-chaussée d'une des tours de Diarmid. — Les ruines, admirablement conservées, offraient encore un suffisant abri contre les intempéries du ciel.

Assurément, Pat en sa vie n'avait jamais été de moitié aussi bien logé.

Les Irlandais affiliés aux sociétés secrètes n'aiment point à voir les haillons de l'un d'eux se changer en un habit sans trous. Ce n'est pas précisément jalousie ou méchant vouloir; c'est crainte. — Il faut si peu de chose pour tenter la misère!...

Pat avait désormais contre lui des défiances; on doutait de sa foi, parce que, sans travail, il avait de l'aisance.

On l'interrogeait, on le retournait dans tous les sens; on voulait savoir ce qu'était ce monstre, hébergé avec tant de mystère.

A tout cela, Pat ne pouvait guère répondre, sinon qu'il était le dévouement en personne, la fidélité incarnée, et qu'il se sentait prêt à incendier la douane de Galway et le tribunal, pour prouver son inaltérable zèle. — Pat, il faut bien le dire, avait grand'peur. Il sentait le côté faux de sa position. Son bien-être le satisfaisait sans l'éblouir. — Il s'avouait que les soupçons de Molly-Maguire ne valaient guère mieux pour lui qu'une maladie mortelle, et que, le cas échéant, son ample provision de pommes de terre, son whisky cher et son chaud carrick seraient impuissants à le protéger.

Dans ses rêves, Pat se voyait souvent lancé comme un projectile du haut du Ranach-Head sur le galet noir. — Il s'éveillait en sursaut; ses sueurs inondaient les draps grossiers de sa couche.

Mais, en définitive, il ne pouvait point donner de renseignements sur le monstre, puisqu'il ne l'avait jamais vu. — Tout ce qu'il savait, c'est que la bête féroce avait une voix mugissante, et que ses hurlements avaient fait dresser bien souvent ses cheveux roux sur son crâne chétif.

Évidemment on ne nourrissait pas pour rien ce terrible animal. L'avis de Pat, — et Dieu sait que toutes les bonnes gens du comté le partageaient sincèrement, — était que lord Montrath gardait ce monstre pour le lâcher quelque jour sur les catholiques.

Ma bouchal!... Lord George Montrath en était bien capable!...

Si le pauvre Pat avait peur de ses frères, le monstre, d'un autre côté, lui inspirait une invincible terreur.

Les garçons du Galway avaient grand tort de croire que son office fût une sinécure.

Il ne faisait rien, c'est vrai, mais il tremblait nuit et jour. La terreur était sa vie.

A de certaines heures, il se rendait à la tour bâtie sur l'extrême pointe du cap, et déposait dans un coffre un pain d'avoine avec une cruche d'eau; ce coffre était suspendu à une corde que Pat mettait en mouvement à l'aide d'une poulie.

Pat ne s'était jamais acquitté de ce soin sans ouïr au-dessous de lui des bruits d'une nature manifestement diabolique.

Il sortait de la tour, pâle, essoufflé, perdu; il donnait son âme à Dieu, à la Vierge et à tous les saints. Sa conviction intime était que le monstre se cramponnerait au coffre une bonne fois, remonterait avec la poulie, et ferait de lui, pauvre Pat, qu'une seule bouchée!

D'un côté certes mort, de l'autre l'effrayante main de Molly-Maguire! — En vérité, il fallait être bien malheureux ou bien jaloux pour envier le sort du pauvre Pat...

Il y avait déjà plusieurs mois qu'il habitait le château de Diarmid; ses cheveux s'étaient éclaircis, son front s'était ridé. — Il regrettait presque son jeûne d'autrefois et ses misérables haillons.

— Entrez, Pat, lui dit Mac-Duff; — si nous avons le même patron, nous n'avons que cela de commun peut-être... Entrez, mon homme... Si j'étais le maître, je ne sais pas trop si je vous en dirais autant.

Pat se baissa et s'introduisit dans une sorte de fissure derrière laquelle son échine maigre disparut aussitôt.

Mac-Duff le poussa en avant et le suivit.

— Il ne viendra plus personne, grommela-t-il. — En tout cas, mon tour de faction est fini, et je veux savoir un peu ce qui se remue là-dedans...

Le bruit des pas de Mac-Duff et de son compagnon retentissant dans un couloir étroit et sonore, les empêcha d'entendre un autre bruit qui se fit au dehors.

C'était un son léger qui s'avançait lentement, du côté des récifs par où Ellen était venue.

La lune éclairait en ce moment la plage. — On eût dit que la noble Heiress, sortant une seconde fois du pêle-mêle des roches entassées, revenait sur le galet.

C'était une femme encore, dont la robe blanche s'enveloppait d'une mante rouge et dont le visage disparaissait sous son capuce rabattu.

Mais, au lieu du pas ferme d'Ellen, c'était une démarche chancelante et pénible.

La nouvelle venue s'avançait en se traînant; on entendait le souffle de sa poitrine oppressée. — En marchant elle sanglotait.

Elle fut longtemps à traverser la plage étroite. — Elle venait de bien loin sans doute, car la fatigue l'accablait; le dur galet blessait ses pieds endoloris; presque à chaque pas elle s'arrêtait pour serrer sa poitrine à deux mains, comme si elle eût senti son cœur défaillir.

Elle parvint enfin à toucher la base du roc, et s'appuya brisée contre la pierre.

Sa tête se renversa ; le capuce de sa mante retomba sur ses épaules, et les rayons de la lune éclairèrent le pâle visage de Kate Neale, dont les yeux immobiles n'avaient plus de larmes.

Durant quelques minutes elle demeura sans mouvement : le froid de la pierre la gagnait. — Sa bouche, autour de laquelle errait un amer sourire, répétait faiblement le nom d'Owen.

En ce moment, le flux qui s'avançait apportait à la côte, avec l'écume éblouissante de ses vagues, des myriades d'étincelles.

L'escalier de Ranach détachait vivement sa grande colonnade éclairée par la lune, qui avait rejeté son voile de vapeurs. Le vent dispersait les dernières flammèches du feu de Ranach-Head, presque entièrement consumé.

Personne n'était venu remplacer Patrick Mac-Duff à son poste.

C'était au rebord même de la fissure que Kate Neale était venue s'appuyer.

Après la fissure, il y avait un corridor bas et humide qui s'avançait en tournant dans le flanc de la montagne.

Après le corridor, il y avait une montée de dix ou douze pas.

Après encore, c'était quelque chose d'inouï, — une immensité sombre et resplendissante à la fois, — des magnificences pareilles à celles qui entourent, au dire des poëtes, le trône d'ébène de l'archange déchu, — une nuit pleine de miracles, — une de ces fantasmagories surhumaines qui grandissent sous le hardi pinceau de Martins.

Cela n'avait point de forme : l'œil plongeait partout dans le vide, et partout rencontrait l'infini.

Point de limites! nulle paroi pour arrêter le regard, nulle voûte pour borner la vue.

Des colonnes, qui brillaient comme si leurs fûts eussent été parsemés de paillettes, s'alignaient dans la nuit. — Il y en avait deux, trois, quatre rangs qui fuyaient à perte de vue, et semblaient se rejoindre au loin comme les arbres d'une longue avenue.

A droite, à gauche, devant, derrière, des grappes de cristaux scintillaient dans le vide.

D'innombrables girandoles pendaient à la voûte invisible, et allumaient tour à tour leurs facettes étincelantes à la lueur rouge d'un feu de bog-pine qui brûlait sur une grille, à vingt pas de l'entrée.

Il n'y avait point d'autre lumière que celle de ce brasier, dont la fumée montait épaisse et blanchâtre pour perdre ses spirales confuses dans les ténèbres de la voûte.

Tout autour du foyer s'asseyaient des hommes diversement vêtus. La plupart portaient des uniformes haillons; d'autres s'enveloppaient dans des carricks grossiers; quelques-uns enfin se drapaient dans ces mantes rouges, vêtement ordinaire des Irlandaises de l'ouest.

Un espace restait entre eux et le feu.

Derrière le brasier, à droite par rapport à l'entrée, on voyait une sorte d'estrade en avant de laquelle se tenait un homme aux proportions gigantesques, vêtu et coiffé de la mante écarlate.

Sur le même plan se trouvaient une vingtaine de personnages dont la figure disparaissait sous des carrés de toile.

Tout cela recevait en plein la lueur du feu. — Le second et le troisième rang étaient encore assez vivement éclairés.

Le quatrième disparaissait déjà dans une pénombre vague.

Les autres, — et il y en avait beaucoup, — demeuraient cachés complètement. Impossible d'évaluer, même approximativement, le nombre des assistants.

On entendait la foule bruire au loin, entre les colonnes diamantées, mais on ne la voyait point.

Seulement, lorsqu'un nouveau tronc de pin de marais, jeté dans le brasier, soulevait en gerbe les étincelles, la nuit tressaillait en quelque sorte. L'ombre s'illuminait pour une seconde, et des centaines de visages, sortant tout à coup des ténèbres, peuplaient des fantastiques profondeurs.

En même temps, les mille cristaux des voûtes et de la colonnade s'allumaient.

Durant un instant, on distinguait la forme des piliers symétriques et quelques hautes parois toutes parsemées d'étoiles.

Puis tout s'éteignait. La nuit retombait opaque. Cette foule pressée semblait s'abîmer dans les ténèbres.

Ce lieu s'appelait la Galerie du Géant.

Et l'on disait que Ranach, Connor, Donnel, Diarmid, et tous les géants de la mythologie irlandaise, y avaient fait souvent orgie, longtemps avant les jours où saint Patrick étendait sur le Connaught ses pacifiques conquêtes.

Les gens rassemblés autour du feu étaient les payeurs-de-minuit.

Et, pour faire descendre notre description des hauteurs poétiques à la réalité vivante, nous sommes forcés d'avouer que le meeting des Molly-Maguires n'était point en rapport complet avec la féerique magnificence de la galerie du Géant.

L'odeur âcre du tabac se mêlait à la fumée des bog-pines, et formait un nuage lourd au-dessus des têtes. On sentait à plein nez, dès l'entrée, le subtil parfum du whisky, — la rosée bienheureuse des montagnes, — et les émanations acides du potteen.

De tous côtés, on entendait dans l'ombre le bruit des verres choquant les pots d'étain. Dieu sait que cette nocturne assemblée combattait vigoureusement l'humidité des froides voûtes, et ne pouvait être accusée de délibérer à jeun.

Il s'élevait peu de cris parmi la foule. C'était un murmure sourd et continu qui se prolongeait au loin entre les pilastres, rebondissait contre les parois invisibles, et retombait multiplié par les échos des voûtes.

Ce murmure était gai plutôt que menaçant. — Les premiers venus avaient trompé, en buvant de leur mieux, l'ennui de l'attente, et se trouvaient en cet état joyeux des premiers instants de l'ivresse. — D'autres, en grand nombre, arrivaient de Galway. Ils étaient ivres depuis le matin, avaient passé la journée entière à boire au succès de William Derry, — leur bijou!

— Allons, taisez-vous, mes jolis garçons! dit le grand Mahony, qui se tenait en avant de l'estrade avec sa mante rouge à capuchon, et qui personnifiait, pour le moment, cet être fantastique, — Molly-Maguire, — dont le nom seul remue dix comtés de l'Irlande.

— Nous nous taisons, Molly, notre aimable tante... Arrah! nous sommes des neveux soumis!

— Nous buvons un petit coup à votre santé, digne brûleur!

— Et à la santé de Leurs Honneurs, qui se cachent derrière vous et qui ne disent rien!

— Nabochlish! la belle assemblée! cria une voix au fond de la galerie; — on dirait un meeting d'O'Connell, — que Dieu le bénisse! — Et nous ne craignons pas la pluie par-dessus le marché!

— Chantons un lilliburo, mes fils, en l'honneur des bons gars de Kilkenny, de Clare, de Limerick et de Leitrim, qui sont venus nous voir pour l'élection...

— Au diable l'élection! dit la voix retentissante du Brûleur; — les bons garçons des comtés sont venus aussi, musha, le cher homme!... Et O'Connell aussi, musha, le cher homme!... Mais Molly-Maguire avant tout, s'il vous plaît, mes neveux!

— Eh! Molly-Maguire, reprit un des personnages masqués qui se tenaient derrière le géant, — n'est pas plus cousine de William Derry que de James Sullivan.

La foule protesta bruyamment.

— Derry est un bon catholique!

— Sullivan, — le misérable! — est parent de l'évêque protestant qui nous mange le meilleur de notre sang!

— Il y a du Morris là-dessous, ma bouchal!... Morris n'aime guère O'Connell!...

Mais d'autres répliquèrent:

— Laissez Morris en repos, le bon jeune homme!

— Hurrah! pour Mac-Diarmid!...

Il fallut la grosse voix du Brûleur pour apaiser le tumulte.

Les gens qui se tenaient sur l'estrade, derrière Mahony, étaient tous vêtus de carricks. Il n'y avait point de haillons parmi eux.

Durant quelques secondes, ils parurent se consulter, puis l'un d'eux, sans lever son masque de toile, s'avança au-devant de l'estrade et prit place sur le siége que Mahony lui céda.

En même temps, le géant se dépouilla de sa mante rouge, et la mit sur les épaules de son compagnon, en disant :

— J'ai fini, mes garçons ; saluez la vraie Molly, votre tante.

Une acclamation générale retentit sous la voûte.

Mahony sauta auprès du foyer, dont la lueur rouge éclaira sa haute taille, et jeta dans le brasier une bûche de *bog-pine.*

La séance était ouverte.

— Le roi Lew voudrait parler, dit une voix du côté de la porte.

— *Hurrah !* pour le roi Lew ! qu'il parle !

Le personnage qui venait d'endosser la mante rouge de Molly-Maguire prononça quelques mots. Le silence se fit aussitôt.

En même temps la foule s'agita du côté de la porte. Un passage s'ouvrit, et un homme gros, court, trapu, membré comme un athlète, et portant le costume des matelots de Chaddagh, s'avança lourdement dans l'enceinte.

IX

LE ROI LEW.

Cette grande foule rassemblée sous les voûtes sombres de la galerie du Géant était composée d'éléments divers. La plus grande partie des comtés de l'ouest et du midi y avait ses représentants. Dans l'ombre de la vaste enceinte et le long des colonnes chargées de stalactites brillantes s'asseyaient de bons garçons venus des cantons les plus éloignés.

Il y avait des pêcheurs de la baie de Bantry, des pâtres de Cork, des tenanciers de Waterford et des montagnards de Wiklow.

Le nouveau whiteboysme étendait alors ses ramifications par toute l'Irlande et pénétrait jusque dans les montagnes du Tyrone, au cœur de l'Ulster protestant.

Le noyau de la réunion restait cependant composé de gens du pays même, — des fermiers de lord George Montrath pour la plupart, des riverains de la Moyne, des coupeurs de turf entre la Suck et les lacs.

Le Connemara, cette sauvage contrée que les touristes ont baptisée les highlands de l'Irlande, fournissait surtout un nombreux contingent, ainsi que les monts Farnnamore et les côtes entre Claggan et Killery.

Tous ces gens étaient affiliés et avaient prêté le serment. — Tous avaient subi, soit dans le Galway, soit dans les comtés du midi et de l'est, ces épreuves tragi-comiques au moyen desquelles les francs-maçons de tous les pays essayent de mettre une terreur superstitieuse dans l'âme de leurs néophytes.

Car les sociétés secrètes ont partout des procédés pareils : — ceci depuis des siècles.

Le poignard de la sainte Vehmé, sur lequel juraient les francs-juges d'Allemagne, se retrouve dans les *rentes* de l'Italie et sert aux dramatiques représentations du carbonarisme inquiet. — On dit même que ce poignard, rongé de rouille et privé de sa pointe, se retrouverait dans quelque coin poudreux des loges où les maçons de France parodient avec une obstination innocente de terribles rites et des institutions qui furent redoutables.

En Irlande aussi on jure sur le poignard, — et l'on jure encore sur la torche. Les ruines des vieilles abbayes, les salles basses des châteaux croulants, les humides cavernes où les oiseaux de mer cherchent un abri durant la tempête, telles sont les vastes loges où se mènent les pratiques mystérieuses des Vengeurs. Ces loges ne sont pas disposées comme les nôtres pour jouer commodément la feinte bouffonne des épreuves ; il n'y a ni décors, ni doubles dessous, ni coulisses, ni trappes, ni transparents fantasmagoriques, ni systèmes de poulies ; — mais il y a la grande nuit, l'horreur secrète que suent les vieilles ruines et la vérité de la vengeance.

C'est un serment terrible que celui qui engage à tenir la torche, quand l'incendie peut avoir lieu demain ; — que celui qui oblige à prendre en main le couteau quand la victime est désignée déjà peut-être...

C'est un serment terrible, surtout lorsque le meurtre et l'incendie sont de tous les jours, lorsqu'il peut n'y avoir qu'une heure entre la promesse et le crime.

Ils avaient tous juré pourtant.

C'est que leur misère est si grande ! c'est qu'ils souffrent de la faim, du froid, de tous les maux qui peuvent accabler l'homme, si cruellement et si près des folles magnificences de leurs maîtres !

C'est qu'il y a tant de haine au fond de leur cœur !

Leur tête s'est courbée si longtemps sous la tyrannie lourde de la conquête ! Autour de leur misère bourdonne un essaim si âpre d'usuriers, de middlemen, d'agents qui s'engraissent de leur sang et vivent de leur mort !...

Qu'un cri de vengeance tombe du haut des montagnes ou surgisse des vastes solitudes des *bogs,* il va trouver des milliers d'échos. Chaque chaumière va tressaillir à ce signal attendu ; toutes les têtes d'hommes vont se redresser, secouant leur grande chevelure, et la prière des femmes va monter vers le ciel, intercédant pour la vengeance de leurs époux et de leurs frères...

Et sa force grandissait insensiblement, sans bruit, comme grandit cet arbrisseau débile qui cache sa tête sous l'ombre voisine du vieux chêne, et qui, avec le temps, va devenir le roi de la forêt.

Il se disait parfois son courage menaçait de fléchir : — La pensée d'O'Connell est toute en lui-même ; rien ne restera de sa politique juvénile ; sa puissance, si énorme qu'elle soit, n'est que la puissance d'un homme ; — et c'est un vieillard. — Quel autre génie que le sien pourrait exploiter après lui son mensonge sublime ? — Les principes seuls passent de père en fils comme un héritage. La force personnelle descend dans la tombe avec l'homme fort

Du grand homme décédé il ne restera qu'un souvenir. — O'Connell n'aura travaillé que pour sa propre gloire. — Lui mort, le Rappel tombera ; la place sera libre...

Il se disait encore :

— Moi je suis jeune ; il faut du temps, mais j'ai devant moi des années. Ma pensée d'ailleurs n'est-elle pas éternelle comme le droit des nations ?... si je meurs à la tâche, qu'importe ? La vie de l'homme est une heure courte dans la longue vie d'un peuple, et je travaille pour l'Irlande !

C'était vrai. — Il n'y avait pas chez lui un seul sentiment égoïste ou seulement personnel, tout était abnégation pure en cette droite conscience, qui pouvait errer, mais non faillir.

Parmi les gens rassemblés dans la galerie du Géant, quelques-uns suivaient Morris Mac-Diarmid par conviction, le reste se laissait entraîner, à l'occasion, par la force vive de son éloquence.

Si Morris eût voulu se borner à commander aux Molly-Maguires, en dirigeant leurs vengeances nocturnes, jamais chef n'eût rencontré des soldats plus enthousiastes et plus dociles.

Malgré ses résistances fréquentes à la volonté commune, il gardait encore l'affection de tous et restait le premier parmi les meneurs de l'association.

Il devait lui être assurément bien difficile de façonner à son vouloir cette tourbe tumultueuse et indisciplinée ; mais cela était à la rigueur possible, — et possible à lui seul.

Morris tâchait...

Les acclamations cependant retentissaient le long de la colonnade étincelante, et le nom de Lew, répété sur tous les tons, emplissait la vaste galerie.

Évidemment le roi Lew était un personnage populaire, et la foule s'intéressait à son apparition, comme le parterre attend avec impatience, au théâtre, une scène capitale et à grand effet.

Le roi Lew avait le paletot de toile, la culotte goudronnée et le chapeau de cuir ciré des matelots du Claddagh ; il marchait en roulant et les jambes écartées, comme si le pont mobile de son sloop eût été sous ses gros souliers ferrés.

A la différence des petits fermiers rangés en cercle autour du brasier de *bog-pine,* il portait les cheveux ras ; son cou musculeux restait à découvert et s'attachait solidement entre deux épaules d'une largeur démesurée. — Il avait une bonne figure joviale et franche, où deux yeux noirs surmontés de sourcils épais mettaient un caractère d'intrépidité sauvage.

Du reste, grossier, gauche, balourd, et la joue enflée par un morceau de tabac gros comme une pomme de terre de moyenne taille.

Les efforts combinés d'O'Connell et du gouvernement de la reine, la parole puissante du tribun et les carabines des dragons peuvent comprimer le whiteboysme durant un jour, durant une année, — mais rien n'est capable de le tuer.

Il ne meurt pas, il se cache, — et, quelque nuit noire, vous voyez surgir tout à coup sa tête masquée.

La torche s'allume dans sa main ; son cri retentit formidable, et, de proche en proche, l'Irlande entière s'agite,.et les ténèbres s'éclairent à la lueur funeste de l'incendie.

Le bien arrive ici au secours du mal pour grandir le fléau. Au-dessus de la vengeance brutale et sanguinaire, il y a la dévotion à la patrie, le culte de l'honneur national outragé, l'immense amour de la religion des aïeux.

Parmi ces hommes égarés, qui ne marchent que la nuit et dont la tâche est un crime, — parmi les *ribbonmen*, — il est de vaillants cœurs qui se trompent noblement.

Cette révolte nocturne est pour eux une guerre déclarée :— ils veulent reconquérir leurs antiques priviléges, rétablir la richesse de l île et ses splendeurs perdues; étayer les ruines des saintes abbayes, rebâtir la maison de Dieu et replacer dans les châteaux les fils des nobles seigneurs, chassés par la conquête anglo-saxonne.

Morris Mac-Diarmid avait bien souvent parcouru les comtés de l'Irlande : il connaissait ceux des conjurés qui venaient au combat, poussés par le seul amour de la patrie, — amour aveuglé peut-être, mais sublime chez de pauvres gens pour qui la patrie n'a ni protection ni secours.

Morris était leur chef. Ils le suivaient et le soutenaient.

Ils étaient là, pour la plupart, à leur poste entre les féeriques colonnes de la galerie du Géant. L'élection de Galway était le prétexte de leur venue.

Le gros de l'assemblée ignorait le pacte secret qui les liait entre eux. Ils suivaient le torrent comme Morris lui-même, et se sentaient trop faibles encore pour éteindre violemment la torche de l'incendie.

Mais ils y travaillaient sous main sans relâche, aidés par l'éloquence de leur chef, dont la parole hardie maniait souverainement les masses versatiles. Ils gagnaient du terrain peu à peu ; ils avançaient, et le moment venait peut-être où les nocturnes meurtriers allaient relever leurs têtes au soleil et devenir des soldats.

Suivant la croyance de Morris, ce pas eût été franchi déjà sans la réprobation d'O'Connell. Morris vénérait le haut génie du Libérateur : — mais, à tort ou à raison, il le regardait comme le plus grand ennemi de la nationalité irlandaise, et comme l'appui le plus utile de la domination britannique.

Morris était aussi faible que le Libérateur était fort; — O'Connell, dans sa toute-puissance, savait-il seulement qu'un obscur fermier du pauvre Connaught se dressait dans l'ombre contre lui !...

Mais Morris avait au dedans de lui une foi robuste, une volonté libre et indomptable. Il écartait un à un les obstacles du chemin. Ceux qu'il ne pouvait franchir, il les tournait avec adresse.

Il prenait les *ribbonmen* comme ils étaient, mettant une patience inf tigable à relever leurs âmes abattues, et abaissant son cœur chevaleresque jusqu'au niveau de leurs sanglantes colères, pour les amener à lui, pour les dominer, pour les acheter.

Tel était Lew du Claddagh, — le roi Lew, comme il fallait l'appeler.

Car, en vertu d'une vieille coutume qui remonte à l'antiquité la plus reculée, les mariniers du Claddagh de Galway élisent un chef tous les ans. Ce chef a le titre de roi. Il possède des priviléges magnifiques, tels que celui de boire à discrétion, tout en puuissant les matelots qui s'enivrent; — de léguer sa besogne, les jours de fête, à tout novice jouissant de sa confiance; — et enfin de conférer le titre de reine à la jolie fille qu'il prend sous sa haute protection.

Les matelots de Galway lui obéissaient aveuglément, et ses ordres sont sans appel.

Comme on le pense, le roi Lew, jouissant d'une autorité pareille, était un personnage important parmi les Molly-Maguires.

Ses gros coudes repoussèrent la foule à droite et à gauche, et il entra dans l'espace laissé libre entre le foyer et les premiers rangs de l'assemblée.

Aux lueurs voisines du feu, sa carrure herculéenne apparaissait vivement, et la foule invisible qui le contemplait à son aise admirait avec bruit l'ampleur musculeuse de ses épaules et de ses bras.

— Hurrah pour le roi Lew! criait-on de toute part; - c'est le meilleur matelot qu'ait jamais porté la mer!... Il tuerait un bœuf d'un coup de pied, et mettrait en fuite tous les orangistes des quatre provinces avec une chiquenaude.

— Bien obligé, mes garçons, bien obligé, répondit le vigoureux marin en cherchant des yeux dans l'ombre ses admirateurs dispersés: — ça me fait toujours un drôle d'effet quand je vous entends hurler comme un tas de démons, sans voir le bout de vos oreilles.

Les applaudissements redoublèrent, mêlés à d'enthousiastes éclats de rire.

La colue était en belle humeur.

— La paix ! dit la voix mugissante du grand Mahony, lequel remplissait dans l'association toutes sortes d'emplois, et entre autres celui d'huissier.

Le tumulte se calma pour un instant.

— A la bonne heure, mes braves amis, dit le roi Lew; — taisez-vous un petit peu pour me faire plaisir.

Il se tourna vers l'estrade, et toucha son chapeau de cuir.

— Bonsoir, Vos Honneurs, reprit-il, mes gentils garçons!... *La Molly*, — car j'ai donné votre nom à mon sloop, notre chère tante, — *la Molly* a tenu la mer tous ces jours-ci, et il y a longtemps que je ne suis venu vous voir... Devinez un peu, mes fils, qui je vous ai amené ce soir dans le port de Galway.

— Nous le savons, Lew, répondit le personnage caché sous la mante de Molly-Maguire. — George Montrath était à votre bord.

Le matelot fit un geste d'étonnement.

— S'il n'était pas défendu de prononcer le nom de ceux qui se masquent, je vous dirais bien le vôtre, miss Molly! murmura-t-il. — Mais n'importe! ce qui est certain, c'est que vous avez deviné. Oui, mes garçons, ajouta-t-il en élevant la voix, — lord George Montrath, ce fils du diable, est arrivé par le paquebot de Corck; et, comme la passe était mauvaise, on a mis les passagers à bord de ma *Molly*, qui a un charme pour passer sans toucher sur les roches. Lord George est enfin revenu voir ses vassaux chéris! et que Dieu me damne s'il n'est pas trois fois plus insolent que par le passé! Groguez un peu, mes chéris, en l'honneur de lord George!

Un murmure sourd gronda dans l'obscurité, puis cela monta, s'enfla, grandissant, grandissant toujours. L'immense salle s'emplit d'une clameur sans nom qui s'éteignit graduellement pour gronder de nouveau, s'éteindre encore, et tonner enfin une troisième fois, comme si la voûte allait s'abimer sous son tumultueux fracas.

C'étaient trois grognements pour lord George Montrath.

— A la bonne heure, dit le roi Lew.

— *Arrah!* s'écria dans le voisinage de la porte une voix où se mêlaient étrangement la crainte et la satisfaction, — voilà qui est bien grogné, mes enfants... et je dis, moi, que le diable emporte Sa Seigneurie!

— Tu ferais mieux de te taire, Pat, mon garçon, répliqua Patrick Mac-Duff; moins tu parleras, moins on songera que ce serait justice de te tordre le cou !

— *Och! ma bouchal!...* murmura le pauvre Pat suffoqué.

Il ne dit plus rien.

— En venant de Galway, reprit le robuste matelot, — j'ai vu de la lumière aux croisées du château de Montrath... Milord est à se reposer des fatigues du voyage... Mes garçons, nous avons un compte bien long et bien chargé à régler avec milord !

Il se fit entre les colonnes un mouvement général, on ne riait plus; les voix se mêlaient dans la nuit sur un mode plaintif, et les menaces se croisaient avec des gémissements.

— Nous savions bien qu'il allait venir! disait-on. — car son agent Crakenwell a jeté bien des pauvres tout nus par les chemins !

— La vieille Madge est morte la nuit dernière de froid et de faim, parce que l'agent l'a chassée de sa tenance !

— Elle n'avait pu payer le *fowlduty* (1)! dit Mac-Duff avec un rire plein de colère.

— Saunder de Connemara, ajouta un autre, — est couché sur l'herbe au coin du son champ. — Pauvre Saunder !... il a la fièvre, et ne peut se lever.

— Milord a besoin d'argent ! — il faut bien hausser les baux !

— Milord a besoin d'argent, qu'importe que ses fermiers meurent!

— Ah! ah! s'écria le roi Lew, — cela importe peu à milord en effet... à milord et à moi, mes garçons, qui me moque de lui sur mon sloop, et qui n'ai point à craindre la dent de ce requin de Crakenwell... mais vous autres !...

Il s'arrêta. — On faisait silence autour de lui.

— Mac-Duff, mon fils, reprit-il, — ne voudrais-tu point savoir si ta sœur Molly est parmi les bagages de Sa Seigneurie... Et ta nièce, John Slig!... et la fille d'adoption du vieux Mac-Diarmid... Et Madeleine, ajouta-t-il d'une voix tremblante d'émotion, — Madeleine Lew, mon bel amour!...

(1) *Droit de volaille.* — Exaction passée en usage dans la plupart des comtés de l'Irlande; quand un pauvre fermier ne peut solder l'arrière de sa route, il donne à l'agent une certaine quantité de produits en nature, — faute de quoi il est mis dehors.

Personne ne répondit.

— Mes fils, poursuivit brusquement le roi Lew, — un peu de cœur !... Si nous allions, cette nuit, signer la quittance de lord George Montrath! Encore le silence.

Il n'y avait pas un cœur, sous la voûte du Géant, qui n'eût froid à la seule pensée d'attaquer un landlord !

On le détestait, on le méprisait, — mais on le redoutait.

Entre lui et ces pauvres tenanciers dont les sueurs faisaient sa richesse il y avait comme une barrière de superstitieuse terreur.

Le roi Lew haussa ses larges épaules.

— Eh bien ! dit-il, — personne ne souffle !

Quelques matelots du Claddagh, disséminés dans la foule, répondirent seuls à cet appel, avec le personnage qui représentait Molly-Maguire.

Les matelots disaient oui; — Molly-Maguire prononça un non ferme et retentissant.

Le roi Lew le regarda, stupéfait.

— Oh! oh! mon cœur, dit-il, — du diable si je m'attendais à trouver de la résistance de votre côté !... As-tu donc déjà oublié la croix du cimetière de Richmond, Mickey Mac-Diarmid?

— Je ne suis pas Mickey Mac-Diarmid, répliqua Molly-Maguire à voix basse.

Pendant ce court entretien, un murmure avait couru de rang en rang : le vent avait tourné parmi cette foule versatile et changeante. Le non prononcé par le chef donnait à chacun l'envie de crier : Oui.

— Si nous n'en finissons pas, dit un des fermiers assis autour du feu, — il boira notre pauvre sang jusqu'à la dernière goutte.

— Et peut-être est-il venu, *nabocklish* ! pour lâcher sur nous ce que vous savez bien !...

— Le loup du vieux château !

— Le tigre qu'il nourrit pour nous dévorer tous !...

— Och!... fit le pauvre Pat, au souvenir de ses terreurs quotidiennes. Mac-Duff le saisit à la gorge.

— Voilà pourtant celui qui nourrit la bête ! dit-il ; — *Musha !* que j'ai bonne envie de l'étrangler !...

Pat n'avait plus de voix pour crier grâce.

Il croyait que sa dernière heure était venue.

Cette idée du monstre n'était point, comme on pourrait le penser, quelque chose de vague et de fantastique. C'était une opinion enracinée, une ferme croyance. Il n'y avait pas, à cet égard, dix esprits forts dans toute l'assemblée.

Et la peur était plus grande encore que la foi. — Chacun pensait que mettre à mort George Montrath, c'était non-seulement punir, mais se défendre contre un danger prochain.

Quant aux Mac-Diarmid, leur conduite avait de quoi surprendre. C'étaient des gens considérables entre la terre et la mer ; chacun savait leur histoire, — et chacun savait qu'une partie de la famille était là, sur l'estrade.

Il y avait plus : bien qu'il régnât dans l'assemblée, même au sujet de Molly-Maguire, un certain mystère, personne n'était sans deviner que l'un des sept fils du vieux Mill's était en ce moment sous la mante rouge.

Et l'on murmurait, — car ça George Montrath, protégé par le *veto* du chef, avait enlevé l'année précédente la fille adoptive de Mac-Diarmid, — et, ce soir même, le bruit s'était répandu dans la foule que Jessy O'Brien était morte, assassinée par lord George Montrath.

— Ils l'ont oubliée ! disait-on.

— Pauvre Jessy !...

— Qui peut dire désormais ce qu'il y a dans le cœur de Mac-Diarmid !...

— Ma nièce chère ! sanglotait John Slig.

— Ma pauvre sœur ! s'écriait Mac-Duff.

— Hurra pour le roi Lew !

— Mort à George Montrath !

Mac-Duff, tout en criant, serrait le cou du pauvre Pat de tout son cœur.

Molly-Maguire fit signe au géant Mahony, qui éleva la voix par-dessus les clameurs de la foule et réclama le silence.

— La vie de George Montrath vous appartient, dit Molly-Maguire ; — mais je demande pour lui deux jours de trêve.

— Pourquoi? pourquoi? s'écria-t-on de toute part.

Et, comme Molly-Maguire ne répondait point, il se fit dans les galeries un tumulte impossible à décrire. — Les uns criaient, accusant le chef de folie, les autres menaçaient en fureur.

Molly-Maguire demeurait immobile et silencieuse en avant de l'estrade.

La grosse voix du géant était désormais impuissante à se faire entendre.

Le roi Low avait baissé la tête et semblait réfléchir.

Au bout de quelques secondes, il s'approcha de l'estrade. — En même temps, Molly-Maguire se pencha vers lui et prononça quelques mots à son oreille.

— Je ne vous comprends pas, Morris, répliqua le roi Lew. — Mais du diable si j'ai besoin de vous comprendre pour faire votre volonté, mon garçon.

Il revint au centre du cercle, et, se faisant un porte-voix de ses deux mains roulées, il poussa un de ces cris aigus que les marins savent, et qui dominent la tempête.

— Holà, mes fils ! cria-t-il, tandis que la foule surprise écoutait; — laissons deux jours à lord George pour lui donner le temps de reprendre son âme au diable, — et chantez le *Lilliburo* (1) que vous m'avez promis...

Il n'en fallait pas tant pour faire virer ces cervelles légères ; le chant national, qu'entonnèrent aussitôt les matelots du Claddagh, résonna sous la voûte, hurlé par l'assemblée tout entière.

Quand les dernières notes s'éteignirent, on avait oublié lord George Montrath, et le pauvre Pat avait trêve.

DEUXIÈME PARTIE.

—

LES SAXONS.

—

X

LA COHUE.

Ellen Mac-Diarmid était dans la galerie du Géant depuis le commencement de la séance.

Elle demeurait immobile au centre d'un groupe en haillons, à quelque distance de l'entrée.

Elle entendait tout, mais il y avait bien des choses qu'elle ne comprenait pas. Les Molly-Maguires, en effet, comme les Whiteboys leurs devanciers, comme tous les gens en dehors de la grande route sociale, avaient une sorte d'argot qui remplaçait en bien des cas la langue usuelle.

Dieu sait que ce langage interlope a eu en Irlande le temps de se former ! Bien des générations de conjurés l'ont parlé depuis les Enfants-du-Chêne jusqu'aux hommes à rubans (*ribbonmen*); depuis 1760 jusqu'à nos jours.

Les premiers Enfants-Blancs l'inventèrent sans doute. Il se perfectionna chez les Cœurs-d'Acier, chez les Fils-du-Droit, chez les Garçons-du-Capitaine-Rock et les Belles-Filles-de-lady-Clare, au commencement de notre siècle. — Les Batteurs (*trashers*) le parlèrent, ainsi que la famille de la mère Terry et les hardis Pieds-Noirs de 1837.

Ce fut la langue des Carders, des Shanavates, des Caravats, des Black-Hens, de Kirkavallas : — c'est la langue des Molly-Maguires de 1843.

Ellen Mac-Diarmid avait au cœur le ferme courage d'un homme. Au sein de cette foule où elle s'était introduite par surprise, et en bravant un danger de mort, elle était calme et sans peur.

Elle savait, — qui ne le sait pas en Irlande? — que Molly-Maguire n'a point deux sortes de châtiment, et que le *payeur-de-minuit* tranche toute difficulté avec le couteau.

Elle savait que sa vie était dans la main de ces hommes dont elle venait dérober le secret; — mais elle ne tremblait pas, et ce n'était point le trouble qui l'empêchait de suivre mot à mot la discussion entamée.

Elle était pour un peu dans la position d'un homme introduit au sein

(1) Chant national du Connaught.

d'une assemblée étrangère, dont les orateurs parleraient une langue à lui inconnue.

Nous disons pour un peu, car il y avait bien des mots qui restaient familiers à l'oreille de l'Heiress. Elle comprenait à demi, et sa science de la langue des Kemry l'aidait à suivre les détours de ce jargon composite.

Le langage secret du whiteboysme emprunte en effet la plupart de ses figures et beaucoup de ses expressions à l'antique langage de la vieille Erin, parlé encore sur les côtes du pays de Galles et chez les peuples chevelus de la vaillante Armorique.

A l'endroit où se tenait l'Heiress, la lueur du foyer arrivait bien faible. Elle n'eût point suffi à faire distinguer les traits d'un visage, et le visage d'Ellen disparaissait sous le capuce de sa monte rouge.

Autour d'elle, se groupaient des figures sombres qui sortaient à peine dans la nuit et que l'on ne pouvait point reconnaître.

Cependant, lorsque l'œil restait quelque temps sans rencontrer les lueurs rougeâtres du foyer, il s'habituait aux ténèbres environnantes et alors il voyait dans la nuit.

Parmi ceux qui l'entouraient, Ellen avait reconnu la figure, moitié joviale, moitié effrayée, du pauvre Pat, l'ancien garçon de ferme de Luke Neale, et l'humble face d'un coupeur de tourbes des marais de Clare-Galway, qui se nommait Gib Roe.

Elle avait aussi distingué derrière elle la voix du grand Patrick Mac-Duff, qui restait sous l'impression des nombreuses rasades avalées sur le pavé de Donnor-street, devant l'hôtel du *Grand-Libérateur*.

Le reste de la foule voisine était composé de malheureux en haillons. — On voyait d'ailleurs seulement à deux ou trois pas à la ronde; puis c'était une sorte de nuit mobile, qui grouillait et s'agitait confusément.

De ces ténèbres vivantes jaillissaient mille bruits : — des chuchotements, des cris, des rires. — La grande colonnade scintillait çà et là, prolongeant au loin la ligne amincie de ses cristaux. —

Vous avez menti, Jermyn.

Quelque stalactite s'allumait aux parois ou à la voûte. Et tout cela remuait, tremblait, changeait. Les étincelles se succédaient, laissant la nuit où était le feu naguère, et mettant le feu où venait de passer la nuit.

Le *lilliburo* étouffait ses dernières notes sous les bas côtés de la nef immense. Le roi Lew était rentré dans la foule, et l'on ne voyait plus autour du feu de *bog-pine* qu'un triple rang de voiles immobiles.

De temps à autre, au second et au troisième rang, quelques figures se montraient; une bouche s'ouvrait pour respirer à son aise une bouffée d'air; puis la toile retombait.

— Y a-t-il des nouvelles du vieux Mill's Mac-Diarmid? demanda une voix derrière l'estrade.

— Le saint homme! reprit-on, le brave Irlandais!...

— Quand donc l'emmènerons-nous en triomphe dans sa ferme du Mamturck?...

Ce fut Molly-Maguire qui répondit.

— Mill's Mac-Diarmid attendra son jugement, dit-elle. — C'est un noble vieillard, dur et fier comme l'acier. Il ne veut pas être délivré par des gens qu'il méprise.

— *Arrah!* que Dieu le bénisse!... Il a beau nous mépriser, nous l'aimons.

— C'est un vieux soldat du temps des Irlandais-unis. — Il a tué plus d'un Saxon en sa vie, quoi qu'il dise!

— Et, sans Daniel O'Connell, reprit Molly-Maguire, — il serait encore à risquer sa vie avec les enfants de l'Irlande. Mais l'esprit de Daniel O'Connell est en lui. Il nous déteste, parce que l'homme qu'on appelle le Libérateur lui a dit de nous détester.

— C'est vrai, c'est vrai, s'écrièrent quelques-uns; — O'Connell a encore parlé contre nous l'autre jour dans Conciliation-Hall!

— Ne dites rien contre O'Connell, crièrent d'autres voix; — il est le père de l'Irlande.

— *Musha!* qui aime bien châtie bien... Ce père-là ne gâte pas ses enfants.

— S'il nous donnait seulement notre pauvre pain, prononça timidement Gib Roe, qui avait échangé son habit de gentleman, présent de Josuah Daws, contre ses anciens haillons; — je lui permettrais bien de nous dire des injures.

— La rente du *Repeal* nourrirait tout de même bien du monde!...

— Où va-t-elle, la rente du *Repeal?*..

— *Musha!* mès fils!... croyez-vous que le vieux Daniel, à son âge, ait l'estomac assez dur pour manger tant de livres sterling!...

On éclata de rire et l'on cria : Hurra! pour O'Connell.

— Les assises doivent commencer après-demain, reprit la voix derrière l'estrade, — et l'on dit que les juges ont désormais tout ce qu'il faut pour faire pendre le vieux Mill's...

Il se fit un mouvement parmi les hommes masqués de l'estrade.

— Qui dit cela? demanda l'un d'eux vivement.

— Oh! Mickey, mon chéri, répliqua tout bas la voix, — vous voilà donc revenu de votre voyage?... *Ma bouchal!* ne vous fâchez pas... Celui qui dit cela est un bon Irlandais... Il y a un homme venu de Londres qui a trouvé des témoins pour faire condamner le vieux Mill's.

Un murmure courut sous la voûte. — Des témoins ! répétait-on. — Il s'est trouvé des témoins dans le Connaught pour lever la main contre Mill's Mac-Diarmid !...

— Honte sur nous ! s'écria la voix indignée du brave roi Lew; — et gare à celui qui s'est vendu au Saxon !

— *Nabochich!*... pour quelques shillings, peut-être!...

Gib Roe, dans son coin, tremblait de tous ses membres. Entre ses cheveux hérissés et rares, une sueur froide coulait sur son front.

— Ah! mes chéris! murmura-t-il, — ce n'est pas là une chose possible... Où est l'Irlandais qui voudrait faire mourir Mac-Diarmid?

— Cet Irlandais-là ne ferait pas de vieux os! s'écria Mac-Duff en serrant ses gros poings.

— *Arrah!* dit Pat, ce serait moi qui l'étranglerais!...

Gib Roe s'éloigna de Pat d'un mouvement instinctif, bien que le pauvre gardien des ruines de Diarmid ne fût rien moins que redoutable.

L'indignation cependant croissait parmi la foule; ce n'étaient plus partout que menaces et cris de vengeance. — Gib Roe, pâle et prêt à défaillir, cherchait à se cacher. Il lui semblait que l'obscurité profonde qui l'environnait n'était plus un voile suffisant, et que la lueur du *bog-pine* frappait en plein son visage.

La voix grave de Molly-Maguire s'éleva au-dessus du tumulte.

— Mill's Mac-Diarmid n'est qu'un homme, dit-elle, — et nous avons à débattre ici de plus grands intérêts.

Le murmure se continua sous la voûte, et des reproches éclatèrent sur l'estrade même, tout auprès de Molly-Maguire.

La main de l'un des hommes masqués s'avança et se posa sur l'épaule du chef, par-dessus sa mante rouge.

— En êtes-vous venu là, Mac-Diarmid, prononça-t-on, — de parler ainsi de votre propre père?

Molly-Maguire repoussa cette main et redressa fièrement sa haute taille.

— Mill's Mac-Diarmid n'est qu'un homme, répéta-t-elle en faisant vibrer sa voix sonore; — il a des fils pour le défendre ou le venger... Il ne fait point partie de l'association... Occupons-nous de la vengeance de l'Irlande! Un mot suffit par tous pays pour faire virer les idées de la foule. En Irlande, la foule est plus versatile et plus changeante qu'ailleurs. — On s'agita; des paroles incohérentes se croisèrent entre les feux diamantés de la colonnade. — On oublia le vieux Mill's Mac-Diarmid comme on a oublié lord George Montrath et le monstre, — loup, tigre ou lion, — confié à la garde du pauvre Pat.

— J'ai à vous parler contre le candidat d'O'Connell, reprit Molly-Maguire. — Ne murmurez pas! Vous ne parviendrez point à étouffer ma voix... Je veux que vous sachiez quels sont vos ennemis, et que vous mettiez au premier rang les partisans du Rappel... Quelqu'un a-t-il une demande à former avant que je parle?

— Moi! répondit le géant Mahony.

Le Brûleur s'était couché sur la terre auprès du foyer, au centre de l'espace laissé libre.

Il se remit d'un bond sur ses pieds et redressa sa taille gigantesque.

A voir ce rude visage surgir tout à coup au milieu du cercle et s'éclairer de sanglants reflets, l'Heiress, sans savoir pourquoi, se sentit monter un frisson au cœur. Elle rejeta son capuce en arrière pour mieux entendre et découvrit un coin de sa joue pâlie.

Le géant parcourut du regard son auditoire invisible.

— Il y a du monde ici ce soir, dit-il; — s'il faisait jour, on verrait autant de caboches qu'au grand *meeting* de Tara!..... Ça fait plaisir... Je me suis levé pour vous conter comme quoi nous sommes engagés d'honneur à faire quelque chose au major Percy Mortimer!...

On grogna pour le major.

— Bien, bien, mes fils!... Je suis monté ce matin au premier étage de la vieille maison de Donnor-street... J'ai mis autour d'un caillou un petit papier blanc sur lequel j'avais dessiné notre cachet de mon mieux.

— Je l'ai vu, murmura Gib Roe involontairement.

Mac-Duff lui planta sa main sur la bouche pour réclamer silence.

— J'ai mis au-dessus du cercueil, reprit le Brûleur, le joli nom du major saxon, et j'ai lancé le tout à travers les carreaux de la maison de Saunder Flipp, — son âme est au démon! — au beau milieu de la poitrine de Mortimer.

— Och! fit la foule avec approbation.

— Il y avait tout un troupeau de ces porcs orangistes... Le juge Mac-Foot, le bailly Payne, le sous-bailli Munro, et ce misérable scé-

lérat de Crakenwell. — Oh! le damné! dit Pat. — Il y avait un gentleman de Londres, assis devant la fenêtre avec une jolie miss, une vieille folle et un garçon qui ressemble..... mais je n'en suis pas sûr, et je ne voudrais pas faire mourir un chrétien à la légère.

Gib tremblait dans sa peau. — A deux ou trois pas de lui, l'Heiress, droite et froide en apparence, écoutait et dévorait les paroles du géant.

— Qui donc as-tu cru reconnaître, Mahony, mon garçon? demandait-on dans la foule.

— Quelqu'un qui n'est pas à la noce si ses oreilles m'entendent, répondit le Brûleur; — mais n'importe! une autre fois je tremblerai mieux... Quand le caillou est tombé dans la chambre, après avoir touché la poitrine du Saxon, tous ces coquins peureux et hypocrites se sont éloignés de lui comme s'il eût été le diable...... Ils regardaient de tous côtés, pâles et tremblants... la vieille folle s'est évanouie.

— Hurra pour la vieille folle! cria une voix.

Et la voûte trembla sous un formidable concert de clameurs et de rires.

— Hurra! pour la vieille folle!

— La paix! mes fils, la paix! cria Mahony.

Puis il poursuivit en contenant sa voix davantage :

— Voilà bien des fois que nous envoyons à ce major le cercueil de Molly-Maguire!...

Les cris s'étaient changés en murmures sourds. — On chuchottait. Il y avait dans les voix mêlées une expression de crainte et de doute.

— C'est vrai, murmurait-on, mais ce diable d'homme est protégé de Satan, vous savez bien!...

— Arrah! on a fait ce qu'on a pu!... Mais quand l'esprit malin met sa griffe au-devant d'une poitrine..

Le géant se signa.

— Moins on parle du malin, répliqua-t-il, — mieux cela vaut, mes jolis bijoux! Quoi qu'il en soit, si nous laissons nous faire le major, il nous trouvera ici comme il nous a dénichés partout... et, s'il nous trouve... Arrah! mes garçons, vous savez aussi bien que moi que la galerie n'a point d'issue! Il y eut dans l'ombre un frémissement; c'était une sorte de silence agité, — un peu de bruit étendu et divisé sur un vaste espace, comme s'il y avait eu là un millier d'hommes à trembler tout bas.

Le Brûleur fut quelque temps avant de reprendre la parole.

Les gens de l'estrade restaient froids et immobiles. — Molly-Maguire semblait une statue taillée dans un bloc de granit rouge.

Le feu languissait; les cristaux des colonnes éteignaient leurs facettes pâlies. — La fumée, après avoir rempli une à une les cavités mystérieuses de la haute voûte, descendait lentement et tendait son voile gris au-dessus des têtes faiblement éclairées du premier rang des spectateurs.

En ce moment de silence et d'immobilité générale, quiconque eût vu ce cordon d'hommes masqués entourant un feu pâle, et ce géant, dont la noire silhouette se détachait sur le brasier, aurait cru assister à quelque ténébreuse fête de l'ère païenne.

Ainsi devaient être les pontifes celtes dans ces noires cavernes, à l'heure sanglante des sacrifices humains. — Ainsi les diamants séculaires de ces voûtes devaient allumer jadis leurs étincelles au feu brûlant sous le trépied, et dévorant la chair de la victime...

Owen et Kate.

Le siége de Molly-Maguire était l'ange de pierre où tant de sang avait coulé.—Quelque part, dans la poudre, on eût retrouvé peut-être l'or homicide de la serpe sacrée qui jetait les adultes en pâture au dieu Très-Inconnu.

Du sein de ce silence, une voix timide s'éleva.

— Oui, oui, murmura-t-elle, faible et comme effrayée de ses propres sons, — il faut bien que le Saxon meure !...

— Il le faut ! il le faut ! répéta-t-on aux alentours.

Le murmure s'agrandit, s'enfla et vint à former un grand cri :

— Mort ! mort !

Puis le grand cri baissa, s'étouffa, mourut, jusqu'à redevenir un craintif murmure.

La sueur froide perça sous les cheveux d'Ellen. Son regard se tourna vers les gens de l'estrade, qui ne bougeaient point, comme si elle eût gardé un vague espoir en la volonté de Molly-Maguire.

On eût dit que Molly-Maguire était étrangère à tout ce qui se passait autour d'elle.

La même voix s'éleva encore du sein de la foule.

— Qui se chargera, dit-elle, — d'attaquer Percy Mortimer?...

— Il y en a tant qui sont morts à la tâche !...

— Tant et tant !... Cet homme est sous la main du démon.

Ces mots sortaient, rauques et sourds, des poitrines oppressées. Une terreur indicible pesait sur la cohue. Toutes ces têtes s'effrayaient comme eussent fait des enfants.

Le Brûleur n'avait point parlé depuis quelques minutes.

Il fit le tour du foyer, et se prit à attiser le feu tranquillement.

Deux troncs de bog-pine tombèrent dans les cendres. Un joyeux tourbillon d'étincelles monta vers la voûte. La galerie s'embrasa.

Aux lueurs revenues, on aperçut la grande face du géant, qui souriait dans sa barbe.

La crainte s'enfuit comme s'échappent les terreurs nocturnes de l'enfance aux premiers rayons du soleil.

— Musha ! dit Mac-Duff, — Mahony a quelque bon tour dans son sac !

— Allons, Mahony, allons, s'écria le roi Lew ; — tu fais peur à ces pauvres diables..... Dis-nous ton affaire en double, comme un bon garçon.

— Mahony, mon bijou ! — Mahony, mon chéri ! — Oh ! le cher bon garçon ! — Mon doux fils ! — mon cœur ! — mon amour !...

Ces caresses bavardes se croisaient avec une rapidité incroyable. Tous parlaient à la fois. — Il y avait un secret à savoir, et les Irlandais sont curieux comme les femmes.

Ellen aussi attendait, l'âme brisée, le secret de Mahony.

Celui-ci arrangea les bûches d'un dernier coup de main, et se releva souriant.

— J'ai de quoi tuer le Saxon ! dit-il.

Puis il ajouta d'un ton moitié soumis, moitié menaçant, en se tournant vers l'estrade :

— Mais il ne faudrait pas que quelqu'un se mît à la traverse !

Ces mots furent compris par la foule, qui battit le sol du pied en trépignant.

Molly-Maguire secoua lentement sa tête encapuchonnée.

— J'ai achevé de payer ma dette envers le Saxon, dit-elle. — La vie de Percy Mortimer suit à ses ennemis.

Ellen mit sa main sur son cœur : — c'était le dernier espoir perdu.

— Elle souffrait comme quand on va mourir...

XI

L'IDÉE DE MAHONY.

Ces paroles, tombées de la bouche du chef, et qui étaient comme un arrêt de mort à l'adresse du major anglais, furent prononcées d'une voix grave et sourde.

Beaucoup dans la foule ne les entendirent point; mais, comme les premiers rangs poussèrent une exclamation de joie, le reste de l'assemblée devina, et applaudit de confiance.

Pat et Gib Roe se montraient les plus ardents à battre des mains et à crier hurra ! Les éclats de leur joie cruelle arrivaient, stridents, aux oreilles de l'Héritière et lui faisaient saigner le cœur.

Pat et Gib avaient grand besoin de se montrer. Ils étaient enchantés d'ailleurs de voir les passions de la foule s'agiter dans cette voie nouvelle. Grâce à cette diversion opportune, on oubliait à la fois le poste douteux occupé par l'ancien garçon de ferme de Luke Neale,

et cet homme chevelu dont Mahony le Brûleur n'avait pu reconnaître le visage à travers les carreaux de l'hôtel du *Roi Malcolm*.

On oubliait le gardien du monstre nourri pour la ruine des catholiques, et le traître qui s'asseyait à la table des orangistes.

Aussi s'en donnaient-ils à cœur-joie tous les deux ; ils hurlaient à l'unisson des deux côtés de la pauvre Ellen, qui luttait contre son désespoir et rappelait sa force défaillante.

C'était une lutte amère, car Ellen était seule au milieu de cette cohue hostile, dont la voix menaçante montait et tonnait autour d'elle. Parmi tous ces bras robustes, pas un bras qui pût l'appuyer ; parmi tous ces cœurs ardents, pas un cœur qui ne se soulevât contre celui qu'elle aimait ; — partout des ennemis, et des ennemis poussés à bout, des âmes ulcérées, des haines furieuses.

Il semblait qu'il y eût là, tout alentour, un vent de fougueuse colère. Ellen se sentait ployer sous le redoutable faisceau de rancunes amassées.

Elle demandait à Dieu son courage. — Durant un instant, sa faiblesse de femme l'emporta ; des larmes amères coulèrent de ses yeux ; ses jambes tremblantes plièrent, et sa tête pâlie oscilla sur ses épaules.

Mais ce ne fut qu'un instant. Il y avait en elle la fière vaillance d'un homme. Elle se redressa dans sa fermeté indomptable, et ses voisins qui la touchaient du coude n'eurent point le temps de remarquer son trouble.

Elle fit le signe de la croix sous le capuce de sa mante, et jeta vers Dieu le cri de son âme de vierge.

Puis elle écouta, parce que la bouche du géant se rouvrait.

— Voilà qui est bien parler, mon jeune maître ! dit ce dernier en s'adressant à l'homme qui portait la mante rouge de Molly-Maguire ; — du diable s'il peut y avoir une dette entre un bon chrétien comme vous et un scélérat de Saxon !... Mais enfin la dette est payée; que Dieu vous bénisse et que le diable prenne soin de lui !... Écoutez-moi, vous autres !

Il tourna le dos à l'estrade et fit volte-face vers cette partie de l'assemblée dont les rangs pressés se perdaient dans la nuit.

— Vous êtes de braves garçons tous tant que vous êtes, reprit-il, — mais le major vous fait peur... Ne dites pas non, mes chéris !... vous avez peur de l'Anglais et de ses coquins de dragons ! Bien, bien ! roi Lew, j'entends votre grognement et je sais que vous êtes des intrépides, vos matelots et vous... Mais laissez-moi parler, et je vous donnerai le soin d'en finir avec Mortimer la prochaine fois qu'il descendra le Claddagh.

— C'est un beau soldat, dit le roi Lew ; — mais il ne m'a rien fait.

Le géant haussa les épaules.

— S'il arrivait à l'entrée de la grotte à l'heure où nous sommes, murmura-t-il, — vous verriez bien ce qu'il vous ferait, roi Lew !... Quant à être un beau soldat, je ne dis pas ; il a du drap blanc, du drap rouge et de l'or valant plus de shellings qu'il n'en faudrait pour vêtir une douzaine d'honnêtes gens... Mais de quoi parlons-nous ? Il s'agit de tuer un homme...

— Oui, oui... Parlez, Brûleur, parlez !

— Il s'agit de tuer vingt hommes, poursuivit ce dernier, dont la grosse voix s'enfla tout à coup ; — cent hommes !

Quelques exclamations contenues montèrent au-dessus de la foule qui demeurait immobile et attentive.

Tous les cous se tendaient ; toutes les bouches s'ouvraient béantes; tous les yeux s'attachaient, fixes et avides, sur les lèvres du Brûleur.

— Cent hommes ! répéta-t-il, en frappant ses mains l'une contre l'autre. — Écoutez !... Mortimer est parti ce soir de Galway, à six heures, pour se rendre à Tuam, où les gens d'O'Connell font trop de bruit.

— C'est vrai ! murmurèrent quelques voix sur l'estrade.

— C'est vrai ! répéta l'Héritière au fond de son cœur.

— Il y a cent dragons avec lui, — ces beaux soldats, roi Lew ; insolents, pillards et damnés ! — Ils vont passer la nuit à Tuam... Demain, il faut qu'ils soient revenus à Galway pour protéger l'élection de James Sullivan... Le poll s'ouvre à midi..., vers dix heures les dragons traverseront le bog entre la Moyne et Clare-Galway.

— On l'a déjà attaqué dans cet endroit, interrompit Mac-Duff ; — c'était la nuit, et il s'est tiré d'affaire !

— Tais-toi, Patrick !... s'il se tire d'affaire cette fois, je dirai que ton bâton est aussi vaillant que ta langue !... Ils arriveront vers dix heures et demie à la chaussée de planches...

Mahony le Brûleur s'arrêta.

— Eh bien?... dit la foule.

— Veux-tu attaquer les dragons en plein midi dans le bog?...

— J'en suis! s'écria le roi Lew; — ça me va mieux que de frapper la nuit par derrière!

Le géant secoua sa tête chevelue.

— *Musha!* grommela-t-il; nos bons garçons ne sont pas de ton avis, roi Lew!... Oh! que non pas, mes fils! reprit-il tout haut, j'ai mieux que cela!... Ce que je vais vous dire, ce n'est pas moi qui l'ai trouvé. Il n'y a pas assez d'esprit dans ma grosse tête pour dénicher de pareilles idées...; mais j'ai passé la matinée avec un jeune gars que vous connaissez bien tous tant que vous êtes, et que le major Mortimer empêche de dormir...

Le nom de Jermyn, prononcé tout bas, courut de bouche en bouche. — Ellen attendait.

— C'est peut-être bien celui que vous dites, poursuivit le géant. — S'il est ici, je ne l'empêche pas de se nommer lui-même... Sinon, la paix!... C'est un malin garçon... La chaussée de planches a plus d'un mille de longueur. On a choisi des madriers larges et longs pour qu'ils trouvassent des appuis sur la terre mouvante. Pensez-vous, mes bijoux, que la chaussée fût aussi sûre, si chacun des madriers étaient moins long de moitié?...

— Allons donc! dit Lew.

La foule murmura.

Ellen eut froid dans le cœur.

Molly-Maguire et les gens de l'estrade firent un mouvement d'attention.

— Grognez, mes chéris! reprit le Brûleur; — l'enfant est plus fin que vous... Vous faites justement ce que j'ai fait quand il a ouvert la bouche ce matin... Mais attendez. Si les madriers n'avaient que le quart de leur longueur actuelle, voudriez-vous passer la chaussée à cheval?

— Tiens! tiens! firent quelques voix aux premiers rangs.

Le gros de la foule ne comprenait point encore.

Ellen avait au front une sueur glacée; — au premier mot, elle avait compris.

— Je parle des gros chevaux de ces coquins de dragons, poursuivit le géant Mahony, — car nos poneys, les chères petites bêtes, n'ont pas besoin de la chaussée pour traverser le bog!... mais le quart, c'est trop long encore!... On peut scier chacun des madriers en dix, en vingt, — en cinquante morceaux!...

— C'est une pensée infernale! prononça la voix grave de Molly-Maguire.

— C'est une pensée du bon Dieu! cria-t-on dans la foule.

De rang en rang la lumière se faisait dans ces intelligences incultes et rétives, — on comprenait; — et, à mesure que l'on comprenait, on admirait bruyamment le sanglant stratagème du Brûleur.

— Il y restera cette fois, s'écria Gib Roc en jetant son chapeau sans bords aux stalactites de la voûte...

— Il y restera! répéta le pauvre Pat. — Oh! sainte Vierge! la bonne idée!...

— *Arrah!* hurla Mac-Duff, — ça sera drôle!

— Ils y resteront tous!...

— Tous jusqu'au dernier!...

— La boue a plus de dix pieds de profondeur en cet endroit-là?

— Il y a où mettre cent dragons!

— Et cent autres avec!

— Et mille autres!...

C'était un assourdissant tapage, une joie délirante, une fièvre de sang!

La haine satisfaite montait au cerveau de tous ces malheureux avec une violence folle.

Ils chantaient, ils criaient, ils éclataient en rires convulsifs.

La plupart s'étaient levés; les shillelahs se choquaient dans l'ombre, on louait Dieu, on attestait la Vierge parmi des blasphèmes inouïs.

Ellen était là comme au milieu d'un rêve affreux, son esprit nageait en un vague plein d'angoisses; elle ne pensait plus, et l'excès de son martyre lui en ôtait en quelque sorte la conscience.

Il s'était fait cependant un mouvement sur l'estrade, et Mahony, entouré d'une horde enthousiaste qui avait envahi l'estrade laissée libre, suivait ce mouvement d'un air content.

Molly-Maguire s'était rapprochée des hommes masqués qui se tenaient derrière elle.

Une discussion courte et vive s'engagea; on parlait tout bas. Mahony tendait le cou pour entendre; mais, au milieu du fracas général, bien peu de mots arrivaient à ses oreilles.

Il entendit seulement une voix qui ressemblait à celle de Mickey Mac-Diarmid, et qui disait:

— Frère, vous êtes le premier, mais vous n'êtes pas le maître... Le bras qui voudra retenir cette foule sera brisé... Que Mortimer meure!

Quelques paroles s'échangèrent encore, puis Molly-Maguire revint au devant de l'estrade.

On devinait que, sous sa mante rouge, ses bras étaient croisés sur sa poitrine; sa tête se penchait dans l'attitude d'une profonde et douloureuse méditation.

Le géant devina que la bataille était gagnée, et mêla sa grosse voix aux voix triomphantes de la foule.

L'effrayant concert recommença plus tonnant et plus rauque. — Le sol tremblait; il semblait que la voûte invisible allait s'abîmer sous cet assourdissant fracas.

Et tout ce bruit enivrait de plus en plus la cohue: elle en était arrivée à ce point de ne plus se connaître. On retournait sur les gobelets vides les cruches de *potteen* épuisées. Des voix hurlantes demandaient à boire. — Parfois, de la nuit lointaine, surgissait le cri de détresse d'un homme étouffé sous le poids de tous...

Le délire montait, en se régularisant pour ainsi dire. Les chants s'organisaient; les mains se rencontraient dans l'ombre, et le mouvement d'un branle fougueux emportait en sens divers les masses qui se choquaient et s'écrasaient.

Puis, après quelques tâtonnements meurtriers, le mouvement prit un cours unique, et la foule, emportée par un irrésistible élan, se mit à tourner dans les ténèbres.

On se pressait; les hommes renversés criaient sous le pied qui foulait leur poitrine, ou se ruait avec une fougue désordonnée. La ronde immense allait, choquant les piliers immobiles et s'écrasant contre les aspérités des parois.

C'était un cordon sans fin qui passait et repassait devant le foyer où le Brûleur jetait incessamment de nouvelles branches de *bog-pine*.

En passant, les faces échevelées s'éclairaient de rouges reflets, et allaient se plonger, comme en un gouffre sans fond, dans l'ombre voisine.

D'autres s'élançaient du sein de la nuit, s'éclairaient et disparaissaient à leur tour.

Et toujours, toujours...

La tête et la queue de ce branle diabolique se mariaient dans les ténèbres. Jamais de cesse. Les têtes passaient, passaient, jetant leurs longs cheveux en arrière, et montrant leurs faces démasquées. Et chacun mêlait son cri aigu ou grave à la clameur commune.

Les voix s'enrouaient, les jambes s'épuisaient; mais on chantait, mais on dansait toujours.

Un cri s'éleva plus rauque. — La foule essoufflée trouva pour y répondre un long éclat de rire.

Des bras s'élevèrent; le lourd Mahony, saisi par trente mains à la fois, fut enlevé péniblement, et son corps énorme s'étendit, porté en triomphe au-dessus des têtes courbées.

La ronde continua un instant encore, puis ce fut une clameur suprême. — Le flot s'affaissa; les danseurs étaient couchés pantelants sur le sol.

Mahony regagna paisiblement son poste.

Quelques instants après, le silence régnait dans la galerie.

Tout cet enthousiasme était tombé; la fièvre folle s'était calmée.

On écoutait le roi Lew qui parlait.

Pendant la ronde, Ellen s'était adossée, à demi morte, à la paroi froide.

Et, tandis que la cohue ivre célébrait par avance la mort de son terrible ennemi, tandis les gens de l'estrade, immobiles et glacés comme des statues, contemplaient, sans y prendre part, le tumulte insensé, l'Heiress tâchait de prier. Ses lèvres murmuraient machinalement des paroles d'oraison; du sein de sa détresse, elle essayait d'élever encore son âme jusqu'à Dieu.

Un instant elle crut que Dieu l'avait entendue: un rayon d'espoir descendit en son cœur qui se reprit à battre; le sang revint à sa joue, et son pauvre corps réchauffé se sentit revivre.

La chaussée de planches était la route la plus courte de Tuam à Galway; — mais il y avait une autre route...

La danse avait cessé; Ellen méditait sur cette chance de salut et la caressait chèrement, lorsque le roi Lew éleva la voix comme pour répondre à sa pensée.

— Tu n'as point menti, Brûleur, mon garçon, dit Lew; — sous les madriers de la chaussée, il y a où mettre tous les orangistes du monde, et les modérés par-dessus le marché!... Mais Mortimer est aussi malin que toi, et, quand on a pour marcher de bonnes jambes de chevaux, on ne regarde guère à quelques milles de plus ou de moins. — Je voudrais parier que les dragons tourneront vers l'Ouest et iront chercher le terrain solide du côté des lacs.

Ellen se remit à écouter comme au moment où Mahony expliquait son plan infernal.

Le géant eut un sourire épais.

— Je vous dis, roi Lew, répliqua-t-il, que j'aurais cherché six mois durant sans trouver cela !... Le projet est sorti d'une meilleure tête que la mienne, et l'on a pensé à tout, je vous promets... Il y a de pauvres diables dans les bogs qui sont assez affamés pour trahir leurs frères pour un morceau de pain... Gib Roe est-il ici ?

Gib crut que sa dernière heure était venue, et n'eut point la force de répondre.

— Il était ici tout à l'heure, répliqua Pat, toujours empressé à faire acte de zèle. — Holà ! Gib ! mon fils, où es-tu ?

Gib était auprès de Patrick Mac-Duff, qui mit la main dans les cheveux crépus du coupeur de turf, et l'attira vers le foyer.

— Le voilà ! dit-il.

— Oh ! mes bons amis ! murmura Roe, — ayez pitié d'un pauvre homme, et ne me faites point mourir en état de péché mortel !...

Heureusement pour Gib, le Brûleur ne l'entendit point.

— Que diable marmottes-tu entre tes dents ? demanda-t-il.

— Il a trop dansé, répondirent les autres.

— Gib, reprit le géant, — ton petit Patrick et ta petite Su sont-ils encore au bog de Clare-Galway ?...

— Oh ! oui, toujours, mon doux ami, répliqua Roe en tremblant, — bien maigres toujours, les chers innocents !... bien contents quand on leur jette une pomme de terre !... et habillés de haillons toujours, comme le pauvre Gib Roe !

Le Brûleur jeta sur Gib un regard qu'il tâcha de rendre perçant ; mais la pénétration n'était point son fort.

— Ce n'était peut-être pas lui, après tout, se dit-il. Puis il reprit à haute voix :

— On leur donnera des pommes de terre, Gib, à ton petit Patrick et à ta petite Su, s'ils veulent se comporter comme il faut... Entendez-vous, mes enfants ! Ces deux enfants iront dire au major qu'il y a une embuscade auprès du lac Corrib... et le major voudra prendre la chaussée de planches.

Ces paroles tombaient comme autant de coups mortels sur le cœur de l'Héiress. Le rayon d'espoir qui venait de luire en son âme se voilait. Elle retombait au plus profond de son angoisse.

Gib ne se possédait pas de joie. Il avait relevé sa tête humble ; il secouait ses cheveux hérissés ; il battait sa poitrine à deux mains avec liesse.

— Oh ! Mahony, disait-il en s'essuyant les yeux ; — oh ! mon fils cher ! merci d'avoir pensé aux deux innocents ! Ils conduiront le major jusque dans le trou, les douces créatures, — le major et ses dragons ! — et ils riront bien... Oh ! comme ils riront en voyant les Saxons se noyer dans la boue !

— Tout le monde rira, dit Mac-Duff d'un air jaloux, — et je me chargerai bien, moi qui vous parle, d'aller prévenir le major.

Mais l'idée du petit Paddy et de la petite Su plaisait à la foule, qui grogna pour Mac-Duff.

Gib Roe, vainqueur, devenait un personnage important, et se carrait auprès du foyer. — Comme le pauvre Pat enviait sa gloire !

La foule, harassée, trouvait encore la force de rire et de crier. Elle chantait victoire d'avance, et, aux excès de sa joie, on pouvait mesurer la haine qu'elle gardait au major anglais. — Cette haine égalait presque la terreur superstitieuse qu'inspirait le hardi Saxon.

Molly-Maguire était toujours immobile et la tête penchée sur le devant de l'estrade.

Si quelque main audacieuse eût soulevé les plis de son capuchon rouge, on eût découvert sous l'étoffe rabattue le franc et hautain visage de Morris Mac-Diarmid.

Il était bien pâle. Son front plissé se courbait sous une pensée sombre. Son regard, qui se perdait dans les ténèbres où grondait la cohue, avait une expression découragée.

Un sourire amer était autour de ses lèvres.

Au fond de sa conscience, il pesait sans doute en ce moment les chances de la bataille engagée.

Et, à voir ces hommes à cœur d'enfant, bavards comme des femmes, timides, furieux, et se laissant aller aux triomphes délirants d'une puérile vengeance, il se demandait, lui, le cœur valide et ferme :

— Sont-ce là les soldats de mon armée ?...

Et un lourd dégoût s'appesantissait sur son âme. — Et il lui fallait toute la vigueur de son courage pour ne pas tourner le dos et fuir devant la misère morale de ses propres soldats.

Mais c'était une nature généreuse, — soudaine et patiente à la fois. Au dedans de lui brûlait, et ne pouvait point s'éteindre, ce feu sacré des belles âmes, l'amour de la patrie.

Il avait rêvé une fois l'Irlande grande et libre. — Qu'importaient les obstacles de la route ? et n'y avait-il pas deux issues à ce chemin où s'était engagé sa forte jeunesse : la victoire et la mort ?

Il marchait ; chacun de ses pas était un effort douloureux ; bien souvent un choc imprévu le rejetait brisé tout en bas de la route ardue ; — mais il remontait infatigable, et la pensée ne lui venait point de regarder en arrière.

Un jour, cet homme avait rejeté loin de lui d'un bras fort son seul espoir de bonheur dans la vie.

Ceux qui ne le connaissaient point, et ses frères eux-mêmes, en voyant ce front fier et calme, en voyant ses yeux sans larmes, s'étaient dit souvent : — Il l'a oubliée ! Il ne l'aimait pas.

Oh ! comme ils se trompaient ! et combien il l'avait aimée ! et comme il chérissait encore sa mémoire !

Jessy O'Brien, son unique amour ! la poésie de sa jeunesse ardente ! le repos de ses premiers labeurs ! la récompense espérée qu'il avait vue longtemps au bout de ses fatigues !...

Jessy, son rêve sans tache, sa douce fiancée !

Tout ce que son cœur avait de chaleur et de tendresse, il l'avait donné à cette femme qu'on l'accusait de n'avoir point aimée. Cet amour était grave, dévoué, profond comme son âme. — Il était impérissable comme sa volonté. — Jessy mariée, Jessy morte, gardait sa place entière au fond de ce cœur, et n'avait point à craindre de rivale.

Quand sa course solitaire l'emportait au loin et qu'il allait, soldat infatigable, combattre seul pour la cause de la patrie, le présent disparaissait parfois pour lui devant un songe enchanté.

Ils étaient deux. Son voyage triste avait une compagne. — Auprès de lui s'épanouissait un frais sourire de vierge ; il entendait la voix naïve d'un cœur qui l'aimait qui cherchait son cœur, et d'où sortaient des paroles adorées.

Jessy, pauvre Jessy ! douce martyre, vous étiez là ! Vous saviez les durs efforts de sa lutte hardie, et vous le souteniez, et vous lui redonniez courage, quand l'obstacle à franchir dépassait la force d'un homme.

Jessy ! belle et pure fille de la montagne ! ange radieux dont le sourire avait tenté le ciel, vous viviez dans sa mémoire, et votre souvenir aimé était le baume qui s'étendait sans cesse sur la blessure ouverte de son âme...

Que parlaient-ils de vengeance, ces hommes qui ne vous avaient point connue ! Morris, lui, vous voyait au ciel, où votre divin sourire lui parlait de miséricorde et de pardon...

Il ne pardonnait point pourtant, car il n'était qu'un homme, et son âme se révoltait, indignée, à la pensée du lâche assassinat. Mais, aux heures où la réflexion grave dominait les souvenirs et le reportait tout entier vers la patrie aux abois, tout autre sentiment s'effaçait en lui. Son amour tout seul aurait pu rester debout. Sa haine s'éteignait ou plutôt se confondait avec la grande haine qu'il portait à l'Angleterre.

Et alors, refermant son cœur sur l'image adorée de la morte, il repoussait lord George l'assassin hors de sa voie, comme le penseur écarte du pied l'obstacle importun qui lui barre la route.

Se venger d'un homme était trop peu pour lui.

En ce moment où les instincts changeants et la courte vue de cette foule qui l'entourait se montraient à lui sans voile, Morris Mac-Diarmid sentait le doute et la pitié emplir son âme. — Il était seul, tout seul, parmi cette tumultueuse cohue. — Par instants, sa tâche commencée lui semblait un rêve impossible.

Il ne savait plus s'il était dans la vraie voie. Il se demandait si O'Connell n'avait pas mieux compris l'impuissance de ce peuple enfant, et si mieux ne vaudrait point même attendre du temps et de la vaste raison de Robert Peel un remède aux maux intolérables de l'Irlande.

Mais il était Irlandais. Il ne croyait point à O'Connell, et tous ses instincts se révoltaient contre le bienfait qui tomberait d'une main anglaise.

Il fallait combattre, combattre toujours : O'Connell, Robert Peel et ses propres frères !

Et Morris se disait, dans l'orgueil indompté de sa force : Je combattrai !

Il n'y avait plus maintenant ni doute ni hésitation dans l'assemblée. Chacun y disait son mot triomphant et joyeux. Pat, Gib, Mac-Duff, le Brûleur et tous les autres, sur les premiers et derrière les rangs, devant et derrière l'estrade, autour du feu et dans l'ombre, mêlaient leurs plaisanteries sanglantes et se renvoyaient de cruels lazzi.

Le major Percy Mortimer leur avait fait tant de mal !

Sa mort était désormais résolue. Il ne pouvait échapper. Sa tombe était creusée.

Chacun faisait parade de sa haine longtemps contenue. On luttait d'inventions cruelles, et ces imaginations affolées se complaisaient à évoquer leurs vengeances prochaines, entassant l'une sur l'autre les images du meurtre.

— Ils s'enfonceront petit à petit, dit Mac-Duff, — et, quand on ne verra plus que leurs têtes, ce sera le bon moment pour les shillelahs !...

— Oh ! mes fils, et comme ils crieront ! ajouta le pauvre bon Pat.

— Et comme ils appelleront leurs mères ! dit Gib Roe. — La petite Su rira bien, elle petit Paddy, l'innocent ! s'amusera comme un homme.

— Je voudrais y être déjà !...

— Je m'approcherai tout près de ce démon de major, et, quand il criera grâce pour la dernière fois, je lui enfoncerai la tête dans la vase avec mon pied !

Avant que cette bonne idée fût couverte par les applaudissements qu'elle méritait à coup sûr, un cri s'éleva du côté de la porte, cri d'angoisse et d'indignation poussé par une voix que personne ne reconnut.

— Oh ! malédiction !... malédiction sur vous tous !... avait dit la voix.

Il se fit entre les colonnes un silence de mort. Chacun retenait son souffle, et il semblait qu'un charme magique enchaînait désormais les mille langues de l'assemblée.

— Qui a parlé ? dit Molly-Maguire en se levant.

Le géant Mahony, tenant à la main un morceau de *bog-pine* enflammé, s'élança dans la direction de l'entrée.

— Qui a parlé ? demanda de nouveau Molly-Maguire.

Et dans la foule on disait :

— Saint Finn-Bar ! nous sommes perdus !...

— Ayez pitié de nous, bon saint Janvier !...

— Sainte Vierge ! saint Patrick ! saint Gérald !...

— Il y a un traître ici !...

— *Och !* mes fils, c'est la voix d'un Anglais !...

— Les dragons sont peut-être sur le galet à nous attendre !... On s'agitait sourdement ; c'était comme une mer soulevée. Mais nul n'osait s'avancer du côté de l'entrée, derrière laquelle pouvait être la mort.

La torche du géant brillait à l'endroit d'où était parti le cri, et qui naguère était plongé dans une obscurité profonde.

Elle éclairait le visage renversé du pauvre Pat et les traits épouvantés de Mac-Duff.

C'était la place occupée un instant auparavant par Ellen Mac-Diarmid.

— Qui a parlé ? répéta le géant, qui prit le pauvre Pat aux cheveux.

— Oh ! bon Brûleur ! répondit Pat plus mort que vif, — il était là tout près de moi avec une grande mante rouge !.. Le diable sait où il est maintenant.

— Il était là, c'est bien vrai ! ajouta Mac-Duff. — Et il avait une mante rouge... J'ai voulu le retenir ; mais il est plus fort que l'homme.

— Il s'est enfui, dit une voix auprès de l'entrée, — enfui comme un feu follet !

— Que Dieu et la Vierge aient pitié de nous !...

— Qui veillait au dehors ? demanda Molly-Maguire.

Le silence répondit. — Patrick-Mac-Duff avait déserté son poste.

Molly-Maguire se tourna vers les gens qui étaient derrière elle sur le tertre, et prononça quelques mots. L'un des hommes masqués se détacha du groupe et prit le chemin de l'entrée.

Aux lueurs de la torche tenue par le géant, on le vit disparaître dans l'étroit couloir.

— Qui est-ce ? se demandait-on.

— C'est un homme mort !...

— J'ai cru reconnaître le pauvre Owen Mac-Diarmid.

— Le mari de Kate Neale...

— C'est un brave enfant !

— Un bon chrétien, — un vaillant cœur !

— Que Dieu, la Vierge et les saints le protégent !...

Parmi le murmure des voix qui se croisaient, on ouït comme un grand cri au dehors.

Un cri unique suivi d'un profond silence.

La sueur froide vint à toutes les tempes. Les voix se turent. On n'entendit plus que le souffle des poitrines oppressées..

XII

TERRE DÉCHUE.

L'Heiress avait supporté bien longtemps cette torture inouïe d'entendre autour d'elle les sanglantes railleries et les clameurs cruelles qui célébraient par avance la mort de l'homme qu'elle aimait.

Elle avait retenu tout au fond de son cœur sa douleur poignante et sa colère. Elle avait attendu, se disant toujours : — Je suis venue pour savoir ; il faut que je sache...

Mais la force de son âme s'usait à ce long supplice ; et, à mesure que sa volonté défaillait, un courroux invincible s'emparait d'elle et grandissait jusqu'à troubler sa raison.

Elle aimait d'un amour ardent et plein d'admiration recueillie ; l'absent qu'on insultait lâchement, c'était l'idole devant qui son âme fière avait appris à fléchir.

Ces cris de mort, les hurlements de cette joie frénétique et sauvage qui montaient dans l'ombre, prenant Dieu et la Vierge à témoin d'un barbare espoir, c'était la dernière heure de Percy Mortimer sonnée avec fracas, avec triomphe, avec transport !

La volonté puissante de l'Heiress ne pouvait comprimer toujours la rage qui bouillait au dedans d'elle.

Elle voulait rester froide et se taire ; mais un cri d'horreur s'échappa enfin de sa poitrine et lança une malédiction à cette foule enivrée par l'espoir du sang.

Ce fut un moment d'irrésistible fièvre ; elle serait morte à vouloir comprimer ce cri qui souleva ses lèvres convulsivement fermées.

Mais le son de sa propre voix suffit à la rappeler à elle-même ; elle sentit d'instinct son danger ; elle comprit qu'elle allait mourir sans sauver Percy Mortimer.

Percy Mortimer !... ce fut cette pensée qui lui rendit une force soudaine et qui redonna des battements égaux à son pauvre cœur brisé par la souffrance.

Elle se sentit calme tout à coup et capable d'agir.

Il y eut une sorte de trêve en sa détresse. — L'endroit où elle se trouvait restait dans l'ombre, ceux qui l'entouraient demeuraient encore immobiles, sous le coup de leur premier trouble.

Au moment où la voix de Molly-Maguire s'élevait pour demander : Qui a parlé ? — L'Heiress repoussa d'un geste fort ses deux voisins qui lui barraient le passage, et s'élança vers l'entrée.

La foule stupéfaite ne lui opposa qu'une résistance inerte.

Cela se passait dans l'ombre ; nulle lueur n'arrivait aux abords de l'étroit couloir ; Ellen avait affaire à des gens effrayés, superstitieux et prompts à redouter les choses surnaturelles.

Ils s'écartèrent, dociles, et cédèrent le pas en silence.

Elle gagna le couloir, le traversa et sortit par la fissure.

Au moment où le géant s'élançait en brandissant une bûche de *bog-pine* enflammée, l'Heiress effleurait de son pas léger le galet noir et s'engageait dans les récifs qui tournent autour de la base de Ranach-Head.

Elle sautait de pierre en pierre, précipitant sa course rapide, et croyant entendre sans cesse les pas de ceux qui la poursuivaient.

La route était ardue ; ses yeux troublés ne voyaient point au devant d'elle ; son pas trébucha bien des fois sur le goëmon gras qui étendait ses rameaux glissants comme un tapis au-dessus des roches aiguës. Bien des fois sa poitrine oppressée lui refusa le souffle, et elle fut contrainte de s'arrêter pour presser à deux mains son cœur endolori.

Mais elle reprenait sa course ; elle allait, soutenue par une force mystérieuse.

Elle gagna enfin la grève unie, puis la route qui monte par une pente insensible le long des flancs du cap.

Elle revit la noire silhouette de Diarmid. — Elle courait. — La fatigue brisait ses membres ; sa mante dénouée flottait à longs plis derrière elle ; ses cheveux inondés de sueur se collaient à ses joues et tombaient alourdis sur ses épaules.

Son front était livide ; ses yeux brûlaient ; son souffle était un râle.

A la moitié de la montée, elle se retourna, parce qu'elle sentait bien que ses jambes harassées allaient manquer sous le poids de son corps.

La route était déserte derrière elle ; au loin se montraient les écueils noirs, et, plus loin encore, la blanche écume du flux qui roulait vers la plage. — Elle vit une foule immense qui débordait de tous côtés, qui courait, qui se ruait vers elle.

C'étaient des formes sans ombre, tournant incessamment la base du cap et bondissant sur la plage. Leurs longs bras s'agitaient, leurs voix rauques criaient. — Elle poussa un gémissement de terreur, et reprit sa course, épuisée...

Le feu ne brûlait plus au bas des ruines de Diarmid, mais il y avait encore de la lumière derrière les soyeux rideaux du château de lord George Montrath.

Et sur le tissu blanc deux formes se détachaient, passant et repassant au une lente promenade.

Milord n'avait point sans doute le loisir de sommeiller cette nuit.

Ellen passa essouflée au-dessous du château de Montrath, et n'eut garde d'en remarquer les fenêtres éclairées.

C'était à peu près le moment où Molly-Maguire ordonnait à l'un des hommes masqués de l'estrade de se rendre au poste déserté par Mac-Duff.

La sentinelle choisie était Owen Mac-Diarmid.

Il était résolu et sans peur, brave comme tous les fils du vieux Mill's. — Les paroles de Pat et de Mac-Duff résonnaient encore à son oreille ; il savait que l'intrus dont le cri avait effrayé l'assemblée était vêtu d'une mante rouge.

En arrivant sur le galet, il ne vit rien que la plage vide et la mer qui montait, apportant son écume brillante à cent pas de la base du cap.

La lune éclairait vivement les alentours, et prolongeait au-dessus de la tête d'Owen l'ombre des gigantesques colonnes de l'escalier de Ranach.

Le regard du jeune homme fouilla le galet d'abord, puis la double ligne des écueils.

Tout était immobile et silencieux.

Il allait rentrer à l'intérieur, lorsque son œil, ramené tout près de lui, tomba sur une forme confuse qui gisait au bord même de la fissure.

C'était un être humain accroupi sur le sol et recouvert d'une mante écarlate.

Owen retint une exclamation de surprise, et se jeta sur ses genoux, étreignant de ses deux mains les bras de l'inconnu : — il croyait tenir le traître.

Mais à peine eut-il approché son visage de celui de son captif, qu'il poussa un cri déchirant, ce cri qui, entendu au dedans de la galerie, avait mis une terreur glacée au fond de tous les cœurs.

Les traits du prisonnier étaient découverts ; en tombant, le capuce de sa mante s'était rejeté en arrière.

Owen avait reconnu le doux visage de Kate Neale, sa femme.

Kate était évanouie ou assoupie ; son front pâle disparaissait à demi sous les mèches éparses de ses cheveux ; tous ses traits exprimaient l'inquiétude et la souffrance.

— Kate ! murmura Owen, — oh ! chère, que faites-vous ici ?...

Kate n'ouvrit point ses paupières closes, et ne répondit point.

Owen se tordait les bras ; un tremblement convulsif agitait tous ses membres.

Il leva ses mains jointes vers le ciel.

— Voilà le malheur venu ! dit-il, — mon Dieu ! le malheur pour elle !...

Il bondit sur ses pieds vivement ; un bruit sourd sortait par la fissure.

Owen alla mettre son oreille à l'entrée, puis il revint vers Kate, puis il retourna encore vers l'ouverture où le bruit grossissait.

Ses yeux disaient une anxiété mortelle ; il était indécis, parce qu'il y avait autour de lui un affreux péril.

Kate ne s'éveillait point. Owen tâta sa poitrine, et trouva sa chair froide.

— Oh ! Vierge Marie ! dit-il parmi ses sanglots, — ils vont venir, et nulle force humaine ne saurait la protéger !...

Il croyait encore que Kate avait pénétré dans la galerie et surpris le secret de l'association. — Surprendre ces secrets, c'était mourir.

Kate ! mon tendre amour ! reprit-il, — éveillez-vous ! éveillez-vous ! C'est moi, Owen, qui vous aime ! éveillez-vous, au nom de Dieu !

Kate demeurait immobile.

La bouche étroite de la caverne rendait des sons confus et menaçants.

Owen entoura de ses bras le corps de Kate et voulut la soulever ; mais son émotion lui ôtait toute force. Le corps inerte de Kate, soulevé un instant, retombait toujours.

Des pas sonnèrent dans le couloir ; Owen sentit comme un aiguillon qui lui traversait le cœur. Il fit un effort désespéré et parvint à saisir Kate, qu'il emporta entre ses bras. — Chancelant, éperdu, il traversa le galet et disparut par le sentier étroit menant aux grottes de Muyr, et qui avait servi à Pat pour descendre du sommet du cap.

Les pas entendus dans le couloir étaient ceux de Molly-Maguire, escortée par les hommes masqués, groupés naguère derrière elle sur le tertre.

Ces gens avaient laissé hurler l'orgie sanglante ; ils ne s'étaient point mêlés au délire commun ; la bacchanale folle les avait laissés froids et graves : mais le cri poussé au dehors annonçant un danger ; ces gens prirent le pas sur la foule.

Tandis que la cohue, muette de terreur, s'enfonçait aux recoins les plus obscurs des galeries, Molly-Maguire et ses compagnons s'avancèrent d'un pas résolu vers l'ouverture.

— Ne sortez pas, Morris, disait-on tout bas sur leur chemin. — Mickey, Sam, Larry, ne sortez pas ! les dragons sont sur le galet !...

— Les dragons et Percy Mortimer, le diable incarné !

— Ils ont déjà égorgé Owen, votre frère !

— Avez-vous entendu son cri d'agonie ?...

— Et ils vont vous égorger à votre tour !

— Morris, Mickey, Sam, ne sortez pas !

Molly-Maguire et ses compagnons continuaient leur route vers la fissure.

Ils étaient engagés déjà dans l'étroit couloir.

Mahony les suivait avec la torche allumée.

Derrière eux venait le roi Lew armé d'un énorme shillelah, et une douzaine de matelots intrépides comme lui.

— Allons, mes fils, dit le roi Lew, — on ne meurt qu'une fois... En avant !

Il y eut un mouvement d'hésitation parmi la foule invisible, puis un frémissement se fit. Quelques voix s'élevèrent.

Et, après une ou deux secondes d'attente, un cri de guerre retentit sous la voûte.

La cohue timide se faisait vaillante tout à coup ; une sorte d'électrique fluide avait couru de cœur en cœur ; ce versatile troupeau avait fantaisie de courage...

Tous à la fois, ils s'élancèrent en criant vers l'ouverture ; c'était à qui désormais passerait le premier cette limite derrière laquelle était le péril.

Et ils y allaient de bonne foi, on peut l'affirmer. Pour un moment, c'étaient d'intrépides soldats, et malheur à qui eût soutenu le choc de leur cohorte fougueuse !

Mais, au dehors, nous le savons, il n'y avait personne pour soutenir ce choc. Tout enthousiasme héroïque devait rester inutile ; la plage était déserte ; il n'y avait aux alentours qu'un pauvre jeune homme brisé par l'angoisse, qui emportait dans ses bras sa femme à demi morte.

Morris avait entendu derrière lui la clameur guerrière. Il s'était arrêté pour écouter mieux. Son cœur s'était réjoui ; un espoir immense avait empli son âme.

Ce cri, c'était pour lui la promesse longtemps attendue. Il l'accueillit comme une révélation de ce que pouvait être l'avenir ; il y vit un augure. — C'était le réveil d'un peuple déchiré enfin le maillot de trop longue enfance.

Morris croyait cela, et il y avait en lui un flux de joie orgueilleuse.

— Non ! oh ! non, pensait-il, — les fils de l'Irlande ne sont pas des lâches !... vienne l'heure du combat, et ils sauront mourir !

Mais on savait déjà dans la galerie que la plage était solitaire. Cette nouvelle s'était propagée de bouche en bouche, depuis les premiers rangs jusqu'aux derniers, et la fougue fanfaronne naturelle au peuple irlandais exagérait aussitôt cet élan passager de vrai courage, la voûte retentit de bravades insensées et de vanteries que n'auraient point reniées nos riverains de la Garonne.

Les dragons anglais, si redoutables naguère, n'étaient plus que des insectes faciles à écraser du pied.

Les craintes étaient oubliées. On ne savait plus qu'on avait eu peur ; et, quand la mâle voix de Morris Mac-Diarmid, remonté sur le tertre, parla de luttes et de batailles, elle trouva un écho au fond de tous les cœurs.

L'instant était propice. Pour un moment, le caprice commun tournait à la guerre. Une noble éloquence de Morris échauffait ce sentiment jusqu'à l'enthousiasme, et chaque main frémissait, appelant un mousquet ou une épée.

C'étaient à cette heure les vrais fils des vieux guerriers d'Erin. Cette roue sacrée, qui avait tressailli jadis aux bruits fiers des glaives choquant les boucliers de fer, résonnait joyeusement à ces clameurs connues. Elle retrouvait ses belliqueux échos, éveillés si souvent par le cri des guerriers celtes, et les ténébreuses murailles grondaient avec la foule la devise antique des batailles : *Erin go braegh.*

Puis l'auditoire se taisait. Un solennel silence régnait dans l'ombre entre les colonnes illuminées. La voix de Mac-Diarmid s'élevait seule grave et haute. Il parlait des vieux temps, de la gloire des aïeux et des jours bénis où la harpe du barde avait des exploits à chanter.

Il parlait des mauvais jours de la conquête, des Danois couverts de fer traversant le canal et allongeant leur lance à l'aide de l'infâme trahison. — Dublin, Waterford, Wexford, ne sont plus déjà des villes irlandaises. Leurs cathédrales portent les bannières danoises. — Mais l'Irlande vivait encore dans l'ouest et dans le nord. La noble Connaught, toujours catholique, l'Ulster, aujourd'hui allié avec Satan, gardaient la vieille langue d'Erin et ses libres coutumes...

Voici venir les Normands, les Normands et les Saxons ! Henri II, le traître roi, qui met des Anglais avides à la place des bons lords hyberniens.

Oh ! maudit soit Dermot, le roi de Leinster, qui enleva la femme de O'Rourke, roi de Meath ! Maudit soit Dermot qui, chassé par le grand Roderick O'Connor, monarque de toute l'Irlande, appela l'Anglais à son aide !...

Aimez-vous, fils d'Erin ! aimez-vous, et que l'étranger ne soit jamais juge en vos querelles !

Il n'y a plus de roi. Le roi est à Londres, la ville gigantesque, à cheval sur son fleuve immense. — Le roi s'appelle Henri VIII. Il a déserté l'Église sainte ; il est cruel comme tout apostat, et son sceptre se rougit de sang comme la hache d'un bourreau.

Pauvre Irlande, toujours fidèle ! — Que de meurtres sous ces rois esclaves de l'erreur !... Erin se couvre de ruines, jusqu'à ce que Stuart catholique lui donne un instant de trêve. Et aussi comme elle se bat pour Stuart ! — Hélas ! il y a parfois du sang tiède dans les veines royales. Stuart est faible, et la vieille Irlande tombe écrasée aux rives de la Boyne.

Il ne reste plus rien d'Erin ; sa langue est oubliée, son nom glorieux est mort, et Georges III trouve à peine assez de martyrs pour assouvir sa soif de sang.

Ce sont des suppôts de Calvin qui prient le démon dans les cathédrales catholiques. La Vierge est outragée. — la sainte messe est proscrite ! — Il n'y a plus de saints ; l'herbe croît entre les marbres des chapelles, et, si quelque oraison pure s'élève encore, c'est la nuit, tout bas, tout bas, derrière les tombes des cimetières...

Car prier Dieu est désormais un crime. — Le Dieu des aïeux, le vrai Dieu qui sauva le monde, et dont le signe du chrétien atteste la trinité sainte ! — Ils ont un Dieu à eux qui ne veut ni encens odorant, ni belles fleurs, ni brillantes images ; un Dieu froid qui habite entre des murailles nues et qui veut qu'on l'implore sans fléchir le genou...

Et les apôtres de ce Dieu sont des soldats en habits rouges qui ont une Bible d'une main et un sabre de l'autre, qui chantent des psaumes et qui tuent.

Où sont nos lords chers ? où est O'Brien, où est O'Rourke ? où sont O'Farral, O'Neil et le grand O'Connor ?

Hélas ! ils ne sont plus, et leurs fils déchus labourent le sillon des vainqueurs. Nos lords ont des noms saxons, normands, anglais. Ils ont gratté la harpe aux écussons de nos vieilles murailles, pour mettre à sa place les pièces inconnues du blason des chevaliers de France !

Notre harpe ! elle forme un des quartiers de la bannière anglaise !...

Mais écoutez ! Un cri nous vient de l'autre côté de la mer, un cri de triomphe et de joie ! C'est un peuple d'esclaves qui a brisé sa chaîne ; c'est l'Amérique qui, lasse de courber sa jeune tête sous le joug anglais, a pris le tyran à la gorge et l'a repoussé vaincu.

Washington ! Lafayette ! l'Irlande se relève en prononçant vos noms. — Wolf-Tone combat et meurt. — Hélas ! deux flottes françaises viennent échouer sur nos côtes hérissées d'écueils. L'Angleterre est le plus fort. Son or vient en aide à son épée, et le Parlement acheté —

que Dieu le punisse en ce monde et dans l'autre ! — a consenti la fatale union !

Désormais l'esclavage est de droit. L'Irlande est une province conquise. Ses fils eux-mêmes ont signé le pacte de son asservissement.

Oh ! et voyez comme il se débat sous le réseau de lois qui l'enlace, cet homme, ce tribun, qui a donné sa vie à l'ardent amour de l'Irlande !

Il est puissant. Sa pensée soulève des millions de cœurs. Derrière lui se range une innombrable armée.

Mais que peuvent ces soldats sans « glaive? » — Cet homme menace d'une main l'Angleterre, mais de l'autre il retient l'Irlande irritée, et l'Angleterre a confiance en la force de cette main qui comprime le vouloir d'un peuple depuis de longues années. Elle ne cède pas, parce qu'elle se dit : O'Connell est entre nous et la colère de l'Irlande !

Et les jours passent ; l'iniquité demeure ; la misère grandit. — Elle croit, elle croit sans cesse, cette maladie mortelle qui ronge au cœur la vaillante Erin et qui ne laissera plus bientôt sur le vert domaine de nos pères que le cadavre d'un grand peuple !

O Daniel O'Connell ! verbe fort, puissant génie ! laissez, laissez l'Irlande se redresser avant que vienne l'heure du dernier râle ! Elle souffre trop, cette terre à l'agonie ; n'attendez plus, car un jour encore, et le cœur de l'Irlande aura cessé de battre...

Morris donnait à ces tableaux, pâlis sous notre plume, la force vive qui est le propre de l'éloquence. Ses paroles brûlaient. — Un silence de mort pesait sur la foule oppressée.

Chacun écoutait cette voix triste et grave qui disait la ruine de la patrie.

Morris avait rejeté en arrière le voile rouge qui le masquait naguère, son noble visage apparaissait, éclairé faiblement par les lueurs mourantes du foyer où quelques troncs de *bog-pine* achevaient de se consumer. Ses longs cheveux, tombant sur ses épaules, encadraient son front pâle où Dieu avait mis le signe de l'inspiration. Ses grands yeux s'élevaient vers le ciel, et il y avait un mélancolique sourire à l'entour de ses lèvres.

Le brave roi Lew et Mahony le Brûleur l'écoutaient bouche béante. Les gens qui se groupaient sur le tertre s'étaient rapprochés, et leur attitude témoignait de leur attention émue.

L'un d'eux s'avança doucement et baisa la main de Morris par derrière.

Et Mickey Mac-Diarmid lui dit tout bas :

— Oh ! frère ! pardonnez-moi !... Il y a des heures où mon esprit borné ne sait point comprendre notre noble tâche !...

Le silence continuait dans la nuit des voûtes. Chez cette foule versatile et si changeante, l'impression du moment était profonde et grave.

Il semblait qu'une parcelle de la grande âme de Morris eût passé dans chaque poitrine.

Et, quand la bouche du chef se rouvrit de nouveau pour prononcer un appel de guerre, ce fut une enthousiaste clameur, — clameur contre l'Angleterre, contre le protestantisme et contre O'Connell lui-même.

L'influence du Libérateur absent cédait devant la parole de Morris. On ne se souvenait plus que des dures remontes proférées par lui en toute occasion contre les *ribbonmen*, ou l'accusait de manquer de cœur. Comme il n'est pas donné à ce peuple irlandais de garder en rien une juste mesure, on raillait cruellement l'idole de la veille ; on l'appelait avocat bavard, suppôt de chicane, procureur avide, et on l'accusait d'acheter des maisons avec la rente du Rappel.

Puis l'on s'attendrissait.

— Oui ! oui, Morris, mon chéri ! disaient quelques-uns en pleurant. — vous nous trouverez toujours avec le shillelah ou avec le fusil. Vous êtes notre doux maître, notre chef, notre bon lord !... Oh ! Morris, nous sommes tous à vous !... Que faut-il faire ?

D'autres parlaient moins et sentaient davantage. Le roi Lew et ses hardis matelots eussent suivi Morris au bout du monde. — Le Brûleur demeurait comme abasourdi : sa cervelle épaisse entrevoyait vaguement tout un ordre d'idées nouvelles.

— Hurra pour Molly-Maguire ! cria-t-il à tout hasard en jetant un tronc de *bog-pine* dans le foyer.

Et tandis que les mystérieuses girandoles se rallumaient et dispersaient dans la nuit leurs gerbes d'étincelles, la foule répéta du fond du cœur :

— Hurra pour le bon Morris, notre cher seigneur !

Morris parla encore. Chacun de ses mots était accueilli comme un oracle.

On ne pensait plus aux dragons détestés. De grand cœur on faisait grâce à ces obscurs instruments pour s'attaquer à l'Angleterre elle-même. Les âmes relevées avaient dégoût du meurtre inutile; elles se sentaient tressaillir au souffle inconnu de l'honneur.

Morris avait vaincu O'Connell et terrassé le sanglant génie du whiteboysme.

Quand il se tut pour la dernière fois, chacun, emporté par la fougue robuste de son éloquence, voyait l'Irlande libre, l'Irlande reine, l'Irlande régénérée.

Hélas!

Le jour commençait à poindre lorsque l'assemblée sortit de la galerie du Géant. Les objets avaient changé de forme et de couleur. La mer baissait à l'horizon. On distinguait sur les roches la verdure sombre et jaunâtre des varechs mouillés. L'immense escalier de pierre élevait ses colonnes grises vers le ciel, et soutenait, gigantesque colonnade, les ruines lourdes du château de Diarmid.

Le galet, humide encore, disait que la mer, au plein de l'eau, était venue bien près de l'ouverture des galeries. — Le flot se retirait maintenant.

La foule se sépara.

Le long de la route, les groupes ne s'entretenaient point des destins de l'Irlande et de la puissante parole du fils de Diarmid. Il s'agissait bien de ces choses! — On se donnait rendez-vous à la chaussée de planches dans le bog de Clare-Galway.

Et tous ces hommes en carricks, en haillons, en mantes rouges, frappaient la terre de leurs longs shillelahs et poussaient des hurlements de joie en songeant à la mort des dragons de la reine.

Morris avait-il parlé en vain?...

Tandis que ses frères se dirigeaient vers le Mamturk, il allait,

Le roi Lew.

lui, du côté de Galway. Il avait rempli ce qu'il croyait être, dans la haute sincérité de son cœur, son devoir de citoyen. — Maintenant, fils pieux, il se souvenait du vieillard qui souffrait entre les froides murailles de la prison de Galway.

Morris alla visiter son père...

En ce moment Owen et Kate marchaient péniblement sur la route qui mène aux Mamturks. Ils avaient une longue avance sur les gens de l'assemblée, mais ils allaient bien lentement.

Kate pouvait à peine se soutenir. Leur marche était silencieuse. Ils souffraient tous les deux. Entre ces cœurs aimants et unis si étroitement la veille, il y avait une barrière désormais.

Dans la maison de Mac-Diarmid, l'Heiress était assise sur le pied de sa couche, tandis que la petite Peggy dormait encore.

Ellen avait les cheveux épars. Ses yeux fixes brûlaient au milieu de

sa face livide. Dans la salle principale, les bestiaux ronflaient au delà de la corde tendue; Jermyn, à demi couché sur la paille commune, veillait. Sa tête blonde était entre ses mains. La colère ne pouvait ôter toute douceur à ce beau visage d'enfant.

Il y avait en lui tant d'amour!

Mais il y avait tant de haine!...

Jermyn avait vu rentrer l'Heiress.

Il se demandait si le Brûleur avait pu remplir seul la tâche convenue, et si ce jour qui se levait allait être le dernier jour de Percy Mortimer...

XIII

L'ENLÈVEMENT.

« ..... Morris! oh! Morris, à mon secours!...

« Je souffre bien! — Vous qui m'aimiez tant, pourquoi m'avez-vous abandonnée?

« Hélas! fallait-il me punir pour le crime d'un autre? et deviez-vous me rejeter loin de vous, Mac-Diarmid, parce que George Montrath m'avait enlevée, pauvre fille sans défense, et conduite malgré moi au pays des Saxons?

« Ou bien, Morris, avez-vous cru me servir en mettant sur ma tête une couronne de lady? — Avez-vous cru que je trouverais la joie dans ces splendeurs de Londres, et que je pourrais oublier l'humble toit du vieux Mill's notre père, nos frères, la noble Ellen et notre amour?

« Hélas! je puis parler ainsi, quoique je sois la femme de lord George; je puis parler d'amour, Morris, et vous dire : je vous aime, — car lord George a brisé cette union que Dieu n'avait point bénie!... Entre les vivants et moi, il y a la pierre sourde d'une tombe — je m'appartiens,

ce qui me reste de vie est à moi, — à vous, Morris, à vous tout entier

« Mais peut-être ne m'aimez-vous plus?

« Mon Dieu! tous les jours, et bien des fois chaque jour, je me mets à genoux sur la terre froide et vous prier en pleurant; je tâche de supporter sans murmurer la peine que vous m'avez donnée. Mon Dieu, faites que Morris m'aime encore et que je le revoie une fois avant de mourir!. . . . .

« Qu'elles étaient belles et douces ces heures du matin où vous mettiez mon bras sous votre bras, Morris, et où nous descendions tous deux les sentiers verts du Mamturk!

« Sentiez-vous mon cœur? Il battait bien fort!... c'est que j'étais heureuse!...

« Oh! mon cœur bat à cette heure encore, et j'ai comme un

lointain ressouvenir de tant de joie. Mes yeux, brûlés par tant de pleurs amers, ont aujourd'hui de douces larmes... Morris, que je vous aime !

« Mon fiancé ! vous souvenez-vous ? c'était à me contempler que vous trouviez vos seuls sourires... des sourires si beaux !..... Vous souvenez-vous encore, quand vos grands yeux noirs méditaient et que la pensée plissait votre front noble, je me taisais... vous ne saviez plus bien souvent que Jessy, votre amie, était auprès de vous. Votre esprit se donnait tout entier à la patrie, je vous aimais mieux et je n'étais point jalouse. Il n'y avait en mon cœur qu'admiration et respect ; — car vous avez l'âme héroïque des anciens guerriers, Morris, et les fils de nos fils chanteront votre vaillance...

« Mon fiancé ! Je devrais mourir à prononcer ce mot qui dit tout ce que j'ai perdu... Sais-je pourquoi il me soutient et me console ?...

« Vous rêviez bien longtemps..... Notre course allait silencieuse. Je lisais, moi, sur le livre ouvert de votre beau visage ; je devinais ce qui était au fond de votre âme et j'admirais. — Puis un soupir, un rien, vous révélait ma présence, et vous mettiez ma main sur vos lèvres, et vous me demandiez pardon des instants passés à ne point parler d'amour.

« C'était ma récompense espérée. Après la méditation venaient les bonnes paroles et les sourires aimés. — Que de doux espoirs ! que de riants projets ! que de beaux rêves !

« Il n'y avait dans l'avenir que de longs jours de joie et de tendresse...

« Dans l'entreprise hardie où votre noble audace vous engageait, vous aviez à courir bien des périls, bien des fatigues à supporter ; mais j'aurais pris ma part de vos fatigues, et, si vous aviez succombé, je serais morte. Tout entre nous était commun, la vie et la mort, la joie et la misère. — Que faites-vous maintenant, Morris ? Etes-vous vainqueur ? si vous souffrez, qui vous console ?

« Oh ! mon pauvre cœur se fend ! Peut-être une autre femme marche auprès de vous, son bras sous le vôtre, comme je marchais, Morris...

« Je vous le jure, elle ne sait point vous aimer comme moi.

« Que fait le saint vieillard Mill's Mac-Diarmid, notre père ? A-t-il pleuré sa fille perdue ? et nos frères, si braves et si bons, sont-ils heureux ? — Jermyn, le pauvre enfant, regardait parfois l'Heiress en pleurant. Que Dieu lui donne un autre amour, car la noble Ellen a le cœur fier, et nul rêve ne trouble jamais son sommeil de vierge !

« Elle doit être bien belle ! — Peut-être se souvient-elle de moi

lorsqu'elle gravit seule les sentiers pierreux de la montagne. — Moi, je prie bien souvent pour son bonheur.

« Oh ! tous ces gens m'ont connue et m'ont aimée ! Je courais, jeune et forte, sous l'air libre du ciel ! j'avais le bonheur présent et d'autres bonheurs encore dans l'avenir !...

« Et maintenant, je n'ai plus rien, ni joie ni espoir ; — je suis morte !

« Morris, pourquoi n'êtes-vous pas venu reprendre votre fiancée ? — Pourquoi cette sentence qui me livre sans retour à mon bourreau ?...

« Oh ! je vous vis une dernière fois dans la chapelle protestante ! Vous m'aimiez encore pourtant, puisque vos bras s'étendaient vers moi et que vos yeux étaient baignés de larmes...

« Ce que vous avez fait était bon à faire sans doute, Morris, mon seul amour ! Dieu me préserve de vous accuser !...

« Je crois que le malheur qui est tombé sur moi ne m'était point destiné. Je crois que mon infortune a protégé la noble Heiress, et que les gens de lord George me prirent, le jour de l'enlèvement, pour notre parente Ellen.

« Ce fut un lâche attentat ! Nous étions sorties le matin, Ellen et moi, pour notre promenade de tous les jours. Nos mantes rouges étaient semblables, et toutes deux nous avions des robes de couleur sombre.

« Ellen aime la solitude ; d'ordinaire nous nous séparions au bord du lac Corrib ; elle, pour monter seule en une barque qui la conduisait aux ruines de Ballylough ; moi pour chercher Morris.

« Cette fois, nous changeâmes de rôle. Vous étiez de l'autre côté des lacs : ce fut moi qui montai dans la barque.

« J'étais bien joyeuse, parce que je vous savais sur l'autre rive et que j'espérais à chaque instant rencontrer la barque qui vous ramenait. J'avais dépassé déjà l'île où dorment sous la mousse les ruines de la vieille abbaye ; le lac était désert et silencieux.

« Tout à coup une barque apparut confusément à travers la brume. Je vous appelais, Morris, bien doucement, et j'appuyais sur mes rames afin d'aller vers vous.

« Il y avait un homme debout sur l'avant de la barque ; je crus vous reconnaître et je redoublai d'ardeur.

« La barque cependant venait à ma rencontre. — Il me semble entendre des voix inconnues et des éclats de rire, mais il était trop tard pour rebrousser chemin. — La voilà ! la voilà ! dirent plusieurs voix contenues ; — et un puissant coup d'aviron lança la barque sur moi.

« L'instant d'après, Morris, j'avais un mouchoir de soie sur la bouche, et j'étais couchée, à demi morte de frayeur, au fond de la barque

Le couteau du geôlier avait effleuré son cou blanc.

4

ennemie. — Voyez sa mante rouge, disait-on, c'est bien elle ! — Si le roi Dermot vivait encore, ou le roi Neil, ou le roi Farral, cette miss serait reine !...

« — C'est une charmante capture, et ce sera, s'il vous plaît, gentlemen, la part de milord.

« On disait cela ; moi j'entendais et je faisais des efforts désespérés pour me dégager. — Mais il y avait là plusieurs hommes forts qui me lièrent les bras et les jambes avec d'autres mouchoirs de soie.

« Je ne pouvais plus ni bouger ni faire entendre un son.

« Vous dûtes passer bien près de nous en revenant à la maison du Mamturk, Morris. — Peut-être entendîtes-vous de méchants éclats de rire dans la brume. Les hommes de la barque me touchaient, me regardaient et discutaient sur moi comme nos fermiers d'Irlande discutent sur la valeur d'un bœuf ou d'un cheval.

« Et comme l'un d'eux, en me voyant pleurer, se prit à me plaindre, les autres le raillèrent cruellement.

« Je pense que ces gentlemen ne regardent point les Irlandais comme des hommes, et qu'une pauvre femme du Connaught est pour eux un être inférieur, peu différent des animaux sans raison.

« Ils parlaient de mon corps comme s'ils eussent ignoré que j'avais une âme à l'image de l'âme de Dieu.

« J'étais pour eux une proie conquise, un gibier pris au piège.

« Combattez, Morris ; oh ! mettez une arme dans la vaillante main de l'Irlande, car l'orgueil de l'Anglais ne vous admettra jamais au rang d'homme, à moins qu'il ne connaisse votre force, enfin, aux coups mortels de vos épées !

« Au rivage, on me mit en travers sur un cheval et l'on me couvrit d'un voile. — Du lac au château de Montrath, mon œil reconnut plus d'un ami sur la route. — Les pauvres gens regardaient mon cheval et sa charge mystérieuse ; ils eussent voulu soulever le voile qui me couvrait, mais mon escorte prononçait quelques paroles impérieuses : les pauvres gens touchaient leurs chapeaux, secouaient leurs haillons et passaient.

« Que n'ont-ils votre âme intrépide, Morris ! Ils sont forts et nombreux. Pourquoi leur cœur ne sait-il point rompre le charme fatal de l'esclavage ?...

« Dans le manoir de Montrath, il se faisait grand bruit. C'étaient les apprêts du festin de départ. — On me mit dans une chambre où il y avait déjà plusieurs pauvres filles du pays de Tuam et de Connemara, enlevées comme moi... Je reconnus Madeleine Low de Claddagh, Molly Mac-Duff, notre voisine, — et bien d'autres.

« Elles se tordaient les bras ; elles appelaient leurs frères et leurs fiancés ; elles pleuraient. — Nous pleurâmes ensemble.

« Puis, quand vint l'heure du repas, on nous mit à table. Chacune de nous était entre deux hommes.

« Il y avait là, devant nous, sur une nappe plus fine qu'un voile de mariée, des mets dont j'ignorais le goût et le nom ; des liqueurs vermeilles rougissaient dans des flacons sans nombre, et les verres brillaient autour de la table comme les cristaux des grottes de Ranach.

« Je repoussai tous les mets, et ma lèvre ne se trempa dans aucune liqueur. — J'étais comme engourdie par le désespoir.

« Mes compagnes, les pauvres filles, éblouies par l'éclat des lumières, enivrées par l'atmosphère chaude et parfumée qui régnait dans la salle, cessèrent de pleurer. Leurs verres s'emplirent et se vidèrent ; leurs joues pâles reprirent de vives couleurs. — Et c'était pitié, Morris, de voir les pauvres victimes chanter et rire !

« Car elles riaient, car elles chantaient, oublieuses des larmes qui coulaient dans leurs chaumières...

« Elles ne songeaient point au désespoir de leurs mères. — Ont-ils raison, ces Saxons cruels, lorsqu'ils disent que l'enfance de l'Irlandais dure autant que sa vie ?...

« Les pauvres filles étaient belles ! — Les Saxons buvaient, buvaient sans cesse, et leurs yeux s'allumaient sur le rouge épais de leur face.

« Ce fut une longue orgie : des cris, des rires, des blasphèmes, des gageures insensées et de folles provocations.

« George Montrath, qui s'asseyait à côté de moi, m'ordonnait de rire, et de boire, et de chanter. — Ma résistance le mettait en fureur ; on eût dit qu'il avait honte de voir la victime échue en partage à Sa Seigneurie moins docile que les autres et moins promptе à tomber.

« Plus d'une fois, pendant que sa bouche vociférait un blasphème, sa main tremblante se leva sur moi pour me frapper.

« Mais je n'avais pas pour eux mon désespoir morne, et mon regard calme ne se baissait pas sous le sien.

« Hélas ! Morris, pourquoi vous êtes-vous défié de moi ? pourquoi n'êtes-vous pas venu me demander le fond de ma conscience ? — Vous avez vu Londres ; vous avez erré durant de longs jours autour de la demeure de Montrath, qui était la mienne ; — et vous n'êtes pas venu jusqu'à moi ! Vous vous êtes tant hâté de croire à mon malheur, que vous l'avez fait irréparable !

« Morris, si vous étiez venu, je vous aurais dit : Dieu m'a sauvée ! Je vous aurais dit : Je suis pure de corps et d'âme, et vous m'auriez crue, mon fiancé, car vous m'aimiez et vous saviez bien que ma bouche n'avait jamais prononcé un mensonge.

« Oh ! pourquoi n'êtes-vous pas venu ? pourquoi ?...

« Et pourquoi ne me suis-je pas élancée vers vous, moi, pauvre folle !...

« Mais, vous le savez, Morris, votre père m'avait prise orpheline. Je n'avais point droit à dormir sous le toit de Mac-Diarmid. — Et, s'il vous plaisait d'éloigner une parente indigente, je devais souffrir et me taire.

« Pardonnez-moi ! ce fut un faux orgueil, puisque je connaissais votre cœur généreux. — Mais le sang d'O'Brien est fier aussi, et mes aïeux, comme les vôtres, s'assirent sur un trône...

« Pardonnez-moi ! j'ai tant souffert !

« L'orgie continuait. — Mes malheureuses compagnes buvaient sans avoir la conscience du péril qui les menaçait. Elles mêlaient aux rires des amis de lord George les éclats de leur extravagante gaîté.

« Moi, je savais quel sort nous attendait ; l'instinct que Dieu a mis en nous autres femmes avait parlé ; je pouvais mesurer ma misère, et pourtant, oublieuse de ma propre détresse, j'avais compassion de ces pauvres filles qui, un voile sur la vue, se jetaient en chantant dans le gouffre ouvert sous nos pas.

« Les amis de lord George la regardaient d'un air moqueur et raillaient sa défaite ; il demeurait en effet, sans partenaire dans cette commune débauche ; sa bouche n'avait point effleuré ma joue, et ses mains, qui s'enhardissaient parfois à vouloir me faire violence, retombaient bientôt paralysées.

« Il buvait sans cesse. Le vin amollissait ses mouvements, et ce qu'il gagnait en audace, il le perdait en énergie.

« J'étais là, froide au milieu de l'ivresse de tous. — Lord George me contemplait d'un regard hébété ; ses lèvres épaisses murmuraient des paroles insultantes, mais c'était tout ; le courage que Dieu me donnait dans ce moment, et dont ma prière ardente le remerciait du fond de l'âme, m'avait préservée.

« Morris, il me semblait que vous étiez là, près de moi. Par instants mes oreilles cessaient d'entendre les clameurs confuses de l'orgie, mes yeux ne voyaient plus ces visages enflammés qui m'entouraient ; — je ne voyais que vous. Après Dieu, vous étiez mon secours et mon égide.

« On se leva de table. Il était bien tard. Madeleine Molly et mes autres compagnes suivirent en chancelant les amis de milord, j'entendis quelque temps encore leurs chansons et leurs rires...

« Puis ce fut le silence.

« Que sont-elles devenues ? Elles étaient belles, jeunes, heureuses, on les aimait ; bien des larmes ont dû couler sur elles !

« Que sont-elles devenues ?

« On dit que ces pauvres filles, enlevées par les hommes puissants, servent de jouet un jour, puis sont repoussées avec dédain après l'heure du plaisir. — Elles tombent alors tout au fond de la misère de Londres, qui n'est pas comme notre misère à nous, Morris, parce qu'à la souffrance elle mêle l'infamie !

« Dieu aura pitié peut-être de ces pauvres victimes...

« Des valets vinrent dans le salon où nous restions seuls, milord et moi.

« Milord eut grand'peine à se lever ; ses serviteurs soutinrent ses pas tremblants et le conduisirent jusqu'à la chambre où il avait coutume de reposer. — On me saisit à bras le corps, malgré ma résistance, et l'on me porta jusqu'à cette même chambre.

« Puis on ferma sur nous la porte à double tour.

« Milord était étendu déjà sur son lit. — Il me dit d'approcher ; je demeurai immobile. — Il voulut se lever, mais il retomba, vaincu par l'ivresse.

« Quelques menaces, intelligibles à peine, sortirent de sa bouche et moururent en un grognement confus : — il dormait.

« Je me mis à genoux ; cette première nuit de ma captivité se passa en prières.

« Et, quand j'avais fini de prier, Morris, je pensais à vous !

« Ce dut être aussi dans la maison de Mac-Diarmid une nuit d'angoisse et de souffrance, car le vieillard m'aimait tendrement, et j'étais pour ses fils une sœur chérie...

« Mais vous, Morris, que votre douleur doit être amère ! Il me semblait vous voir éperdu, furieux, et l'image de votre détresse empêchait les larmes de sécher dans mes yeux.

« Le lendemain, nous partîmes par la route qui mène à Roscommon.—Les amis de milord le raillaient toujours et lui disaient :

« — Laissez là cette fille dont vous n'avez que faire !...

« George Montrath rougissait de colère, et ses yeux se tournaient vers moi, menaçants...

« Quelques jours après, nous étions auprès de Londres, dans une riche maison située au-dessous de Richmond.

« Cette maison était encore plus belle que le château de Montrath, qui étale si orgueilleusement son opulence au milieu de nos campagnes affamées ; mais je ne voyais point les magnificences de cette noble demeure ; un voile était sur mes yeux ; chaque mille qui me séparait de l'Irlande chère m'avait ôté un peu de mon courage.

« J'étais si loin de vous, Morris, mon soutien et mon espoir !...

« Lord George m'avait à peine adressé la parole durant tout le voyage. Il voulait faire de moi sa maîtresse d'un jour pour repousser les railleries de ses compagnons et contenter une vaine gloriole ; mais il s'en prenait à moi de toutes ces moqueries, et me regardait déjà d'un œil d'aversion.

« Il arriva malade à Richmond. Les fatigues du voyage, venant en aide aux fatigues de l'orgie, le retinrent au lit une semaine.

« Pendant tout ce temps, je ne le vis pas une seule fois.

« J'étais confinée dans une petite chambre donnant sur la Tamise, d'où mon regard planait sur la vaste campagne de Londres. Une femme anglaise me servait et m'adressait la parole avec des respects ironiques.

« Une nuit, on avait dérobé mes habits irlandais, et j'avais été obligée, le lendemain, pour me couvrir, de prendre les habits d'une lady. — C'était bien peu de chose au milieu d'un si grand malheur, mais il me sembla qu'on m'enlevait ainsi le dernier lien qui m'attachait à l'Irlande !

« Ces habits, vous les aviez touchés, Morris ; vous les aimiez ; c'était avec eux que nous avions fait nos longues promenades, si douces et tant regrettées ! Ils me parlaient des sentiers étroits du Mamturk, des vastes pelouses qui sont entre le pied de la montagne et les bords du lac Corrib ; ils me parlaient d'Ellen, de Mill's, mon père d'adoption, et de nos frères ; — ils me parlaient de vous !

« Corrib, Mamturk, Mill's, Ellen, ô noms chers et bien-aimés ! que j'aime à les prononcer, et qu'ils évoquent en moi de bons souvenirs !...

« J'étais presque toujours seule. Mes heures se passaient à regarder la campagne. — C'était beau, mais cela ne ressemblait point au Connaught ; le travail des paysans était plus riche que tout chez nous ; les sentiers frais qui tournaient autour de la colline étaient d'ailleurs pleins de gentlemen et de ladies qui fuyaient l'air pesant de la grande ville.

« Une fois, l'idée me vint d'ouvrir ma fenêtre et de crier au secours.

« Parmi tous ces hommes et toutes ces femmes d'Angleterre il y avait peut-être un cœur.

« Pauvre folle ! ma chambre était une prison ; ma fenêtre ne s'ouvrait point...

« Depuis lors je suis tombée en une prison plus dure ; les frais lambris de Montrath-House ne sont plus autour de moi, et mes yeux ne rencontrent plus que des murs de pierres humides et noirâtres. Mais je n'ai pas ressenti plus de peine en mettant le pied dans ce tombeau que je n'en ressentis au moment où je me vis pour la première fois prisonnière.

« L'espoir vient si vite à ceux qui ne sont point encore habitués à souffrir ! Il me semblait que derrière cette fenêtre close était la liberté, le bonheur, — l'Irlande où je vous voyais, Morris !

« La servante anglaise vint et trouva mon visage inondé de larmes.

« C'était une femme jeune encore, et gardant des restes de beauté. — On la nommait Mary Wood. — Jamais je ne vis de pitié dans ses yeux.

« D'ordinaire, en m'abordant, son visage dur avait une expression de glaciale humilité, sous laquelle perçait la raillerie. D'autres fois je voyais ses joues s'empourprer, son regard s'alourdir et sa démarche chanceler.

« Une odeur de liqueurs fortes emplissait la chambre à son approche.

« — Que désire milady ? me dit-elle avec son regard ironique et froid.

« — Que veut-on faire de moi ? demandai-je.

« — Milord est mieux, répliqua l'Anglaise ; — demain matin, je pense, il pourra vous dire ce qu'il compte faire de vous.

« Quand cette femme fut sortie, je me jetai à genoux sur le tapis et je mis ma face contre terre. . . . .

« C'était vous, Morris !... tout en bas, tout en bas de la colline, un carrick irlandais ! — Oh ! comme mon cœur tressaillit !... Je vous reconnus ; il ne me fallut pour cela qu'un coup d'œil !...

« Morris, mon noble Morris, mon fiancé ! mon âme s'élança vers vous ; mes bras s'étendirent et je vous appelai...

« Oh ! je vous appelai jusqu'à perdre la voix et le souffle ! — Vous ne m'entendiez pas ; vous alliez le long des sentiers de la colline, regardant toujours la maison de lord George et ne m'apercevant point derrière les carreaux de ma fenêtre.

« Vous étiez bien pâle, Morris ; votre démarche chancelante accusait la fatigue d'un long voyage, et votre haute taille se courbait sur le shillelah qui tant de fois écarta les pierres au-devant de ma course. Votre visage défait disait votre peine.

« Je souffrais à vous voir triste, mais que j'étais heureuse ! Votre souffrance ne me parlait-elle pas de votre amour !...

« Et vous veniez me chercher, — me chercher de si loin ! — seul, à pied ; c'était à moi que vous aviez pensé durant toute la route !

« Mais ma voix s'étouffait dans cette chambre étroite ; elle n'arrivait point jusqu'à votre oreille ; vous restiez triste et courbé ; vous avanciez toujours, et l'angle de l'enclos allait vous cacher à mes regards...

« Il me semblait en ce moment que ne plus vous voir, c'était perdre ma dernière espérance !

« Je vous appelai encore ; ma poitrine se déchirait à vous appeler.

« Ma voix se glaça dans ma gorge ; — et vous voyiez plus...

« Je tombai à la renverse. — Au lieu de vous, Morris, ce fut Mary Wood, la servante saxonne, qui répondit à mon appel, et qui montra sur le seuil son visage enflammé par l'ivresse.

« — Que milady ne s'impatiente pas, dit-elle avec un rire haletant, milord est mieux, et milady n'attendra plus guère qu'un jour...

XIV

LA TOMBE.

« Que fîtes-vous, Morris, durant cette soirée ?—Moi je devins comme folle ; mes pauvres mains se meurtrissaient à vouloir renverser les murs de ma chambre ; je voulais, ce qui était plus insensé peut-être, aller me jeter aux pieds de lord George et implorer sa pitié.

« Vers le milieu de la nuit, je tombai, brûlante de fièvre, épuisée de fatigue, sur mon lit.

« Votre image était toujours devant moi. Je voyais votre haute taille courbée sous l'épuisement et le chagrin, votre front pâle et votre regard morne. — Je voyais sur vos épaules le carrick d'Irlande, à vos pieds la chaussure du Galway, et votre chapeau rond des jours de fête, et votre brave shillelah, si redouté des méchants, et vos longs cheveux, Morris, que le vent apporta tant de fois, douce et bonne caresse, sur mon visage souriant !...

« Vous étiez là. Jamais je ne vous avais tant aimé. Il semblait que ma main étendue allait toucher vos vêtements. — Mais il y avait entre nous deux un obstacle invincible et qu'on ne pouvait point franchir...

« Malgré la menace de la servante saxonne, milord ne s'occupa point encore de moi le lendemain. — Je vous attendis tout le jour, Morris, derrière les rideaux de ma fenêtre, et je vous attendis en vain.

« Mais le soir, oh ! que de joie et que d'espérance ! — tout en bas de la colline, à l'endroit où je vous avais aperçu la veille, un groupe de voyageurs s'avançait. — Un vieillard aux longs cheveux blancs, huit jeunes hommes forts et une belle fille qui portait haut sa tête fière.

« Des carricks, des shillelahs, une mante rouge !

« L'Irlande ! l'Irlande ! !

« Oh ! mes parents chers ! oh ! tout ce que j'aimais !

« Noble et bon père ! saint vieillard ! je reconnus son visage vénérable tandis qu'il montait la colline lentement. — Je reconnus Mickey le fort, Natty, Sam le joyeux, Larry, Dan toujours prêt à mettre au vent son shillelah, Owen qui rêvait sans doute à Kate sa jolie fiancée, et le blond Jermyn, pauvre enfant qui aime comme on respire, et qui n'ose point regarder au fond de son cœur. — Je reconnus la noble heiress. Il me sembla qu'en elle quelque chose était changé. Un voile de rêverie couvrait son hautain visage, et ses grands yeux noirs, où Dieu a mis les sombres reflets d'or des races souveraines, se baissaient plus tendres et plus doux...

« Vous étiez là, Morris, le plus aimé entre tous ces amis chers, mon fiancé ! vous dont le souvenir me retient en la vie !...

« A mi-coteau, le vieux Mill's s'arrêta et appuya sur son long bâton ses mains ridées. Son regard, chargé de tristesse, se leva vers la maison de lord George, que votre geste lui désignait.

« Et tous nos frères firent comme le vieux Mill's : leurs bras s'étendirent vers moi, tandis que leurs yeux brillaient de colère.

« Comment ne pas me croire sauvée ? Mac-Diarmid, le plus brave sang du Connaught, était là tout près de moi ! — Huit vaillants cœurs qui m'aimaient et qui avaient traversé deux royaumes pour venir à mon secours !

« Je remerciai Dieu. Il n'y avait plus en mon âme que joie et reconnaissance.

« Hélas ! Morris, vous prononçâtes quelques mots, et Mac-Diarmid poursuivit sa route...

« Encore une nuit ! mais celle-là, j'en aurais fait serment, devait être la dernière !

« Morris, que Dieu vous donne un jour de bonheur pour chacun de mes jours de souffrance ! — Votre volonté ne fut point de me ramener sous le toit de notre père.

« Ce qui eut lieu le lendemain matin, je ne l'ai jamais su parfaitement. — J'entendis un bruit de lutte dans la maison, puis le silence.

« Au bout d'une heure, lord George me fit appeler et me dit : — Dans huit jours, vous serez lady Montrath.

« Je voulus répliquer, il me ferma la bouche d'un geste dur et me montra la porte. — Mary Wood, la servante saxonne, m'entraîna.

« Elle me servait le bras en riant un rire épais. Voilà une bonne plaisanterie ! grommelait-elle ! — vous avez du bonheur, sur ma parole, milady... Ce jeu-là va coûter cher à Montrath... mais qui sait ce qui arrivera ?...

« Ce fut cette femme qui m'expliqua, les jours suivants, que vous aviez forcé la main de milord, Morris, et que mon sort nouveau était votre ouvrage !...

« Je l'acceptai, puisqu'il venait de vous...

« Ce furent des jours bien amers, plus amers encore que ceux où je me voyais sans défense à la merci de mon bourreau ! Vous étiez là, et votre présence, si chèrement accueillie, ne m'apportait qu'un surcroît de détresse !...

« Ma plus cruelle blessure partait de votre main, — de votre main, à vous, Morris !...

« Les huit jours s'écoulèrent. On me mit des habits de soie sur le corps, des diamants au front, de l'or à la ceinture.

« Je m'agenouillai auprès de lord George, dans la chapelle protestante.

« Morris, j'entendais derrière moi le souffle de votre poitrine oppressée.

« Il était temps encore, mais vous ne prononçâtes pas une parole, et votre muette présence, je la pris pour un ordre.

« J'acceptai lord George pour époux.

« Ces choses, qui font tant souffrir, mettent bien des jours à tuer !...

« En montant dans la voiture, j'entendis votre voix :

« — Qu'elle soit heureuse ! milord, disiez-vous...

« Oh ! Morris, que Dieu vous pardonne ce mot, qui tomba sur mon cœur comme un poids glacé !

« Heureuse !... heureuse !...

« Vous partîtes, et je ne vous ai plus revu.

« Vous êtes ma femme, je vous déteste et je vous tuerai...

« Il partit pour Londres, me laissant seule à Montrath-House avec la servante saxonne.

« Des mois se passèrent. — J'écrivais au vieillard des lettres où je n'osais point parler de vous.

« C'était mon seul bonheur. Je les faisais bien longues ; je savais que vous les liriez.

« Je ne me plaignais point. — Pourquoi me plaindre ? Lord George m'avait promis qu'il me tuerait : j'attendais.

« Morris, avez-vous relu parfois ces lettres qui ne vous étaient point adressées, où votre nom n'était point prononcé, mais que j'écrivais pour vous ? — Les avez-vous relues, seul, dans les sentiers où nous passions ensemble ? Avez-vous pleuré sur la pauvre Jessy ? avez-vous souri à son souvenir ?

« Et, quand les lettres vous ont manqué, lorsque les mois ont suc-

cédé aux mois sans apporter la missive attendue, vous êtes parti pour Londres, n'est-ce pas, Morris ?

« Malheur à lord George ! Je suis peut-être vengée...

« Vous êtes si brave et si fort !...

« Folle que je suis, pourquoi me venger ? Vous me croyez morte, morte dans mon lit, et vous vous êtes agenouillé au pied de la croix de pierre qui porte le nom de Jessy O'Brien dans le cimetière de Richmond.

« Oh ! Morris, il n'y a rien sous cette croix, — et plût au ciel que mon corps y fut couché. Dieu pardonne à ceux qui souffrent ; mon âme serait avec Dieu.

« Je revis une fois lord George Montrath.

« Il me dit :

« — J'ai besoin d'être veuf pour épouser la fille d'un de mes pairs... Je n'ai pas le cœur de vous tuer... Regardez bien le soleil, vous ne le verrez plus. . . . .

« C'était par une nuit d'hiver ; je m'étais endormie à force de pleurer.

« Je m'éveillai en sursaut. Je n'étais plus dans mon lit ; je me sentais secouée par les mouvements d'une voiture.

« J'ouvris les yeux, je ne vis rien ; une nuit profonde et telle que je n'en avais jamais vu était autour de moi. — Je portai mes mains à mon visage et mes mains rencontrèrent, au lieu de ma joue, un masque solide qui prenait la forme de mes traits.

« Un cri s'échappa de ma poitrine, et c'est à peine si j'entendis le son de ma propre voix, tant le masque comprimait mes lèvres, à l'endroit où une fente étroite me permettait de respirer.

« On m'avait mis ce masque pendant mon sommeil.

« La voiture roula longtemps, mais il me semblait qu'elle tournait sur elle-même et que les chevaux revenaient sans cesse sur leurs pas.

« Ma main étendue avait senti auprès de moi les plis d'une étoffe moelleuse. Il y avait une autre femme dans la voiture. — Cette femme ne rompit pas une seule fois le silence.

« Mais je n'avais pas besoin d'entendre sa voix. — C'était Mary Wood ; l'épaisse atmosphère de la voiture fermée se chargeait d'une insupportable odeur de rhum et de gin...

« Le jour vint ; je le reconnus à une faible lueur qui passa entre le masque et ma lèvre.

« Il n'y avait au masque aucune autre ouverture.

« Je ne connaissais point la campagne de l'Angleterre ; l'eussé-je connue, je ne saurais point dire encore quelle route nous suivîmes, car je ne voyais rien, et bien peu de sons arrivaient jusqu'à mon oreille.

« Je crois que nous tournions autour de Londres, et je vous dirai plus tard, Morris, le motif de cette croyance, que mes réflexions ont affermie.

« Cette longue route était un simulacre de voyage. On voulait me dépayser et m'ôter tout moyen de retrouver le lieu de ma retraite.

« Afin que je fusse bien morte, et que, au cas même où l'appel de ma détresse parviendrait au dehors, cet appel entendu ne pût me profiter !...

« Que faire pour un être qui crie au secours, et qui ne sait point dire où le secours doit être porté ?

« Que faire ? — Des yeux pourront lire ma plainte signée du reste de mon sang ; mais ils regarderont autour d'eux et ne trouveront point la victime.

« Vous même, Morris, si Dieu faisait tomber ce dernier cri de détresse en vos mains généreuses, vous-même, mon fiancé ! vous me chercheriez peut-être en vain !...

« Je ne sais pas où je suis.

« Un instinct confus me dit que Londres est autour de moi, mais ce n'est après tout qu'un soupçon vague. Peut-être suis-je en France, en Allemagne, peut-être en un pays dont nous ne savons point le nom, nous autres pauvres gens du Connaught !

« Car ce fut un long voyage ; bien des fois les lueurs qui pénétraient par la fente de mon masque succédèrent aux ténèbres complètes. — Je mis les pieds sur le pont d'un navire et j'y restai longtemps.

« Lord George est bien riche. Le navire était à lui tout entier sans doute, car je parvins quelquefois à faire entendre ma voix suppliante, et nulle parole amie ne répondit à ma prière.

« Il n'y avait point de passagers sur ce navire. Je n'entendais que les voix rauques des matelots mêlées à la voix triste du vent qui se plaignait dans la voilure.

« Était-ce la Tamise? Était-ce la mer? — La Tamise est large comme la mer. — Oh! Morris, je ne sais...

« Il me sembla pourtant qu'au départ les vagues moins élevées donnaient au navire des balancements plus doux, — au départ et à l'arrivée.

« Je crois qu'après avoir descendu la Tamise et vogué sur la haute mer, nous remontâmes le fleuve; — je crois que je suis à Londres.

« Le navire aborda. Mon pied toucha le sol ferme. On me fit monter une route ardue et difficile. J'entendis crier des portes pesantes sur leurs gonds sourds.

« Puis mon masque tomba.

« J'étais dans une vaste salle voûtée dont les murs crevassés suintaient une humidité froide. Le jour, un jour sombre et gris, y pénétrait par une sorte de meurtrière percée de biais dans le mur épais. Cette fente, trop étroite pour qu'on y puisse introduire la tête, s'ouvre sans doute sur l'air libre au dehors, mais l'une de ses parois avance et masque la vue. On n'aperçoit point le ciel.

« Le jour arrive brisé. Ce qui m'éclaire n'est que le reflet de la lumière du dehors frappant obliquement la pierre noircie.

« Quand mon masque tomba, je vis auprès de moi la servante saxonne.

« Elle avait une riche toilette, des diamants aux doigts, des perles sur le front.

« Et son visage, qui gardait les traces de l'ivresse habituelle, souriait.

« — Milady, me dit-elle, vous aurez là un assez joli appartement... Personne n'y troublera vos plaisirs... Ah! ah! voyez-vous, les uns descendent, les autres montent... Je pense que vous m'aurez porté bonheur...

« Elle me fit une révérence étudiée.

« — Adieu, milady, reprit-elle; — je suis l'humble servante de Votre Seigneurie.

« Mary Wood sortit. — Je restai seule.

« Pendant que la servante saxonne me clouait immobile à la même place, j'entendis un bruit sourd du côté où s'était éloignée la servante saxonne.

« Je restai longtemps avant de me demander d'où venait ce bruit. Ce fut seulement lorsqu'il eut cessé que je m'orientai dans l'ombre pour en découvrir la cause.

« A la place de la porte où j'étais entrée, il y avait des pierres liées par un ciment humide encore.

« Le bruit que j'avais entendu provenait des maçons qui avaient muré la porte.

« C'était bien une tombe!... Morris, ô Morris, je ne vous reverrai jamais! . . . .

« De longs jours se sont écoulés depuis ce jour terrible. Je suis seule, toujours seule! Je n'ai plus entendu la voix d'un homme. Je n'ai plus revu de créature humaine.

« Ma tombe est vaste. J'ai un lit où me reposer, j'ai du pain, de l'eau et du linge que je lave moi-même.

« Je n'userai point, je l'espère, tous les vêtements qu'on m'a laissés.

« Morris, me reconnaîtriez-vous? je dois être bien changée! j'ai tant pleuré! — Il y a des mois que mes yeux n'ont pu voir mon visage dans un miroir; je ne puis tâter avec mes mains ma joue amaigrie et suivre le dépérissement de mon pauvre corps décharné.

« Hâtez-vous, Morris, hâtez-vous, si vous voulez me retrouver en vie!

« La mort vient, et que je la bénirais, si vous étiez auprès de ma couche!...

« Mais je mourrai sans vous! Quelle main généreuse vous porterait ma plainte?—Quelque chose me dit, hélas! que je suis loin de l'Irlande! L'air que je respire, je ne le connais point; ce n'est pas, je le sens, l'atmosphère amie de notre Connaught.

« Je mourrai loin de vous; le doux vent de la patrie n'emportera point mon dernier soupir; mon corps dormira dans cette terre inconnue...

« Mon Dieu! que je voudrais percer ce mur de pierres et voir, ne fût-ce que pour une seconde, les choses qui m'entourent!

« Plus je réfléchis, plus je crois que je suis à Londres. — Pendant les quelques heures que j'ai passées dans la grande ville en arrivant du Galway, il se faisait partout autour de moi un bruit sourd et continu.

« Et ce bruit, je l'entends, Morris, je l'entends nuit et jour; la voix de l'immense cité monte, monte sans cesse jusqu'à mon oreille.

« Je ne puis me tromper; c'est bien ce fracas voilé, ces mille cris confondus et qui jamais ne se taisent; ce roulement lointain des voitures rapides, ce grand murmure enfin que j'ouïs une seule fois et que je ne peux pas oublier.

« Et puis quelle autre ville que la cité saxonne fût restée si longtemps sourde à ma plainte?

« Chaque jour, j'en appelle à la compassion des êtres qui vivent auprès de moi, et mon martyre ne finit point.

« Je garde du linge blanc pour vous écrire, Morris, car l'espoir me reste que vous lirez un jour le récit de ma peine, et c'est le dernier lien qui m'attache à la vie. Je ne voudrais pas perdre un seul lambeau de toile; c'est pour vous, pour vous seul,—mais je pétris le pain de ma nourriture quotidienne, je l'étends en plaques minces, et, lorsque ces plaques ont séchées, j'y trace quelques mots avec un pinceau fait de mes cheveux.

« Et j'avance mon bras par l'ouverture étroite, — et je jette la tablette au dehors.

« Où tombe-t-elle? Il faut des hommes pour produire ce murmure incessant qui frappe mon oreille.

« Beaucoup parmi ces hommes doivent avoir entendu mon appel; point de réponse. — Oh! ce sont des Anglais!

« Je suis bien jeune et j'aurais été bien heureuse; mais Dieu met la résignation auprès de la souffrance, et je ne murmure plus.

« Mes jours se passent à parcourir ma vaste prison, à prier et à vous écrire.

« Quand je n'aurai plus de linge où déposer chaque jour un peu de ma tristesse, je souffrirai davantage, mais je me résignerai encore.

« Mon lit est bon; la nourriture qu'on m'envoie est bien plus que suffisante à mes besoins, et je suis forcée d'en jeter la plus grande partie au dehors.

« Le matin, à midi et le soir, une petite trappe située au centre de la voûte s'ouvre avec bruit; ma nourriture descend dans un coffre qui remonte aussitôt après, et la trappe se referme.

« A part cela, je ne vois rien, je n'entends rien, — si ce n'est ce murmure sourd, cette voix des riches et des heureux pour qui la vie est belle et qui voient le soleil, — ce cri moqueur qui sort des poitrines libres et vient railler la pauvre prisonnière.

« Au commencement, chaque fois que la trappe s'ouvrait, je criais de toutes mes forces, demandant merci et pitié.

« Ma voix se répercutait entre les voûtes sonores et produisait des sons étranges; j'en demeurais moi-même effrayée.

« Maintenant je m'habitue à me taire; — mais parfois encore, à ce moment où je suis sûre qu'un être humain m'entend, ma bouche s'ouvre malgré moi, et un cri s'échappe de ma poitrine.

« La voûte résonne, ma voix se prolonge grossie par l'écho, mais nul n'y répond.

« Nul n'y répondra jamais!

« Je suis faible; — depuis quelques jours, j'ai de la peine à traverser la salle qui me sert de prison; mon souffle, je le sens bien, est plus rare et plus pénible.

« C'est peut-être la mort qui vient.

« Mourir ainsi, seule, abandonnée!

« Mais je n'ai plus de larmes pour mon propre malheur.

« Quand je serai morte, d'ailleurs, je ne souffrirai plus, et j'irai auprès de Dieu, Morris, garder votre place dans le ciel. »

———————————

C'était une vaste chambre éclairée par un jour douteux et faux. En y entrant du dehors, on n'eût point pu mesurer tout d'abord sa forme et son étendue.

Mais l'œil se fût habitué bien vite à cette clarté vague, et l'on eût aperçu de grandes murailles noires, crevassées, humides, dont les quatre coins se rejoignaient en voûtes.

Ces murailles étaient complètement nues; on y voyait seulement les débris mutilés d'un crucifix de pierre qui faisait face à la fente par où venait le jour.

Dans un coin, il y avait un petit lit blanc. — Auprès de la meurtrière, une table se dressait sur ses trois pieds.

Devant la table, il y avait une jeune femme, assise sur un billot.

C'était presque une enfant, une de ces figures naïves et douces qui semblent caresser et sont faites pour sourire. Elle était bien pâle, et la souffrance avait creusé cruellement ses grands yeux bleus aux suaves regards.

Mais sur cette joue amaigrie, sous ces paupières caves, et autour

^de cette bouche d'où le sang s'était retiré, il n'y avait nul signe d'amertume...

C'était une pauvre enfant qui s'éteignait, brisée, et ne murmurait point.

C'était une pauvre fleur qui se mourait et qui, penchée sur sa tige, gardait de beaux parfums et de douces couleurs.

Elle était grande; sa taille amaigrie n'avait point perdu toute sa grâce moelleuse; quelque chose de chaste et de saint était dans son attitude.

Sur son front, autour duquel tombait en boucles épaisses une abondante chevelure blême, il y avait une sorte de douleur sereine, une tristesse calme et tout imprégnée de belles résignations.

Elle avait dû être séduisante autant que peut l'être une jeune fille, et, malgré les ravages de la souffrance, son pâle visage avait encore un charme angélique.

Il y avait bien longtemps que le sourire n'était descendu sur cette bouche blêmie, bien longtemps que ces yeux attristés avaient perdu les vives étincelles que la joie met sous les longs cils des jeunes filles.
— Mais que ces prunelles avaient dû briller doucement naguère, et qu'ils devaient être beaux les sourires heureux de cet ange!

C'était un de ces êtres choisis qui appellent le dévouement et la tendresse; on les aime sœurs, filles, fiancées; il semblerait que la haine ne pût barrer jamais leur sentier, et que tout dût se taire sur leur passage, hormis la voix de l'amour.

Un être faible, malheureux, charmant, — une douce créature devant qui la colère semblait impossible, et dont un seul regard devait désarmer la cruauté même.

Pauvre Jessy!...

Une cruauté implacable et lâche pesait cependant sur elle.

Il s'était trouvé un bourreau pour la jeter vivante en cette froide tombe!

Un homme qui l'avait prise un jour par violence au milieu de ses joies sereines; un homme par qui elle souffrait tout ce qu'un être humain peut souffrir, — et dont le nom trouvait place bien souvent dans sa prière.

Elle ne haïssait point. A son âme sainte et douce l'excès du malheur n'avait point pu apprendre la vengeance...

Devant elle, sur la table, il y avait de longues bandes de linge blanc, sur ce linge elle écrivait lentement et avec peine, à l'aide d'un petit pinceau formé de ses cheveux.

Le jour tombait.

Elle laissa une ligne inachevée et déposa son pinceau.

Ses bras amaigris se croisèrent sur sa poitrine.

Un instant elle se reposa dans la rêverie; sa tête penchée ramenait en avant les boucles mobiles de ses longs cheveux. Ses yeux s'ouvraient à demi et se fixaient sur la ligne commencée où était le nom de Morris...

Elle demeura ainsi longtemps immobile...

Puis deux larmes roulèrent le long de sa joue pâle.

C'était à son insu. Elle était si bien habituée aux larmes!

Puis encore, quelque souvenir venant à travers son rêve, sa bouche se détendit en un suave sourire.

Elle était belle en ce moment comme autrefois, belle comme les doux anges du ciel...

Et, parmi son sourire, ses lèvres remuaient; sa voix, pure comme une caresse d'enfant, murmura le nom de Morris.

. . . .

MAC-DIARMID.

XIV

LANDLORD.

Le château de Montrath, que les gens du pays appelaient plus volontiers le Château-Neuf, s'élevait à deux cents pas environ des ruines de Diarmid. — Ses cheminées étaient à peu près de niveau avec la base des tours du vieux manoir. Ce dernier occupait complètement le plateau étroit qui forme le sommet du Ranach et, à partir de ses dernières constructions, le terrain, cédant brusquement, ne laissait nulle place à des constructions nouvelles.

Le château de Montrath avait été bâti par l'aïeul du lord actuel, Milès Fulton, baron Montrath. C'était un édifice tout anglais et dans le style de ces charmants manoirs modernes qui abondent dans presque tous les comtés de la riche Angleterre. Seulement il y avait ici quelque chose de plus gracieux, de moins convenu, un peu d'invention et de fantaisie, une physionomie propre et des lignes qui n'étaient point la reproduction trop exacte de ce plan unique auquel se sont tenus les architectes anglais depuis cent cinquante ans.

La position magnifique avait aidé l'art. — Les fenêtres de Montrath voyaient d'un côté, à revers, le vaste et beau paysage aperçu de la ferme des Mamturks; de l'autre côté, la baie de Kilkerran et les innombrables îles.

Le parc s'étendait, à l'est et au midi, jusqu'au territoire de Connemara et à la mer; à l'ouest, les murs de l'enclos montaient la pointe du cap et allaient rejoindre les ruines de Diarmid.

A l'heure où les gens de Molly-Maguire se hâtaient vers le rendez-vous de la galerie du Géant, le maître de ce beau domaine, lord George Montrath, avait réuni dans la bibliothèque une demi-douzaine de personnages qui, la tête courbée et le sourire aux lèvres, semblaient en être encore aux compliments de bienvenue.

Lord George était un homme de quarante ans, grand, fort, et marqué au plus haut degré de ce cachet britannique qui fait reconnaître les Anglais dans les cinq parties du monde.

Il était mis à la dernière mode de Londres, sous son macintosh de voyage. Sa cravate blanche, nouée avec une précision merveilleuse, supportait carrément une face large et pleine, dont la peau transparente laissait voir des chairs d'un rouge uniforme.

Les joues, le menton, le nez, le front, les oreilles, tout était rouge, non pas précisément de ce rouge foncé que donne l'ivresse ou l'apoplexie menaçante, mais d'un beau rouge anglais, carminé, luisant, égal, en tirant sur la cerise à demi mûre.

Les traits de lord George étaient assez beaux, mais trop petits pour l'ampleur charnue de son visage. Le caractère leur manquait, et ils étaient comme écrasés par deux grosses touffes de favoris blonds qui descendaient seulement un peu au-dessous de l'oreille, pour s'étaler à droite et à gauche en éventail.

Les cheveux étaient courts et bouclés. — Les sourcils blonds, à reflets blanchâtres, ne jetaient point d'ombre sur des yeux clairs et transparents comme s'ils eussent été de porcelaine.

La taille était, comme le visage, bien proportionnée, mais lourde et molle.

Il y avait d'ailleurs, au milieu de cet extérieur épais, une dose fort suffisante de distinction fashionable. Nul ne pouvait s'y méprendre; le nobleman perçait dans toute la personne de Montrath.

Lord George, malgré ses quarante ans, était encore un des lions de la mode londonienne. — Ce n'était point du reste un de ces lords irlandais flétris du sobriquet de lords de l'Union, nobles d'hier, qui conquirent leurs sièges au Parlement, en vendant leur pays; — c'était un vrai seigneur, baron depuis Guillaume, et possédant de père en fils une immense fortune territoriale.

Ses revenus allaient à quarante mille livres sterling. Il était propriétaire de tout le pays entre les lacs et la mer, et ses fermes couvraient les versants fertiles des Mamturks.

Les personnages appelés ce soir auprès de lui étaient ses agents d'affaires.

Le premier en grade, — l'intendant de milord, — avait nom Robert Crakenwell.

Il était du même âge que Sa Seigneurie et avait vraiment fort bon air. Avec quelques milliers de livres de revenu, cet intendant eût fait à Londres une excellente figure.

Il avait vécu dans la grande ville. Il y avait mangé comme il faut le petit héritage paternel. — En ce temps, il fréquentait de bonne compagnie, et vous l'eussiez pris pour un lord. Il tenait tous les paris, jouait à Brighton et à Bath, courait à Epsom, et possédait sur le turf un nom recommandable.

Ces choses lui avaient valu l'estime de lord George, qui l'avait fait son intendant. — Après avoir jeté follement son argent par les fenêtres, Robert Crakenwell, devenu sage, écorchait de pauvres gens qui mouraient de faim.

De la prodigalité à l'usure, il n'y a qu'un tout petit pas, et ces bons vivants, qui ont dévoré une fortune, savent mieux que personne assassiner pour quelques pences.

Crakenwell avait une tenue convenable, presque élégante; on voyait qu'il n'avait pu perdre complètement ses habitudes de dandy, et son gilet était à la mode de l'année précédente.

Parmi les autres agents, qui étaient tous Irlandais, trois ou quatre se tenaient timidement à l'écart. On ne voyait que leurs grosses têtes chevelues et les pèlerines frangées de leurs carricks.—Deux seulement se montraient hardiment ; c'étaient Dirck-Mellyn, le successeur de Luke Neale sur les bords de la Moyne, et Noll-Noose du Connemara.

Ils portaient tous les deux le carrick fauve des fermiers du Connaught.

Dirck était un petit homme d'aspect vif et inquiet, dont les traits pointus disparaissaient presque sous la grande chevelure celtique. — Noll avait un air endormi et niaisement malicieux ; vous l'eussiez pris pour un maquignon normand, ferré à neuf pour la foire prochaine.

George Montrath était assis sur un divan et mettait ses deux pieds sur une bergère ; la fatigue du voyage récent avait dessiné un cercle plus rouge autour de ses yeux transparents.

Crakenwell avait une chaise ; les agents inférieurs se tenaient debout, et c'était à qui ne pénétrerait point trop avant dans le cercle lumineux qui entourait Sa Seigneurie.

— Dépêchons ! dit lord George en étouffant un bâillement. — Maître Crakenwell, je vous prie d'apprendre à ces dignes gens les motifs qui m'ont fait les appeler auprès de moi.

— Milord, répliqua l'intendant avec une affectation de respect sous laquelle perçait une parfaite aisance, — je serais coupable si j'avais attendu jusqu'à ce moment, après les lettres si pressantes de Votre Seigneurie... J'ai déjà parlé bien des fois et de mon mieux.

Montrath regarda tour à tour les deux fermiers irlandais qui se tenaient en avant de leurs collègues, et ramena son œil vers Crakenwell.

Il y avait une sorte de prière dans cette œillade. Mais l'intendant ne l'exauça point, il demeura froid et muet.

Les deux middlemen soutinrent vaillamment, chacun à sa manière, le regard du landlord. — Dirck-Mellyn roula ses petits yeux brillants, et Noll-Noose tourna son chapeau à bords étroits dans ses mains, en souriant tout doucement.

Derrière eux il se fit un murmure timide. — Les autres middlemen s'agitaient sur le tapis et avaient la fièvre du respect.

— S'il m'était permis de risquer un mot, murmura Noose avec un salut gauche, — je dirais à Sa Seigneurie que je ne suis pas fâché de me trouver face à face avec elle... outre l'honneur de lui présenter mon respect... Les temps ne valent rien ; n'est-ce pas, Mellyn ?

— Oh ! s'écria Dirck, — depuis que le monde est monde, on ne vit jamais misère pareille.

— Au grand jamais ! appuya le chœur des middlemen.

— C'est bien vrai ! reprit Noll, — et je présume que c'est le moment de demander à notre bon lord une petite diminution de redevance.

Dirck-Mellyn toussa et regarda tout au fond de son chapeau, pour ne pas voir l'effet de ses paroles hardies.

Les agents subalternes soupirèrent à l'unisson et se firent petits dans l'ombre.

Noll, au contraire, continua de fixer sur le lord ses prunelles ternes et niaises.

L'intendant Crakenwell s'étudiait à réprimer un sourire.

Lord George bâilla.

— Combien êtes-vous de middlemen sur le domaine de Montrath ? demanda-t-il.

— Huit, pour le compte de Votre Seigneurie, répondit Noll, — depuis la mort du pauvre Luke Neale. Quant à la partie de vos terres qui est gérée par les banquiers de Londres, je crois bien qu'il y a dessus une demi-douzaine d'agents pour le moins. M. Crakenwell sait mieux cela que nous.

— Et combien vous faudrait-il de diminution ? dit encore lord George.

Dirck-Mellyn fit un geste de surprise et cessa de contempler le fond de son petit chapeau.

Le front étroit de Noll-Noose eut comme un rayonnement d'espoir.

— Que Dieu bénisse Votre Seigneurie ! murmura-t-il d'un accent dévot ; je ne sais pas ce qu'il faudrait à Olivier Turner, notre confrère qui est riche ! et qui pourrait bien faire un petit sacrifice à son landlord... Il n'est pas ici, le bon garçon !... mais Dirck-Mellyn et les autres... et moi surtout, par ma part du salut ! nous sommes plus pauvres que Job... une centaine de guinées me ferait grand bien pour ma part.

— Je n'en demanderais ni plus ni moins, dit Mellyn avec un sourire inquiet.

Les autres dirent :

— Il ne nous en faudrait pas davantage !

Toutes ces bonnes gens, qui avaient le costume ordinaire des fermiers d'Irlande, faisaient tout doucement leur fortune en pressurant sans pitié l'indigence de leurs voisins. — Ils tenaient à bail une partie considérable du domaine de Montrath, qu'ils sous-louaient, subdivisée en microscopiques tenances, à des centaines de malheureux.

En cela consiste le métier de middlemen ou d'agent intermédiaire entre le seigneur et son fermier.

La plupart du temps, il existe entre le lord et le tenancier plus d'un intermédiaire. Londres possède plusieurs agences qui prennent à bail des quantités de terres irlandaises et les font gérer par des intendants domiciliés dans quelque grande ville des quatre provinces. Ces intendants ont des sous-agents sur les lieux ; ceux-ci sont vis-à-vis des intendants ce que les intendants sont à l'égard des banquiers, ce que les banquiers sont pour les landlords. — De sorte que tel misérable champ de pommes de terre, à peine suffisant pour nourrir le fermier qui le cultive, doit servir encore des bénéfices aux sous-agents, des bénéfices à l'intendant, des bénéfices aux banquiers et la rente principale du landlord.

Le tenancier meurt à cette tâche impossible ; les entremetteurs s'engraissent ou sont assassinés : c'est la règle.

Quant au lord, il touche sa rente, et ne va point sonder vraiment cet abîme de misère où se puise l'or qui emplit incessamment ses coffres...

Montrath reçut d'un air impassible la déclaration des middlemen.

— Et vous, maître Crakenwell, dit-il, — n'avez-vous point quelque requête de ce genre à m'adresser aussi ?

— Je vis sur le domaine de Votre Seigneurie, répliqua l'intendant ; — cela me suffit, et je ne cherche point à faire fortune.

— Faire fortune ! répétèrent les agents subalternes d'un ton larmoyant. — Ah ! seigneur Jésus ! faire fortune dans notre pauvre Connaught, en menant le métier de middlemen !

— J'y ai mangé mes petites économies, ajouta Mellyn en adressant au lord un patelin sourire.

— Il y a longtemps que je n'ai plus d'économies ! soupira Noose, qui secoua sa grosse tête.

— Nous sommes pauvres, pauvres, pauvres ! gémirent les autres ; plus pauvres que des mendiants : c'est la règle.

Et tous répétèrent en chœur :

— Ah ! quel métier ! Seigneur Jésus ! quel métier !

Montrath releva sur eux son regard froid et lassé.

— Vous êtes de bons garçons, dit-il, — et je veux faire quelque chose pour vous... J'étais venu avec l'intention de vous imposer à chacun une augmentation de trois cents livres.

— Trois cents livres ! s'écrièrent à la fois les middlemen.

— Trois cents livres, répéta paisiblement lord George ; — mais, puisque les temps sont difficiles, Dieu me garde d'augmenter vos embarras... L'année prochaine je diminuerai vos fermages ; l'année d'après aussi, l'année suivante encore...

Les middlemen, au lieu de témoigner leur joie de ces promesses inespérées, gardaient tous le silence.

Dirck-Mellyn roulait ses petits yeux vifs qui disparaissaient, se remontraient et disparaissaient encore, sous l'ombrage de ses gros sourcils, avec une rapidité prestigieuse. — Le bon Noll-Noose semblait atterré ; il fixait sur le lord son regard plein de détresse et de défiance. — Il écrasait, sans le savoir, sous son bras, le feutre fauve de son chapeau rond, et ressemblait à un homme étourdi par l'imminence imprévue d'un grand péril.

— Vous m'entendez bien, mes garçons, reprit Montrath ; — je veux vous venir en aide, comme c'est mon devoir... Point d'augmentation !... une simple somme, — une misère ! que des circonstances extrêmes me contraignent à exiger de vous.

— Ah ! Jésus ! Jésus ! balbutièrent les malheureux middlemen, qui étaient tout pâles.

— Trois cents livres chacun, poursuivit Montrath, — pas un shilling de plus... et soyez sûrs que vous serez les mieux traités de vos confrères.

— Mais, milord...

— Mais Votre Seigneurie...

— Olivier Turner, qui n'est pas un bon serviteur comme vous, payera six cents livres.

— Oh ! il le peut bien, dit Mellyn.

— Cela est le double ! appuya Noll-Noose.

— Les autres, continua Montrath, seront traités comme ils le méritent... Allez vous coucher, mes enfants, et que la somme soit ici avant demain soir.

Les petits yeux de Mellyn avaient un mouvement de rotation extraordinaire : Noose écrasait son chapeau et regardait ses pieds dans une attitude désespérée.

— Allez, mes enfants, allez! répéta lord George d'un ton tout paternel.

Les quatre agents, que leur modestie avait réduits au rôle de comparses, se dirigèrent docilement vers la porte. Direk et Noll les suivirent à contre-cœur. Arrivé au seuil, Mellyn se retourna et fit quelques pas vers l'intérieur de la chambre.

— Votre Seigneurie, dit-il—Olivier Turner pourrait bien payer sept cents livres, voyez-vous!

— Il payera sept cents livres, répliqua le lord.

— *Musha!* s'écria Noose énergiquement, — mettez-le à huit cents, mon bon lord!

— Je le mets à huit cents.

Les middlemen saluèrent respectueusement et se retirèrent à demi consolés. En définitive, c'étaient leurs pauvres fermiers qui devaient payer cet impôt extraordinaire, et il fallait bien que les tenanciers de Montrath donnassent la bienvenue à leur aimé seigneur.

Ils n'avaient même pas essayé de discuter, parce qu'ils savaient parfaitement que toute discussion était inutile. A quoi bon parler de la misère des paysans et de l'accroissement de famine que cette exaction nouvelle allait porter dans les misérables cabanes?

Ils allaient être obligés d'élever les redevances d'autant et de chasser sans pitié les fermiers à l'année qui ne pourraient pas solder cette rente exagérée.

Des familles nues allaient descendre dans les bogs, sans pain et sans asile...

Mais milord avait besoin d'argent.

George Montrath et Robert Crakenwell restèrent seuls.

Le lord quitta le centre du sopha et prit place à l'une de ses extrémités, invitant du geste Crakenwell à s'asseoir.

Crakenwell s'assit sans se faire prier, et plutôt avec l'aisance d'un égal qu'avec la soumission respectueuse d'un inférieur.

Il avait suivi les deux middlemen d'un regard équivoque où se mêlaient l'ironie et la pitié. La pitié ne s'adressait point aux middlemen. — Cela pourra durer quelques années encore, dit-il, répondant à sa propre pensée; — mais les fils de Vos Seigneuries, milords, n'auront point d'héritage en Irlande.

— Nos fils aviseront, dit Montrath. Eh bien! Robert, vous avez toujours eu un grain de philosophie!... laissons cela, je vous prie, ami, et parlons de choses plus sérieuses... vit-elle encore?

— Je le crois, répondit Crakenwell.

— Un peu de pâleur était venue au front de lord George; — sa physionomie épaisse et matérielle laissa percer un mouvement de joie.

Il prit son mouchoir pour essuyer ses tempes, où il y avait des gouttes de sueur.

Crakenwell, renversé sur le dos de l'ottomane, avait les yeux au plafond, et gardait l'apparence du calme le plus complet.

Lord George l'examinait en dessous. C'était quelque chose de bizarre que cette précaution chez un homme dont les habitudes poussaient le sans-gêne jusqu'à la brutalité.

On eût dit que, pour un motif ou pour un autre, lord George avait peur de Crakenwell.

— Allons, Robin, mon ami, reprit-il, — cela me fait plus de plai-

Je vis auprès de moi la servante saxonne.

sir que je ne puis vous dire... Il fallait bien que je me mariasse, après tout, et je ne pouvais pas rester ainsi éternellement dans la gêne... Mais l'idée d'un meurtre... c'est plus fort que moi... Je me rappellerai toujours la terrible nuit que j'ai passée le soir où vous attaquâtes ce rustre de Mac-Diarmid dans le bois de Richmond.

— Ce fut un méchant coup, dit froidement Crakenwell; — Votre Seigneurie ne m'y reprendrait plus aujourd'hui; mais j'étais un homme ruiné, et mes créanciers ne me laissaient pas d'asile pour reposer ma tête... Dans ces cas-là, on fait ce qu'on peut.

— Grâce à Dieu, dit Montrath, — vous manquâtes le rustre!

— C'est-à-dire que Percy Mortimer, qui n'était alors que capitaine, se trouva là par la grâce du diable... Celui-là est un fâcheux que j'ai heurté plus d'une fois sur mon chemin... Sans lui, milord, vous auriez une sotte affaire de moins sur la conscience, murmura Montrath.

Crakenwell le regarda en face.

— Les scrupules de Votre Seigneurie, répondit-il, — sont un peu tardifs, mais assurément bien respectables. Moi, je retirai de cette affaire un coup d'épée qui me traversa le bras... c'est un souvenir qui m'empêchera de l'oublier jamais... et, à parler franc, j'aimerais mieux un remords... mais je préfère encore ma situation à celle de Votre Seigneurie.

— Connaissez-vous donc mes embarras nouveaux? demanda Montrath avec une sorte de découragement.

— Milord, je les devine à peu près... De toutes les façons d'agir, celle que vous avez choisie était la plus dangereuse... Je m'étais fait l'honneur de vous donner là-dessus mon humble avis... mais Votre Seigneurie a cru tout concilier en prenant un moyen romanesque, usité seulement dans les tragédies de Drury-Lane... Ce moyen laisse en repos votre conscience timorée; tout doit être pour le mieux.

Le rouge monta au visage de Montrath, et ses sourcils se froncèrent; mais il réprima vite ce mouvement de courroux. — Ami Robin, dit-il doucement, — vous êtes toujours railleur... mais il n'est pas donné à tout le monde de pousser si loin que vous la philosophie.

— Tuer lentement, murmura Crakenwell, — ou tuer d'un seul coup, c'est toujours tuer, milord.

Montrath mordit sa grosse lèvre et s'agita sur les coussins.

Crakenwell croisa ses jambes et se mit de plus en plus à l'aise.

— Savez-vous, milord, reprit-il, — que mon métier n'est pas des plus agréables ici?...

— Ne gagnez-vous pas suffisamment? demanda Montrath.

— On ne gagne jamais suffisamment lorsqu'on a passé la quarantaine et qu'on a la prétention de jouir encore de la vie.. Mais il ne s'agit pas de cela ; mes revenus sont honnêtes et je m'en contenterais à la rigueur, si je ne voyais pas toujours au-dessus de ma tête une épée suspendue par un fil... C'est renouvelé de Damoclès, et ce n'en est pas plus gai... Milord, j'aurais fantaisie de revoir Londres, et de laisser à un plus brave l'honneur de vous représenter dans le Connaught.

— Nous causerons de cela, Robin.

— J'aimerais en causer tout de suite.

— C'est que mes affaires sont dans un état!

— Vous savez bien, interrompit l'intendant, — qu'un millier de livres par mois suffit amplement à mon train de vivre.

Montrath essaya de sourire.

— Vous faites un joyeux compagnon, Robin, murmura-t-il, — voyons, parlons sérieusement, et donnez-moi un bon conseil.

Crakenwell ne perdait point son air d'indifférence et parlait comme un homme admirablement sûr de son fait.

— Mes conseils sont fort au service de Votre Seigneurie, répliqua-t-il, — je suis prêt à les lui donner, quitte à reprendre dans un instant l'entretien au point où nous le laisserons... De quoi s'agit-il?

— Je suis ruiné, Robin, dit Montrath d'une voix chagrine et fatiguée; — Mary Wood me coûte plus cher à entretenir que trois danseuses françaises, et ses exigences augmentent tous les jours.

— Je vous l'avais prédit, milord. — Assurément, Robin; mais c'est un conseil que je vous demande.

L'intendant réfléchit durant quelques instants; — Un sourire était autour de ses lèvres.

— C'est une femme de tête que cette Mary Wood, reprit-il avec admiration, — elle a profité de l'occasion mieux que moi... hier, pauvre servante, elle est aujourd'hui riche comme une pairesse... Ah! ah! milord! ce dévouement-là devait vous coûter cher.

Montrath fixait ses yeux dans le vide et joignait ses mains sur ses genoux avec découragement. Le rouge de son visage était moins vif et arrivait à une sorte de pâleur.

— Oui, oui, murmura-t-il, cela me coûte bien cher... de l'or, toujours de l'or! elle est insatiable! et si ce n'était que de l'or!... mais des craintes incessantes!... Je ne vis plus, Robin! cette créature s'attache à mes pas comme une vivante menace... Je la vois partout: au théâtre, au parc, à l'église!... On se demande à Londres d'où elle sort, et quelle fortune peut suffire à son luxe insensé... Elle a pris un appartement magnifique dans Portland-Place, vis-à-vis de ma propre maison... Elle a des chevaux hors de prix, des diamants, des toilettes écrasantes, et, chaque fois que je sors, sa figure stupéfiée par l'ivresse se balancer sur les coussins de son splendide équipage...

— Elle s'enivre toujours?... dit Crakenwell à voix basse; — ce serait un moyen...

Montrath le regarda en face et l'interrogea d'un œil avide.

Crakenwell jouait avec les franges de l'ottomane, et ne jugeait point à propos de poursuivre.

— Et puis, reprit le lord, — au moindre retard, des menaces impitoyables!... Ce qu'elle demande, il le lui faut à l'instant même, et quelle que soit la somme, sinon elle entre en fureur et veut tout révéler à lady Montrath!...

— C'est le défaut de la cuirasse, murmura Crakenwell; — le gin ne lui ôte pas tout son bon sens, à ce qu'il paraît. Moi je n'y mettrais pas tant de raffinement, et j'irais tout bonnement au coroner, en cas de discussion avec Votre Seigneurie.

— Vous, Robin! s'écria Montrath atterré.

— Le cas échéant, répliqua Crakenwell; — veuillez bien me comprendre, ceci est une pure et simple hypothèse; je suis bien assuré

Puis-je voir mon père? demanda Morris.

que Votre Seigneurie ne me mettra jamais en position de l'accuser d'assassinat ou seulement de bigamie.

Montrath se leva et se pressa le front à deux mains.

— Quant à cette Mary Wood, reprit paisiblement Crakenwell, — ses prétentions me semblent exorbitantes; si elle prend tout, il ne restera rien pour moi; je m'y oppose... Elle est à Londres?

— Le sais-je? répondit Montrath avec la fatigue du désespoir; — elle me suit partout comme le remords de ma faute... Je l'ai vue en France, où j'avais conduit lady Montrath... je l'ai retrouvée en Italie... Elle découvre ma trace avec une infernale adresse... Qui sait si elle ne sera pas demain à Galway?...

— C'est le *noir chagrin* d'Horace! murmura Crakenwell, qui avait lu ses auteurs. — Si elle vient, je ne serai pas fâché de la voir... En somme, elle et moi nous sommes deux puissances alliées.

— Vous vous mettriez donc avec elle contre moi? dit Montrath piteusement.

— Pure et simple hypothèse, milord... Tout ce qu'on pourrait dire, c'est que la chose n'est pas absolument impossible.

Montrath tourna le dos et se prit à parcourir la chambre à grands pas.

Crakenwell gardait son attitude impassible.

Il suivait lord George d'un regard indifférent et occupait son loisir à effiler les franges de l'ottomane.

— Montrath étouffait. —

Il ouvrit brusquement la fenêtre pour donner à sa poitrine oppressée l'air frais de la nuit.

Le feu du cap Ranach brûlait à deux cents pas de lui, au sommet de la montagne, et mettait ses lueurs sombres sur les grandes tours de Diarmid.

Cette vue fit diversion à l'abattement du lord.

— Qu'est-ce? demanda-t-il en se rejetant vivement à l'intérieur de la chambre.

Crakenwell se leva et vint s'accouder à l'appui de la croisée.

Il regarda le feu durant quelques secondes sans mot dire.

— Cela, répliqua-t-il, — c'est un signal qui m'appelle à Londres et m'avertit que les affaires de Votre Seigneurie sont dangereuses à manier par le temps qui court...

— Je ne vous comprends pas, Robin, dit Montrath.

— Les balles vont vite, murmura l'intendant, — et, quand ces diables de Molly-Maguires s'assemblent, on n'est jamais sûr de se coucher dans son lit le lendemain.

— Ce serait un signal des *ribbonmen*?... balbutia Montrath.

Crakenwell fit un signe de tête affirmatif.

— Si près du château!...

— Voilà déjà trois ou quatre fois que je vois ce feu, répondit Crakenwell... Je pense bien qu'ils sont quelque part dans les grottes de la falaise... Milord, veuillez vous retirer; je crois prudent de fermer la fenêtre... les coquins visent juste, et que deviendrait mon aisance future s'ils allaient choisir pour cible Votre Seigneurie?

Crakenwell referma la croisée et alla reprendre sa place sur l'ottomane.

L'agitation de Montrath était revenue plus forte, et il se promenait à pas précipités, en laissant échapper de confuses paroles.

— Encore un danger! murmurait-il. — Des menaces partout... partout... partout!

Il vint se mettre devant Crakenwell et croisa ses bras sur sa poitrine.

— Les Mac-Diarmid ne savent rien? dit-il.

L'intendant haussa les épaules.

— Je n'ai jamais songé à m'informer de cela, répondit-il; — c'est une affaire entre eux et vous, milord.

— C'est que je me souviens de ces huit frères qui se dressèrent un matin, menaçants, devant mon réveil. Il y autour de moi un cercle fatal, Robin... je n'en sortirai pas.

— C'est mon avis, milord, répondit l'intendant froidement.

Montrath le regarda avec colère.

— Dieu me damne! s'écria-t-il, tandis que le sang montait violemment à son visage, — je suis riche et je suis puissant... Prenez garde, maître Crakenwell!... j'écraserai quelque jour cette poignée de misérables qui m'entourent et qui me font peur.

— Essayez! murmura l'intendant sans s'émouvoir.

Montrath, en un mouvement de rage aveugle, fit un pas en avant et leva son poing fermé.

Crakenwell ne bougea pas.

Montrath, au lieu de frapper, laissa retomber ses bras le long de ses flancs; son front se courba sous la conscience de sa détresse.

— Robin, dit-il d'un ton suppliant, — nous avons été amis autrefois... ayez pitié d'un vieux compagnon... Cette femme à qui j'ai fait tant de mal serait moins impitoyable que vous... elle me pardonnerait! Vous savez où elle est; dites-moi sa retraite.

Crakenwell cessa de jouer avec les franges de l'ottomane, et regarda le lord d'un air étonné.

— Ne savez-vous point où Mary Wood l'a conduite? demanda-t-il.

— Je sais, répondit le lord d'une voix basse et tremblante, qu'elle est enfermée vive dans une sorte de tombeau... Voilà tout.

Crakenwell eut un long et franc éclat de rire.

— Cette Mary est une femme de tête! s'écria-t-il. Eh bien! milord, je n'en sais pas plus long que vous... Elle est en France peut-être... peut-être en Écosse... ou bien encore, qui sait? Mary est bien capable de l'avoir cachée dans Londres!...

XVI

LE RÉVEIL.

Morris Mac-Diarmid avait jeté la mante rouge de Molly pour reprendre le carrick du fermier irlandais.

Il cheminait seul, tournant autour de la baie de Kilkerran et laissant à sa droite les hameaux sauvages du Connemara.

Les premières lueurs du crépuscule paraissaient à peine.

Morris allait d'un pas rapide, gravissant les montagnes qui bordent toute cette partie des rivages du Connaught.

Il avait serré son carrick autour de sa taille, et son chapeau, qu'il tenait à la main, laissait au vent les boucles gracieuses de ses longs cheveux noirs.

C'était un fier jeune homme. Tout en lui était force, intelligence et beauté.

Bien des pensées accompagnaient ce matin sa course solitaire. Ses yeux distraits ne voyaient point l'agreste magnificence du paysage.

L'esprit du jeune maître était ailleurs. Il songeait à sa tâche ardue; il songeait à l'Irlande, que la liberté ferait si opulente et si belle! L'avenir passait devant ses yeux, — l'avenir, et aussi le passé.

Une jeunesse riante et insoucieuse, un bel amour tout plein de pures joies, une douce vierge au visage d'ange...

Il voyait Jessy O'Brien, la pauvre Jessy, sa fiancée.

Hélas! et son sourire se glaçait. Son genou touchait pieusement la terre humide, et de sa bouche tombaient les paroles latines de la prière pour les trépassés.

Dans le pays des Saxons, une pauvre tombe avec une croix de pierre, voilà tout ce qui restait de l'ange aimé, de la douce jeune fille pour qui la vie avait eu tant de promesses heureuses!

Morris avait le cœur serré. Quoi qu'il pût faire, la pensée de la morte se dressait au fond de sa conscience. — Il restait sept jeunes hommes forts sous le toit de Mac-Diarmid. S'ils étaient partis tous ensemble pour Londres, peut-être lord George n'eût-il point osé...

Mais l'Irlande! l'Irlande! Morris était à un poste désigné, croyait-il, par le doigt même de Dieu. Quitter ce poste, c'eût été faiblir, c'eût été presque trahir!

Oh! comme son âme dépouillait en ce moment son manteau de froideur sévère, comme tout son sang bouillait à la pensée de l'assassin! — Il n'avait plus à mettre sa prudence calculée au-devant de la fougue d'autrui; il était seul avec lui-même; son cœur n'avait plus à compter ses battements...

Lord George, le lâche et le cruel! — La main de Morris se crispait autour de son dur shillelah.

Ce bois vaut mieux que du fer; il brise les épées, et malheur à lord George s'il se fût trouvé là, dans le chemin!...

D'autres idées venaient. Morris savait que Jessy était morte, mais il ignorait tout le reste, — sa longue souffrance, ses derniers vœux, et ce qu'elle avait dit en expirant.

Il voulait savoir.

Parmi les gens de lord George, il y avait un Irlandais du Connaught dont l'enfance libre s'était passée sur les Maunturks, non loin de la demeure de Mac-Diarmid.

Cet homme avait suivi son maître. Sans doute il était au château de Montrath. Morris se promettait de le voir, de l'interroger, d'apprendre, afin de pouvoir converser aux heures de solitude avec ces souvenirs si douloureux, mais si chers...

Le jour était tout à fait clair lorsque, laissant derrière lui Ynveran, puis Torbach, il arriva en vue de Galway.

La vieille cité s'étendait silencieuse et comme endormie au fond de sa large baie. Lorsque Morris y entra, tout sommeillait encore, et nul pas ne sonnait sur le pavé des rues désertes.

Morris franchit le Claddagh, dont les noires masures restaient closes. Il passa sous les murailles carrées du Lynch's-Castle, — masse imposante et magnifique dont la façade est armoriée comme un vieux livre de blason.

Donnor-street, le bruyant, le joyeux Donnor-street, dormait comme tout le reste de la ville. L'hôtel du Roi Malcolm était aussi noir et aussi muet que ce palais démantelé qui lui faisait face, et d'où le Brûleur avait lancé au major anglais la terrible promesse de minuit.

À l'autre bout de la rue, le Grand-Libérateur n'était pas plus matinal que le Roi Malcolm. — C'était une fameuse journée qui allait commencer, une journée de labeurs et de luttes pour Saunder Flipp et pour O'Neil, une journée redoutable pour les filles de taverne et bien heureuse pour les amis de l'usquebaugh.

En vérité, l'orgie en plein air de la veille n'était rien auprès de ce qui allait se hurler et se boire!

Chaque pavé de la rue allait devenir un siège, et la chaîne des hôtes d'O'Neil allait rejoindre dans le ruisseau le cordon des convives de Saunie.

Et, Jésus! que de coups de poing! que de coups de langue! que de whiski, et que de coups de shillelah!

Il fallait prendre du repos avant la bataille. James Sullivan, — le saint devant le Seigneur, — et Williams Derry, — le cher bijou! avaient seuls le droit de ne point dormir cette nuit dans la ville.

Ils préparaient laborieusement tous les deux les speechs électoraux qu'ils devaient prononcer avant le poll, et prenaient une dernière leçon de boxe, afin de pouvoir se comporter comme il faut sur les hustings.

Hurra pour James Sullivan!

Williams Derry pour toujours!...

Morris Mac-Diarmid traversait d'un pas pressé les rues désertes. Il franchit le vieux pont, bâti un peu au-dessous de Donnor-street, et se trouva dans un quartier obscur où les maisons penchées semblaient menacer ruine de toutes parts.

Les rues étroites étaient barrées à une douzaine de pieds de hauteur par des madriers à peine équarris et destinés à empêcher les maisons de s'embrasser à travers la voie. — A part quelque différence d'architecture, on se serait cru dans ce noir réseau de ruelles qui se mêlent à Londres entre Thames-street, le Temple et la prison du Fleet.

Là aussi, les maisons se rejoignent par des poutres inclinées en tous sens, de telle sorte que, entre le regard et l'étroite bande de ciel gris que laissent voir les toitures rapprochées, il y a comme une charpente vermoulue.

Des grappes de haillons de toutes les couleurs pendaient aux poutres, qui servaient de séchoir aux pauvres familles du voisinage.

Aux premiers haillons, d'autres haillons s'attachaient; à ceux-ci d'autres encore: c'était comme une longue tenture de pantalons troués, de jupons en lambeaux et de bribes à mille franges dont l'usage ne se pouvait point deviner.

Tout cela descendait, humide, et se balançait lentement au vent froid du matin, qui se chargeait d'un fade parfum de misère.

Pour passer, il fallait écarter de la main ces loques lourdes et roidies qui retombaient à hauteur d'homme.

Au-dessous, le ruisseau noir s'emplissait d'un liquide sans nom, épais, visqueux, immobile.

Des deux côtés du ruisseau il y avait une manière de chaussée étroite qui n'était que fangeuse.

La prison de Galway, vieille masure bâtie moitié en bois, moitié en maçonnerie, s'élève au bout de cette rue et enfonce ses logis confus au milieu d'un pâté de maisons qui les cache.

Deux piliers de pierre soutiennent le portail, dont les vastes battants doublés de fer s'ouvrent en grinçant au-dessous de l'écusson du Royaume-Uni.

Rien n'annonce au dehors un édifice considérable, et l'on s'étonne que Galway, qui possède tant de ruines abandonnées, n'ait point su trouver à ses captifs un asile plus large.

Mais, au delà du portail, l'étonnement cesse. Ce sont de vastes granges, ajoutées les unes aux autres, de grands préaux, des caves spacieuses.

Il y aurait là tous les Molly-Maguires des quatre provinces, avec bon nombre de repealers entêtés.

Les magistrats protestants ne se font point faute, nous devons le dire, d'y enfermer le plus qu'ils peuvent, des uns et des autres. — La prison a toujours un personnel nombreux, et ces vieilles salles de bois ne se gâtent point faute d'habitants.

Morris souleva le lourd marteau du portail, et frappa doucement.

La voix grosse et rauque d'un dogue répondit à cet appel par des aboiements furieux ; — mais à l'intérieur personne ne bougea.

Morris hésita un instant. Il souleva de nouveau le marteau, puis il le reposa sans bruit sur son plastron de fer, comme s'il n'eût point osé frapper une seconde fois.

— Allan se fâcherait ! murmura-t-il ; — il a le réveil rude, et peut-être ne me laisserait-il point pénétrer auprès de Mac-Diarmid...

Aux deux côtés du portail gisaient deux roches brunes et plates, qui servaient à la fois de bornes et de bancs. Morris s'assit sur l'un de ces sièges et attendit.

Il y avait trois jours qu'il ne s'était couché entre les draps de son lit, mais ses yeux n'avaient point sommeil. Trop de pensées s'agitaient et se choquaient dans son cerveau.

Il s'appuya contre les piliers de pierre et donna son esprit à la méditation.

Sa tête se penchait sur sa poitrine. L'abondante richesse de ses longs cheveux voilait presque son front. Son shillelah, arme redoutable dans la main d'un Irlandais, reposait en travers sur ses genoux.

Il était six heures du matin. Quelques bruits arrivaient déjà des rues lointaines, et, dans diverses directions, les semelles de bois commençaient à sonner contre le dur pavé.

La vieille cité s'éveillait. Le murmure grandissait sans cesse. Quelques fenêtres s'ouvraient ; quelques portes du rez-de-chaussée s'entrebâillaient et montraient le vêtement de nuit des ménagères.

Puis la rue elle-même s'anima ; quelques passants cherchèrent leur route le long de l'étroite chaussée, des êtres demi-nus sortirent des maisons voisines et vinrent reconnaître au séchoir commun, qui son pantalon, qui sa robe de toile, qui le paletot gris des bons jours.

On se parait pour la fête ; on s'habillait en pleine rue comme aux jours de l'âge d'or. Chaque lambeau trouvait son maître, et c'était chose étrange assurément que de voir ce chemin fangeux changé en boudoir pour la toilette de la misère.

Mais qui donc songeait à la misère ce jour-là ? Vierge sainte ! Hurra pour William Derry ! Hurra pour le potteen ! pour l'usquebaugh ! pour les gâteaux d'avoine ! pour les pommes de terre chaudes et pour le Rappel !

Hurra ! hurra ! l'Irlande pour toujours !

Pauvre peuple d'enfants ! — Ces gens avaient douze heures de joie devant eux ! — Douze heures ! n'est-ce pas un siècle ?

Morris, perdu dans sa méditation, ne voyait rien de tout cela. S'il l'avait vu, son cœur noble aurait saigné.

Mais il n'avait pas besoin de ce triste spectacle, et son âme avait tout ce qu'elle pouvait supporter de douleur.

Son visage demi-voilé sous ses cheveux disait l'amertume de sa rêverie.

Quand un pauvre homme passait auprès de lui, — le chapeau troué du pauvre homme se soulevait respectueusement.

— C'est le bon Morris, pensait-il, le roi des vaillants gars du Galway... Il vient visiter son vieux père... Que Dieu le bénisse.

— Que Dieu le bénisse ! répétaient ceux qui venaient ensuite, — lui et Mill's Mac-Diarmid, le saint vieillard !

Et les chapeaux troués retombaient sur les grandes chevelures ébouriffées.

Et trois pas plus loin, on ne songeait plus guère à Morris ni à Mill's Mac-Diarmid, — le saint vieillard !

On allait boire ; on flairait de loin la bonne odeur du cher whisky. Les narines s'enflaient, les langues caressaient gaillardement les lèvres altérées.

Oh ! c'était un bon jour ! un grand jour ! Il y avait du potteen pour toutes les soifs, et, pour tous les appétits, des aliments solides. Toutes ces dents, si longues qu'elles fussent, et si infatigables ces mâchoires, il y avait de quoi les contenter jusqu'au coucher du soleil !

Protestants et catholiques, repealers et orangistes, allaient s'abattre sur le festin, d'une ardeur égale. Sullivan et Derry payaient l'écot.

— Mangez et buvez, fils des seigneurs ! buvez et mangez encore ! Cette bombance est le plus clair de vos institutions politiques !

O peuple de héros ! Celtes vaillants ! guerriers qui dansiez avant la bataille, et dont la harpe du barde a redit les exploits durant tant de siècles ! O demi-dieux ! voici dans la boue des pommes de terre et de l'alcool, vautrez-vous !...

Mais qu'ils tremblent, ceux dont la main vous plongea peu à peu jusqu'en ce profond abîme d'ignominie ! C'est en sursaut que les peuples s'éveillent ; et, quand a sonné l'heure fatale, les faibles d'hier se jouent avec la massue des géants !...

Il y avait autour du séchoir des disputes graves, et plus d'une poignée de cheveux tomba dans le ruisseau durant la toilette commune.

— C'était une manière de pillage : chacun s'élançait et arrachait ce qui était à sa convenance.

— Dorothée, sorcière maudite ! voilà trois jupes que vous mettez l'une sur l'autre...

— Bob, pourquoi ne vous contentez-vous pas d'un pantalon ?...

Bob était d'autant plus coupable, qu'il n'avait qu'une jambe. — Quant à Dorothée, énorme mendiante, sèche et noire, qui passait la nuit du vendredi au sabbat chaque semaine, elle noua les cordons d'un quatrième jupon par-dessus les trois autres, et regarda la cohue déguenillée d'un air fier.

Chacun se détourna d'elle en murmurant quelques bribes de *Pater*.

Dorothée s'appuya sur un long bâton, et remonta la rue ; — d'autres l'imitèrent. — Peu à peu les clameurs s'étouffèrent. La toilette était terminée. Il ne restait plus de haillons aux poutres transversales.

La rue se fit déserte. — Seulement, de temps à autre, un spectre nu sortait de quelque porte basse et accourait vers le séchoir. Il cherchait ses haillons confiés la veille aux poutres dépouillées. — Il s'était levé trop tard.

Plus rien ! — Le fantôme tournait autour du séchoir comme un loup affamé autour de la bergerie close, puis il s'enfuyait en hurlant un blasphème.

Pendant cela, les heureux couraient vers le Claddagh, vers Donnor-street, et ces autres quartiers favorisés où s'ouvraient des buvettes politiques.

Peu importait vraiment la couleur en ce moment d'accord et de bienveillance. Les public-houses catholiques déversaient le trop-plein de leurs hôtes sur les cabarets protestants.

Et l'on buvait en frères, jusqu'à ce qu'une parole malencontreuse vînt mettre au vent les shillelahs.

Alors c'était une fête.

Oh ! les crânes fêlés ! les poitrines sanglantes ! les mâchoires broyées ! Jésus ! Jésus ! hurra ! hurra ! le joyeux jour !...

Le silence était autour de la prison.

Au bout de quelques minutes, on entendit un bruit de pas à l'intérieur, et Morris, sortant enfin de sa rêverie, souleva de nouveau le lourd marteau de la porte.

— Ouvrez, Nicholas, paresseux ! dit une grosse voix derrière la porte ; un jour comme celui-ci la porte d'une prison devrait s'ouvrir d'elle-même.

— Oui, maître Allan, répliqua une autre voix douce et conciliante : — vous avez raison, maître Allan... et Dieu sait, maître Allan, que nous aurons du nouveau avant ce soir.

Les lourdes barres de bois glissèrent dans leurs rainures ; l'énorme clef grinça bruyamment ; la porte s'ouvrit.

Derrière la porte se tenait un homme de quarante ans à peu près, osseux, jaune, barbu, chevelu, avec des yeux terribles et des sourcils farouches ; — un vrai geôlier ; un geôlier comme il en faut dans les drames, et comme devraient être tous les geôliers, si ces fonctionnaires étaient choisis avec le soin convenable.

Auprès de lui se tenait un personnage tout rond, court, gras, rebondi, souriant, luisant, chauve, qui semblait placé tout exprès pour faire ressortir le terrible physique de maître Allan Grewill, le geôlier en chef de la prison de Galway.

L'homme rond et luisant était un simple porte-clefs. Il avait nom Nicholas Adams. Il était bon, simple de cœur, sobre, chaste, et digne en tout de l'emploi éminent que l'estime commune lui avait confié.

De mémoire de guichetier, maître Nicholas n'avait jamais contredit maître Allan. Grâce à cela, ils vivaient en bonne intelligence, et maître Allan, qui était un excellent homme, malgré son air de Barbe-Bleue, lui rendait la vie douce et le laissait engraisser à son aise.

— Dieu me pardonne! dit le geôlier en apercevant le nouveau venu, — c'est encore pour Mac-Diarmid! Bonjour, Morris, mon garçon... savez-vous qu'à vous seul vous usez les clefs de la ville plus que tout le reste de nos connaissances?

— Maître Allan a raison, dit Nicholas. — Bonjour, Morris!... maître Allan a raison.

Maître Allan repoussa d'un coup de pied, jusqu'au fond de sa niche, un énorme dogue qui hurlait.

— La paix! Neptunus, fils de loup! s'écria-t-il.

— La paix! Neptunus, mon ami! répéta le bon porte-clefs.

— Puis-je voir mon père? demanda Morris.

— Du diable, Mac-Diarmid, répliqua maître Allan. — il y a loin d'ici aux Mamturks : à quelle heure vous levez-vous donc, mon fils?

— Oui, murmura Nicholas en souriant, — à quelle heure?

Le geôlier en chef et le porte-clefs avaient tous les deux de larges cocardes orange à leurs bonnets; le gros homme portait en outre un nœud de la même couleur, dont les larges bouffettes s'épanouissaient en croix sur sa poitrine dodue.

— Le jeune homme vient de loin, dit-il en regardant son chef d'un air timide.—Je crois que je puis le conduire vers son père.

— Et qui vous fait croire cela? Nicholas, demanda le geôlier, qui fronça son terrible sourcil.

Les belles couleurs du gros homme tombèrent. Il baissa son front chauve et se mit à jouer avec ses clefs, comme un enfant pris en faute.

— Oh! maître Allan... murmura-t-il.

— Eh bien! reprit celui-ci en haussant les épaules, — qui vous dit que vous ayez tort de le croire?

Les fraîches couleurs reparurent aussitôt avec un doux sourire sur la joue brillante du digne porte-clefs.

— Je savais bien, murmura-t-il.—Vous avez raison, maître Allan, Neptunus, la paix! je vous prie... Venez, Mac-Diarmid, mon garçon, je vais vous ouvrir la porte.

Nicholas Adams fit jouer ses grosses et courtes jambes. Morris le suivit en saluant le geôlier. Celui-ci redressa sa taille maigre et répondit au salut du jeune homme par un regard réellement redoutable. Puis il alluma sa pipe et se prit à fumer d'un air effrayant.

Le bon Nicholas roulait le long des murailles de bois des salles communes. Tout cela était plein de pauvres diables vêtus de lambeaux inouïs. Le digne porte-clefs avait pour tous des sourires; on eût dit un bon gros apôtre chargé spécialement de réjouir ces affligés.

En passant, il distribuait des paroles placides, des bonjours et des poignées de main. Il ouvrait même parfois aux privilégiés sa vaste tabatière pleine jusqu'au bord de ce puissant tabac irlandais, si cher aux cockneys de Londres.

Le vieux Mill's Mac-Diarmid avait été confondu bien longtemps avec les malfaiteurs des salles communes; mais on avait vendu une vache, ce printemps, à la ferme du Mamturk, et une petite rétribution, payée toutes les semaines au farouche geôlier Allan, procurait au vieillard une cellule particulière.

C'était une chambre étroite et assez longue, donnant sur un préau rond, où croissaient quelques arbres rabougris.

Mill's avait ainsi un peu de verdure pour réjouir son regard, et l'air qu'il respirait était pur.

Les murailles de sa cellule, nues et formées de poutres mal équarries, avaient pour ornement une image enluminée de saint Patrick et un petit portrait d'O'Connell.

Allan, le geôlier, était par position un tory de première force, mais il se vantait volontiers d'être cousin d'O'Connell au cinquante-troisième degré. La voix du sang se faisait entendre en lui et l'empêchait de proscrire l'image du grand Libérateur.

Au moment où la grosse clef de maître Nicholas ouvrit la porte de la cellule, le vieillard, à genoux devant saint Patrick, faisait sa prière du matin.

Morris entra, et Nicholas se retira en disant : Dieu vous bénisse!

Le vieillard n'interrompit point sa prière. Il était à genoux, le dos tourné à la porte; on ne voyait que son dos, dont l'âge commençait à courber la forte cambrure. Ses longs cheveux blancs tombaient à flots d'argent sur ses épaules.

Il y avait pour tout meuble dans la cellule une couchette grossière et un escabeau de bois. — Mais, en quelque lieu que se trouvât le vieux Mill's, une sorte de grandeur digne était autour de lui. C'était le patriarche saint, le père respecté, l'homme juste dont la longue carrière s'achevait honnête et sans tache.

Morris demeurait debout auprès de la porte refermée, et gardait le silence, afin de ne point troubler l'oraison de son père.

Le vieillard se frappa la poitrine par trois fois, demandant à Dieu le pardon de ses fautes; puis il se signa et baisa la croix d'étain de son chapelet.

Puis encore il se leva et vint vers Morris la main étendue.

C'était un noble et vénérable visage. Il y avait sur ce grand front dépouillé de cheveux à son sommet la franche loyauté des bons cœurs et le calme serein de l'âme chrétienne. Il y avait une fierté douce, une résignation facile et comme un reflet de cette gaieté vaillante, si belle chez l'homme qui souffre.

Mill's avait rien perdu quant au luxe, rien perdu quant au confortable de la vie, car le luxe et le confortable étaient inconnus à la ferme du Mamturk. Le lit dur de sa prison ressemblait à la dure couche de la ferme. Mill's n'était point comme ces heureux du monde qui, précipités tout à coup, tombent des hauteurs de la richesse sur la terre froide d'un cachot.

Il n'avait fait que changer de demeure; il avait quitté quatre murailles nues pour une retraite semblable, et le vide austère de sa cellule ne lui donnait rien à regretter.

Mais il avait vécu soixante ans sur la grande montagne : il fallait à ses poumons l'air libre et pur, à sa vue l'horizon vaste, à son cœur les aspects du lieu paternel.

Il avait autant perdu que le riche.

Tout lui manquait : le cher toit où était mort son père, les bestiaux aimés, la famille assemblée autour de la table pour le repas du soir.

Les vieux amis rencontrés sur le chemin, les longues causeries à la louange d'O'Connell, la fatigue des champs, la messe à l'église rustique de Knock-derry, le sermon du pauvre curé catholique, et, le soir des dimanches, la lutte brave entre les forts garçons de la montagne.

Le pauvre perd autant que le puissant. La liberté, ce bien cher qui remplaçait pour lui tous les autres biens, lui manque. Il en souffre, comme le riche privé de son luxe, de son faste et de ses jouissances enviées.

Mais il y avait une chose plus pénible pour Mill's Mac-Diarmid que la perte même de sa liberté.

On l'accusait de meurtre et d'incendie, lui qui, depuis vingt ans, était entre les lacs et la mer l'apôtre de la paix! On l'accusait de faire partie des associations secrètes, lui dont la longue vie s'était passée au grand jour, lui qui vénérait Daniel O'Connell comme un oracle, lui qui mettait sa force et sa vieille influence à combattre les associations.

On lui avait jeté au visage ce nom de ribbonman, qu'il regardait comme le plus cruel des outrages; on avait vu en lui l'un des suppôts de Molly-Maguire, cet être fantastique et destructeur qui était à ses yeux le fléau de l'Irlande, et qu'il eût voulu tuer de sa propre main.

C'était là sa peine, son supplice.

Mais, comme toute âme pure, il gardait confiance en la justice des hommes et attendait avec impatience l'heure du jugement où son innocence éclaterait, reconnue.

La prière avait mis à son front une auréole sereine.

— Bonjour, mon fils Morris, dit-il, — soyez le bienvenu... Dieu vous bénira, mes enfants, car vous n'oubliez point votre père.

Morris saisit la main que le vieillard lui tendait et la pressa contre son cœur. Sur ses beaux traits, si calmes d'ordinaire, il y avait une vive émotion. — Ses yeux, où se reflétait son cœur, disaient sa pitié tendre et son respectueux amour.

— Mac-Diarmid, répondit-il, — vos fils ne vous aimeront jamais assez, vous qui fûtes leur guide et qui serez leur orgueil, jusqu'au jour où le nom de nos pères s'éteindra dans l'oubli.

Mill's sourit avec tristesse. Il attira Morris sur son sein et le serra entre ses bras.

— Je suis un pauvre vieillard, murmura-t-il, — et Dieu ne m'a point donné la force qu'il faut pour servir son pays.

Sans quitter la main de Morris, il se dirigea vers l'intérieur de la cellule. Il s'assit sur le pied de sa couche; Morris prit place sur l'escabelle.

— Je suis bien ici, reprit Mill's. — Mes nuits sont plus tranquilles dans ce lit que vous m'avez donné, mes enfants... Le matin, ma vue se repose sur ces pauvres arbres, prisonniers comme moi... Il leur manque le bon air des campagnes, la pluie et le soleil; — mais ils vivent.

— Vous, au moins, père, dit Morris, vous n'êtes pas cloué comme eux à ce sol de captivité... Bientôt vous serez libre.

— Dieu est juste, mon fils Morris, répliqua le vieillard gravement; — j'espère en lui.

Il se fit un court silence après lequel Mill's Mac-Diarmid poursuivit.

— Et la ferme, enfant ?... Parlez-moi de tous ceux que j'aime... Excepté le pauvre Natty, que je n'ai pas vu depuis bien longtemps, je vous reçois chacun à votre tour, — mais je ne vous vois plus ensemble comme autrefois, tous réunis, tous amis, autour du repas de famille... Ah ! c'était un bon temps, mon fils !

Le vieillard hocha lentement sa tête blanche.

Il croyait Natty malade à la ferme du Mamturk. On lui avait caché sa mort pour ne point augmenter les sombres ennuis de sa prison.

De même on lui avait caché les tristes nouvelles venues de Londres.

Il croyait Jessy O'Brien, sa fille chérie, heureuse et habituée à son sort nouveau.

Il était bien vieux, et ces deux deuils eussent pesé d'un poids trop lourd sur son grand âge.

— Tout va bien à la ferme, répondit Morris, qui se contraignit à sourire. — Natty va entrer en convalescence... Notre cher Jermyn devient un homme fort, et les dernières nouvelles de Jessy sont bonnes.

Le vieillard joignit ses mains ridées et leva ses yeux au ciel.

— Dieu est bon ! murmura-t-il. — Il y a encore du bonheur sous le toit de Mac-Diarmid !... Qu'importe qu'un pauvre vieillard souffre loin de la maison de son père ?... Ce sont quelques jours mauvais à passer, puis nous serons tous réunis encore, heureux d'être ensemble et de nous aimer... Il ne manquera personne autour de la grande table; Natty sera debout, et ma Jessy chère reprendra sa place auprès de moi...

Morris écoutait, pâle et immobile. Il avait la main sur son cœur. Deux larmes qui voulaient s'échapper, brûlaient, contenues, sous sa paupière.

XVII

LE PATRIARCHE.

Le vieillard voyait ainsi le bonheur dans l'avenir.

Il avait espoir et foi.

Après l'épreuve, il apercevait des jours meilleurs : — l'union, la paix, les belles joies de la famille.

Morris, lui, comptait les vides laissés dans les rangs aimés; il songeait à Natty son frère, à Jessy sa fiancée; il songeait au péril de mort qui entourait sans cesse les fils de Diarmid, et ces paroles d'espoir qui tombaient de la bouche du vieux père lui attristaient le cœur.

Encore quelques jours passés dans la prison, qui pouvait savoir combien d'êtres chers Mill's Mac-Diarmid, délivré, retrouverait autour de la table de famille?

Morris baissait la tête et ne montrait point sa peine; le vieillard avait si grand besoin d'espérer !

Quand ce dernier eut demandé des nouvelles de chacun de ses fils en particulier et de la noble Ellen, son œil s'anima tout à coup et sa figure prit une expression de curiosité vive.

— Et vous, ne savez-vous rien de l'élection, mon fils Morris? dit-il.

— Rien, mon père, répondit Morris; — j'étais venu vous parler d'autre chose.

Le front du vieillard s'assombrit.

— Mes enfants ! mes enfants !"répliqua-t-il avec un mouvement de colère, — il faut bien que je vous le dise... vous ne vous occupez pas assez des affaires de l'Irlande !... Jésus ! Sam est venu me voir hier, et c'est à peine s'il savait que nous étions à la veille du grand jour... Il n'avait point de cocarde. Où est la vôtre, Morris?

Le regard du vieux Mill's parcourut le jeune homme des pieds à la tête, cherchant quelque part sur sa personne les couleurs du Rappel.

Morris rougit et ne releva point sa paupière.

C'était surtout pour Mill's Mac-Diarmid que la pensée de Morris était un impénétrable secret.

Le vieillard, d'un geste véhément, toucha sa poitrine, où s'était attaché une large cocarde verte.

— La voilà ! s'écria-t-il, — voilà l'image de la patrie !... Je la porte entre les murailles de ma prison, je la porterai, s'il le faut, sur les planches d'un gibet !... L'Irlande ! enfants, le Rappel et notre père O'Connell ! Oh ! travaillez toujours dans cette voie !... Point de paresse ! point de trêve ! le repos est une lâcheté.

— Mon père, dit Morris à voix basse, — j'étais venu pour vous entretenir d'un autre sujet.

— Et de quoi voulez-vous parler aujourd'hui, Mac-Diarmid? s'écria le vieillard impétueusement. — C'est aujourd'hui le jour de la grande bataille !... Robert Peel et O'Connell sont en présence, l'orangisme et le Rappel, la tyrannie infâme et la sainte cause de la liberté !

— La liberté ! répéta Morris, dont la voix avait un accent d'amertume.

Mais il n'acheva point sa pensée.

— Un autre sujet ! reprit le vieillard, qui s'animait de plus en plus ; — quand le glaive est tiré, quand le plus grand des Irlandais, notre providence à tous, Daniel O'Connell, est peut-être aux portes de la ville... car il a promis de venir, et il viendra, le digne chrétien ! Oh ! que je voudrais le voir ! que je voudrais entendre sa parole, et toucher sa main qui conduit l'Irlande, et baiser le bas de ses vêtements !

Le sang de Mill's montait à son visage; ses yeux étaient humides, son front rayonnait de cet enthousiasme sans bornes qu'inspire à tout repealer la pensée du Libérateur.

— Sullivan ! poursuivit le vieillard; — Sullivan ! misérable sangsue grossie par notre sang ! Ose-t-il bien accepter les chances du poll dans une ville du Connaught ! Il est riche, mais il est bon William Derry en aura davantage. Ah ! que ne suis-je sur la place de Galway ! O'Connell et Derry pour toujours !... Derry triomphera, n'est-ce pas, Mac-Diarmid ?

— On le croit, répondit Morris.

— Vous ne dites même pas : On l'espère ! répliqua le vieux Mill's avec amertume. — Morris, vous n'avez pas le cœur d'un Irlandais !

— Que Dieu vous protège, père, prononça Morris, dont la voix tremblait; — je n'ai plus rien à aimer que l'Irlande !

— Alors, longue vie à O'Connell, enfant ! puisque O'Connell est le salut de l'Irlande !

— Longue vie à O'Connell ! répéta machinalement Morris.

Puis il ajouta, en pressant son cœur d'un geste passionné : — Et que Dieu sauve l'Irlande !

Mill's leva sur lui son regard attentif. Il y eut un instant de silence; quelque chose de froid était entre le père et le fils.

Ce fut Morris qui reprit le premier la parole.

— Mac-Diarmid, dit-il, vous avez déjà refusé par trois fois votre délivrance... Et pourtant votre captivité se prolonge... la tristesse est dans votre maison... Vous souffrez et vos fils souffrent... Au nom de tous mes frères, je viens vous demander une fois encore de vous laisser sauver par nos mains.

Les sourcils blanchis du vieillard s'étaient rapprochés, et son œil sombre regardait la terre.

— Depuis mon absence, murmura-t-il, — mes fils ont eu le temps d'oublier à m'obéir... je leur avais défendu d'ouvrir la bouche à ce sujet... Mais que vaut l'ombre d'un vieillard au temps où nous sommes ?

— Père ! oh ! père ! dit Morris avec une soumission émue, — nous vous aimons et nous vous respectons... Ayez pitié de nous !

— J'ai pitié, répéta le vieillard d'un ton sévère. — Mais, taisez-vous, mon fils Morris, ou la pitié va se changer en mépris... Ne le savez-vous pas ? L'Irlande est engagée dans une guerre légale. Tout Irlandais qui résiste à la loi est un traître... Non, non ! je ne veux pas que le nom du vieux Mill's soit un drapeau pour la révolte !... Je ne veux pas que les garçons du Namturks et du Connemara descendent armés sur Galway pour donner aux dragons maudits le droit de verser le sang catholique !... Ils sont venus déjà, vous le savez. Quand je fus traîné en prison, tout le pays entre les lacs et la mer se souleva... C'était la plus grande douleur qui pût affliger ma captivité... Oh ! Morris, mon fils, je he veux pas !... A quoi bon d'ailleurs désormais? L'heure de la justice approche... Aujourd'hui même, le magistrat va venir dans ma prison pour me faire subir un dernier interroĉatoire. Il n'y a contre moi ni preuves ni témoins : il y a pour moi mon innocence... Fuir serait non-seulement lâcheté, mais folie, puisque la victoire est sûre, et qu'un peu de patience amènera l'instant du triomphe !

— S'il en était ainsi, répliqua Morris tristement. — mes frères ne m'eussent point envoyé vers vous, et je n'aurais point accepté la mission de combattre votre volonté respectée... Mais, devant un jury protestant. l'innocence est-elle un bouclier pour le catholique ?

— Il faut des preuves.
— On fait des preuves.
— Il faut des témoins.
— On crée des témoins.

— J'ai passé devant deux jurys, et, pour l'honneur de l'Irlande, pas un seul témoignage ne s'est élevé contre moi.

— Et il a fallu attendre une troisième session, mon père !... et, durant les mois d'intervalle, on a cherché si bien, qu'on a trouvé des hommes pour attester votre prétendu crime.

Le vieux Mill's interrogea son fils d'un regard perçant.

— Es-tu bien sûr de cela, Morris ? demanda-t-il.

Sa voix était ferme et grave.

— J'en suis sûr, répliqua Morris, dont l'accent exprima un espoir.

Le vieillard reprit comme en se parlant à lui-même :

— Je n'ai pourtant fait de mal à personne en ma vie... J'ai secouru du mieux que j'ai pu la misère de nos frères souffrants... Ceux qui se sont vendus aux Saxons et qui vont témoigner contre moi étaient bien malheureux sans doute... Mon fils, prions Dieu de leur pardonner !

Mill's se mit à genoux au pied de son lit. Les mains jointes, les yeux au ciel, il récita dévotement sa miséricordieuse oraison.

Il y avait dans le regard de Morris une admiration attendrie.

— Mac-Diarmid, dit-il quand le vieillard se releva, — ne montrez pas à vos fils cette noble et belle âme, si vous voulez que vos fils vous laissent mourir... Mac-Diarmid, mon bon père, ayez pitié de nous !

Mill's l'attira sur sa poitrine et le baisa au front comme un enfant. Il se prit à sourire doucement.

— Vous êtes de bons fils, murmura-t-il, — et vous m'aimez bien ! Dieu m'avait donné une vieillesse heureuse... que sa volonté soit faite !

Les yeux de Morris se remplirent de larmes.

Mill's passa sa main ridée dans les beaux cheveux noirs du jeune homme et le contempla d'un air caressant.

Autour de sa lèvre errait un mélancolique sourire où il y avait de l'orgueil.

— Ce sont de nobles garçons que les fils de Diarmid ! dit-il : — huit cœurs forts dans des poitrines de fer !... Morris, vous êtes parmi eux le plus beau et le plus vaillant. Vous étiez l'orgueilleux amour de votre mère, qui est au ciel, et votre vieux père a senti souvent au fond de son âme trop de fierté mondaine quand il vous voyait si bon et si brave... Dieu aussi a donné, mon fils, c'est qui élève un homme au-dessus des autres hommes... Oh ! je vous le demande, rendez à la patrie tout ce que vous a donné Dieu !... Soyez dévoué, soyez infatigable !... Allez, et conduisez vos frères sur la route qui mène au salut de l'Irlande ! Vous serez huit intrépides soldats dans l'armée du Libérateur, et, quand viendra l'heure de la délivrance, Mac-Diarmid n'aura point failli d'apporter sa pierre au grand édifice de la liberté irlandaise... Morris, me promettez-vous de m'obéir ?

Les yeux du jeune homme se baissèrent.

— Je promets de vivre, murmura-t-il d'une voix émue ; — je promets de mourir pour l'Irlande.

Son noble front rougit de pudeur, tandis qu'il prononçait ces paroles ; car au fond de cette promesse sincère il y avait une tromperie.

Pour Mill's, l'Irlande c'était O'Connell, et Morris ne voulait point servir O'Connell. Mais il ne vint point à l'esprit du vieillard qu'un enfant élevé sous son toit pût chercher ailleurs que dans l'agitation légale le salut de l'Irlande.

Il prit la main de Morris et la serra entre les siennes.

— Merci, enfant, dit-il, — vos frères vous aiment et ont confiance en vous... Ils suivront la voie que vous leur montrerez... je vais mourir tranquille.

Le visage de Morris se couvrit de pâleur. Cette conclusion attendue lui brisa l'âme. — Il connaissait son père ; il savait que, sous cette vivacité dont l'âge n'avait pu glacer toutes les juvéniles ardeurs, le vieillard gardait une force de volonté indomptable.

En ce premier moment, il ne trouva point de paroles.

— La session ne s'ouvrira que demain. reprit Mill's avec une sorte

de gaieté. — J'aurai le temps d'apprendre la défaite de ce coquin de Sullivan et le triomphe de notre cher Derry, — que Dieu le bénisse !

— Je n'aurais pas aimé mourir avant de savoir cela... Ce misérable Sullivan ! ce cher bon garçon de Derry !... Et, si Daniel O'Connell est encore à Galway avant la sentence, il viendra sans doute donner une poignée de main à son vieux compagnon. Jésus ! le digne cœur ! Je suis sûr qu'il consentirait à me défendre devant le jury, mais il faut lui laisser tout son temps pour l'Irlande...

— Mon père, mon père chéri, interrompit Morris, que ces paroles navraient, — je vous en supplie, songez à vos fils qui vous aiment !...

Un nuage passa sur le front souriant du vieillard.

— Vous me rendrez triste, Mac-Diarmid dit-il, d'un ton résolu, — mais vous n'y gagnerez rien... Ma voie est tracée... Il n'est pas en mon pouvoir d'enlever l'échafaud qui se dresse au bout.

— Écoutez ! reprit Morris, vous êtes chrétien, et Dieu défend de se tuer... rester ici c'est appeler la mort, c'est mourir volontairement. . c'est braver la loi que nos prêtres nous enseignent du haut de la chaire sacrée !

La franche figure du vieillard exprima un instant le doute et la frayeur. Durant soixante ans la religion avait été son guide et son aide. A l'heure de mourir il craignait d'offenser Dieu.

L'œil de Morris suivait avec un ardent intérêt la série des pensées qui se reflétaient sur les traits mobiles de son père.

Un instant l'espoir rentra dans son âme ; — Mill's avait baissé la tête, et ses yeux timides disaient l'hésitation de sa conscience.

Mais bientôt son front se redressa, austère et calme.

Ses sourcils se froncèrent légèrement.

— Mon fils Morris, dit-il avec sévérité, — vous avez essayé de me tromper ; je vous pardonne, mais je vous défends de prononcer une parole de plus sur ce sujet.

Morris tomba sur ses genoux, un sanglot déchira sa poitrine.

— Mac-Diarmid, mon père bien-aimé ! s'écria-t-il, — ne repoussez pas ma prière !... Au nom de Dieu ! laissez vos fils vous sauver !

— Non, répondit le vieillard.

Morris l'entoura de ses bras en pleurant. Cette âme forte s'amollissait en ce moment comme l'âme d'une femme.

Il n'avait plus de parole ; il se traînait en gémissant sur la terre humide de la cellule.

Le vieux Mill's, repoussant par un effort héroïque l'émotion qui le gagnait, demeurait en apparence calme et froid...

Une clef grinça dans la grosse serrure de la porte.

Morris tressaillit, comme si l'heure mortelle eût sonné.

Le vieillard se redressa de toute l'imposante hauteur de sa taille.

— Relevez-vous, enfant ! dit-il impérieusement, — et cachez vos larmes !. Un protestant ne doit point voir Mac-Diarmid pleurer.

La porte s'ouvrit. Sur le seuil apparut la ronde et fraîche figure du bon Nicholas Adams ; puis, derrière, le visage bronzé, rébarbatif, féroce, de maître Allan Growil, le geôlier en chef.

— Je vous salue bien, mes deux compagnons, dit l'excellent porteclefs; nous venons prévenir Mill's Mac-Diarmid.

— Taisez-vous ! interrompit Allan d'une voix caverneuse.

Nicholas se tourna vers lui et lui adressa son plus tendre sourire.

— Allons, vieux Mac-Diarmid, reprit le farouche geôlier, — hors d'ici !... Leurs Honneurs vous attendent dans la salle des interrogatoires.

— Je suis prêt, répliqua le vieillard.

— Je suivrai mon père, dit Morris.

Le geôlier gratta son front sauvage et fit une effrayante grimace ; on eût dit qu'il allait dévorer le père et le fils.

— Je ne sais pas si c'est dans la loi, comm' ça-t-il. — Je pense que personne n'a le droit...

— Maître Allan a raison, voulut interrompre le conciliant porteclefs.

Mais cela ne lui réussit point.

— Taisez-vous, cervelle d'âne ! mugit le geôlier en roulant ses yeux comme un diable.—Prétendez-vous connaître la loi mieux que moi ?...

— Oh ! maître Allan...

— Taisez-vous !... Ce joli garçon suivra son père, si je veux... Par tous les diables de l'enfer, je voudrais bien savoir qui m'en empêcherait ?

— Ce ne sera pas moi toujours, maître Allan...

— Taisez-vous !... Allons, vous autres, hors d'ici !... Le juge MacFoot nous attend dans la salle, maître Mill's... et du diable si Son Honneur aime à attendre, quand il n'a pas un bon bol de toddy pour passer le temps !

Le redoutable geôlier reprit haleine, et Nicholas Adams eut le temps de lui dire tout au long :

— Vous avez raison, maître Allan... sur ma foi, vous avez raison !

Le geôlier lui jeta un regard de tigre.

— Taisez-vous ! grinça-t-il pour la troisième fois ; — passez devant, Mill's Mac-Diarmid... Vous, Morris, mon garçon, vous serez là comme qui dirait un attorney, quelque chose... Vous me plaisez, mon bijou, et j'espère bien quelque jour vous avoir sous ma clef...

Le bon Nicholas se frotta les mains d'un air joyeux.

— Oh! maître Allan! dit-il.

Les sourcils de ce dernier se détendirent comme s'il allait avoir un accès de gaieté, mais ce fut l'affaire d'une seconde; tous ses poils bruns, barbe, sourcils, cheveux, remuèrent aux contorsions de sa face, et il reprit d'une voix tonnante :

— Marchons ! vous autres, marchons !

Le vieux Mill's franchit la porte de sa cellule, appuyé sur le bras de Morris. — L'honnête Nicholas formait l'avant-garde : le geôlier marchait le dernier, le poing sur la hanche, le bonnet de travers, et menaçant le vide de son regard foudroyant.

Cet homme terrible était bavard.

— Ça vaudra quelque chose, grommela-t-il en mesurant son pas lourd. — Je suis bien aise que le vieux coquin de papiste ait une manière de conseil... le gentleman de Londres en prendra meilleure idée de notre prison de Galway... Sainte bible ! ça va être comme un jugement dans les formes !... Il y aura le tribunal, l'accusé, l'avocat et le public, ma foi !... une vieille dame habillée de soie et une jolie miss, que j'appellerais mistress Grewil, de tout mon cœur, à l'occasion.

Les Mac-Diarmid allaient en silence dans les longs corridors de la prison.

Le bon porte-clefs Nicholas était trop loin de son patron pour saisir le sens de ses paroles, mais, de temps en temps, il se retournait et murmurait de confiance :

— Maître Allan, vous avez raison.

La salle des interrogatoires était située par delà les chambres communes, tout au bout de la prison.

Lorsque Mac-Diarmid et son fils y arrivèrent, la petite estrade destinée au juge d'instruction était occupée déjà par le vénérable Mac-Foot, auteur des Visions dans la veille et des Abstractions de la chair.

Auprès de lui, se tenait droit et digne, Josuah Daws, esq., sous-intendant de la police métropolitaine de Londres.

Cet honorable gentleman n'avait rien perdu de son air d'importance. Sa longue et jaune figure projetait son menton aigu jusque sur sa poitrine; il avait, dans toute la rigueur du terme, la tenue théâtralement austère d'un puritain de la vieille roche.

Un petit vieillard, nommé Gilbert Flibbert, tenait la plume, au bas de l'estrade, prêt à remplir son office de greffier.

En entrant, on ne voyait que ces trois personnages; — mais un regard plus attentif eût découvert dans un angle obscur de la salle deux dames en toilettes élégantes, assises sur des fauteuils apportés tout exprès.

C'étaient mistress Fenella Daws et sa jolie nièce, miss Francès Roberts.

Fenella ne put rester tranquille sur son siége lorsque la porte ouverte donna passage au prisonnier.

Elle se leva et mit au devant de ses yeux effarés son binocle d'or.

Le noble visage de Mill's Mac-Diarmid et la fière beauté de Morris lui arrachèrent un cri de joyeuse surprise.

Elle était venue là au spectacle, et le spectacle promettait vraiment quelque intérêt.

La figure effrayante de maître Allan lui causa un frémissement de plaisir ; c'était bien là le geôlier modèle qu'elle s'était figuré si souvent en lisant les pages frémissantes d'Anne Radcliff ou de miss Maria Porter. Cette bouche grimaçante lui plaisait au degré suprême, elle n'eût pas donné pour une guinée ce regard sanglant; cette barbe hérissée la ravissait en extase.

Il n'y eut pas jusqu'au bon Nicholas qui ne lui semblât un type fort convenable. Elle était à peu près certaine, — ou ses souvenirs l'eussent cruellement trompée, — d'avoir vu un porte-clefs pareil dans les livres :

Un gros homme rose et souriant, cachant sous une apparence débonnaire une méchanceté de léopard.

— Il faut venir dans le sauvage Connaught, murmura-t-elle en se tournant à demi vers sa nièce, — pour trouver cette couleur !...

Voyez, miss Francès, y a-t-il un geôlier comme cela à Newgate !... Trouverait-on un porte-clefs comparable à celui-ci dans toutes les prisons de Londres ?

Elle tira précipitamment de sa poche un vaste portefeuille, sur le vélin duquel sa main sèche et pointue griffonna quelques phrases à la hâte.

— Je note mes impressions, mon enfant, dit-elle, — je fixe ma pensée... Je ne veux rien oublier, afin de raconter à nos amis de Fleet-street nos aventures d'Irlande, avec tous leurs détails.

Miss Francès ne répondait point. — Jusqu'à l'arrivée du prisonnier et de son fils, le charmant visage de la jeune Anglaise avait gardé son expression froide et un peu sévère.

Maintenant il y avait sur ses joues, sur son front, sur son beau cou, si blancs d'ordinaire, une épaisse rougeur ; son sein battait sous l'étoffe chastement croisée de sa robe.

Elle regardait Morris, et son âme était dans ses yeux.

XVIII

IMPRESSIONS DE FENELLA DAWS.

Ce jour devait être solennel dans la vie de mistress Fenella Daws. Que d'observations elle allait faire dans ce court espace de temps ! Que de pensées fines et profondes elle allait jeter sur le papier ! Que de pages ajoutées aux pages précieuses de son volumineux carnet !

Cette femme romanesque s'était levée avec l'aurore, dont elle avait vu les doigts roses entr'ouvrir les portes de l'Orient.

Heureux habitants de Fleet-street, du Strand, de Ludgate et de Cornhill, cette activité matinale était pour vous ; c'était pour réjouir vos raouts bourgeois, pour éblouir vos bals d'arrière-magasin, que l'ingénieuse Fenella taillait sa plume et mettait en arrêt sa poétique pénétration.

Qui donc nous a dit que la gloire est une chose vaine ? La gloire des poètes, des rois et des héros, d'accord ; mais la gloire entre voisins, la célébrité de porte à porte, la renommée qui flamboie à l'odeur fade du thé, quoi de plus réel et de plus beau ? Que ces lauriers s'acquièrent à l'aide de la guitare, du piano ou de la harpe ; à l'aide des speechs du dessert ou des pièces de vers domestiques ; à l'aide de la polka ou d'un voyage en France, leurs parfums enivrent à coup sûr et pareillement.

Si l'on est homme, on passe lion d'emblée dans les salons de la petite finance ; si l'on est femme, on prend le grade vénéré de bas-bleu.

Et tous les fronts humbles se courbent, et tous les esprits vulgaires s'inclinent subjugués.

Mistress Fenella Daws n'avait jamais vu la France ; son gazouillement britannique, aigu, chantait et tirant du gosier des notes inconvenables, n'avait jamais fait la joie du gamin de Paris sur nos boulevards ; mais elle était en Irlande, dans le lointain Connaught. — Laquelle de ses amies dans Cornhill, Cheapside et même dans le Strand, ces quartiers plus fashionables, pouvait lui faire concurrence à cet égard ?

On va aux Antilles, au Cap, aux Indes, en Chine, — mais on ne va pas en Irlande.

La position de mistress Daws avait positivement du rapport avec celle de Christophe Colomb. Eu égard au cercle où elle vivait, elle avait découvert le Connaught.

Libre à elle d'user largement du privilège des voyageurs. Elle avait le droit de tout dire ; personne ne pourrait contrôler ses assertions et la prendre en flagrant délit de mensonge.

Il n'avait fallu rien moins que cette perspective brillante pour porter la compagne de Josuah Daws, esq., l'une des femmes les plus délicates et les plus élégantes de Poultry, à entreprendre ce dangereux voyage ; mais son esprit pénétrant et sûr lui avait montré la récompense au bout du labeur. Elle avait fait faire un portefeuille énorme. Elle avait mis dans un coin de sa malle plusieurs bouteilles d'eau contre les rides, — cosmétique puissant dont elle usait, hélas ! depuis longtemps en vain. — Elle avait échangé avec ses amies tendres de déchirants adieux ; puis, faisant appel à tout son courage, elle avait bravé les tempêtes du canal Saint-George.

Les femmes comme mistress Daws ont des yeux souvent assez laids, mais qui ne voient point.

Il y a comme une lentille absurde et fantastique entre elles et la réalité. Leur mémoire terrible se met au-devant de leur prunelle ; — elles ne regardent point, elles se souviennent.

Elles ont lu tant de poëmes et tant de romans!

La nature est pour elles un plagiat, une copie souvent pâle et mauvaise des belles descriptions qui les ont charmées.

Mistress Daws avait trouvé la mer prosaïque; les grandes vagues ne lui avaient point donné suffisamment à rêver.

Aux premiers pas qu'elle avait faits en Irlande, elle s'était indignée de trouver sur son chemin des êtres gardant à peu près la forme humaine; elle eût voulu des orangs-outangs, ou tout au moins des caraïbes peints en rouge et s'entre-tuant avec des arêtes de poisson.

N'était-ce pas odieux? — Il y avait de beaux lacs, de vertes campagnes et des monts dont la croupe harmonieuse s'arrondissait à l'horizon.

Que faire de tout cela?

Mistress Fenella Daws ferma ses yeux sans couleur et se monta la tête.

Quand elle releva les cils blondâtres de sa paupière, tout avait changé d'aspect. — Dieu! que ces hommes chevelus lui donnaient de doux frémissements!... Que ces femmes à mantes rouges avaient bien l'air des prêtresses de la divinité druidique! — Quel feu diabolique dans les yeux de ces enfants! — Quels monstres se cachaient dans ces basses forêts de bog-pine qui s'étendaient comme un tapis fauve à perte de vue!

Elle était là, l'Irlande rêvée! Fenella reconnaissait Banim et miss Roche; elle s'étonnait qu'Anne Radcliff n'eût point placé, dans ces ruines barbues qu'elle apercevait au sommet des montagnes, la scène d'un de ses délicieux récits.

Son portefeuille se couvrait; elle faisait des provisions pour trois ou quatre saisons successives.

Une fois à Galway, tandis que Josuah Daws accomplissait

Je ne pouvais plus bouger.

l'objet de son voyage, Fenella, suivie de Francès, assouvissait sa passion pour l'art et visitait les merveilles des côtes occidentales de l'Irlande.

Elle avait tout vu, hommes et choses. Elle avait appris le nom irlandais du bâton et le nom celte de la pipe; le lilliburo était transcrit sur son carnet, qui contenait en outre plusieurs lithographies à deux sous représentant les divers sites du pays.

Hélas! elle était bien forcée de confier à ce cher portefeuille toutes ses impressions de voyage! Miss Francès n'était point faite en vérité pour la comprendre; il y avait entre elles un abîme.

Mistress Daws avait dû se l'avouer, il n'y avait pas au fond du cœur vulgaire de cette jeune fille une seule parcelle d'ineffable poésie.

Francès, le croirait-on? n'avait rien lu de Maria Regina Roche, rien lu de miss Porter, rien lu des dix ou douze poëtes nuageux qui faisaient les délices de sa tante! Elle voyait tout avec sa droite raison; elle mettait à juger les hommes un esprit fin, délicat, mais ferme. Elle parlait simplement, et jamais un hémistiche vaporeux ne s'égarait dans sa phrase. — Se pouvait-il bien que Fenella eût une nièce pareille?

Et cet être sans poésie avait dix-huit ans; un visage charmant, des cheveux d'ange, des yeux doux comme un beau ciel!

Destin aveugle! — pourquoi toutes ces choses n'étaient-elles point à Fenella Daws, qui en eût fait un si adorable usage?

Il fallait se taire auprès de cette petite fille qui sentait comme tout le monde et ne savait point donner de tours ravissants à sa pensée. — Quand parfois Francès s'animait à la vue des merveilleuses beautés jetées à profusion par la main de Dieu sur les pauvres rivages du Connaught, quand ses yeux bleus rêvaient, quand son front intelligent s'inspirait et semblait s'élargir sous l'or ruisselant de sa chevelure, Fenella espérait un peu; elle prenait la parole, et, afin de chauffer cet enthousiasme naissant, elle déclamait quelques pages apprises.

Chose étrange! au premier mot, Francès redevenait froide; ses grands yeux se baissaient, un nuage morne descendait sur son front.

On eût dit qu'elle s'ennuyait purement et simplement.

Fenella haussait ses épaules acérées, poignardait sa nièce d'un regard de mépris, et r menait sa prunelle incolore vers ces sites magnifiques qu'elle se forçait à admirer.

Ah! si Francès n'eût point été la fille de feu sire Edmund Roberts, knight, membre du Parlement, et l'honneur de la famille Daws, si Francès n'avait point été élevée à la maison d'éducation de mistress Belton, dans Pimlico, avec de jeunes ladies héritières des plus grands noms, il est douteux pour nous que Fenella eût seulement consenti à supporter sa compagnie.

Mais miss Roberts avait de si belles connaissances! — et il était si agréable de placer le nom de l'honorable sir Edmund de temps en temps dans l'entretien!...

Parfois, grâce à miss Roberts, des équipages armoriés s'arrêtaient dans Poultry devant la porte modeste de Josuah Daws; — des baronnes, des comtesses, entraient dans le salon bourgeois de Fenella! — Un jour, lady Georgiana Montrath s'était assise sur le sopha jaune de mistress Daws.

Lady Montrath! — lady Georgiana Montrath, qui était en vérité l'amie de pension de Francès.

C'était une compensation grande et qui faisait supporter bien des choses... Quant aux mœurs du pays, Fenella les avait profondément fouillées ; son mari, qui, par profession, avait besoin de tout voir, l'avait conduite à cette grande fête qui ouvre la saison d'été entre les lacs et la mer.

Elle avait vu la Saint-Patrick.

Des danses, des luttes, des devins, des sorcières, des mendiants innombrables, des coups de shillelah et même des coups de couteau, car une des tentatives de meurtre dirigée contre le major Percy Mortimer avait eu lieu pendant la fête.

Le major avait produit sur elle l'effet d'un héros de roman. C'était la figure principale qui manquait jusqu'alors au drame de son voyage.

Elle se mit à penser au major. Elle lui donna généreusement toutes les qualités romanesques des beaux guerriers qui foisonnaient dans sa mémoire.

Aucun de ses romanciers favoris n'avait jamais rien créé d'aussi parfait.

Ses rêveries devinrent d'une suavité inquiétante, et la pauvre Francès fut obligée de subir des tirades inouïes sur la puissance irrésistible de l'amour.

A vrai dire, Francès écoutait moins que jamais. Elle aussi avait rapporté des Mamturks un sujet de rêverie, et bien souvent, soit qu'elle fût seule, soit que la parole vide de sa tante bourdonnât à son oreille, l'esprit de la jeune fille s'échappait vers ces sites sauvages où elle avait vu le bras d'un homme contenir une foule furieuse.

Un homme seul, un jeune homme, aussi beau que brave, et dont le visage fier s'animait tout au fond des souvenirs de Francès.

Un regard orgueilleux et doux à la fois, un front puissant, une parole éclatante et rapide comme la foudre. Elle savait son nom ; — car, tandis que mille bras l'attaquaient, des bouches sans nombre criaient : — Morris ! Morris Mac-Diarmid !

Francès ne croyait point aux choses de l'amour. La folie de sa tante avait fait sur elle l'effet d'un préservatif énergique, et tout ce qui sentait le roman, le fantastique, la fausse poésie, la repoussait, à coup sûr.

L'habitude avait mis une teinte de gravité trop sévère parmi sa douce beauté, — et son cœur était, comme son visage, doux et austère.

Ce cœur n'avait jamais battu au nom d'un homme. On se croit bien vite à l'abri de l'amour, dès que l'amour tarde à frapper. Francès pensait sincèrement qu'il en était de cela comme de tout ce dont parlait sa tante, et reléguait l'amour dans le domaine des chimères.

Elle ne se demanda point pourquoi elle rêvait davantage, et plus longtemps, et plus doucement ; elle ne se demanda point pourquoi cette image restait obstinément gravée au fond de son cœur, et pourquoi sa bouche murmurait involontairement ce nom si récemment appris.

Elle aima sans savoir, et quand, pour la première fois, elle se dit que peut-être elle aimait, ce fut pour affermir en sa révolte sa conscience incrédule et pour se moquer de son propre cœur.

Mais qu'importe la manière dont la passion s'est glissée dans une âme ? Que font ces vains combats et ces farouches sophismes où s'égare un instant le cœur de la vierge ?... Francès aimait. Quelle pag[e] pour le carnet de Fenella Daws !...

Cette poétique femme n'avait plus guère à voir en Irlande qu'un drame incrédule et la grande comédie des élections.

Or le drame et la comédie s'annonçaient pour le même jour. Il fallait le loisir. C'était d'après le vœu de Fenella que le vieux Mill's Mac-Diarmid subissait de si grand matin son dernier interrogatoire.

Fenella, comme toutes les femmes qui remplissent de leurs pensées écrites de vastes portefeuilles, avait des prétentions au sceptre conjugal. L'austère Josuah Daws n'eût pas mieux demandé que d'être le maître ; mais Fenella, impérieuse autant qu'une jolie femme, avait miné petit à petit la volonté de son mari. Le sous-intendant de police, après une défense qui n'était pas sans mérite, avait fini par céder, de guerre lasse, et obéissait à sa femme tout en gardant ses dehors d'importance et de sévère supériorité.

Fenella lui avait dit la veille que son caprice était d'assister à l'interrogatoire du vieux payeur-de-minuit. Ceci était contre toutes les règles ; — pourtant le sous-intendant de police répondit affirmativement, comme toujours.

Le juge Mac-Foote, bien qu'il eût composé le *Traité des Visions dans la veille et des Abstractions de la chair*, était un homme galant ; il mit la salle des interrogatoires à la disposition de mistress Daws, et avança l'heure de la séance, afin que Fenella pût jouir des premières luttes du poil.

Ce juge Mac-Foote était bien aise de se concilier un magistrat de la métropole ; le shérif se faisait vieux, et il est toujours bon d'avoir à Londres un ami actif.

Le matin de ce grand jour, mistress Daws attacha sur son front légèrement dégarni son tour de cheveux le plus touffu ; elle mit sa robe la plus éclatante et son chapeau le plus glorieusement empanaché.

Il va sans dire qu'elle n'oublia point le portefeuille précieux.

Les deux amies.

5

Francès fit sa toilette simple de tous les jours.

Josuah Daws leur offrit ses deux bras, et ils partirent tous trois pour la prison au moment où les rues de Galway s'éveillaient.

Mac-Foot les plaça dans ce coin de la salle où nous les avons vues, et il ne gagna son siége magistral qu'après avoir épuisé, en faveur des deux dames, le fonds de compliments tenu par lui en réserve pour les grandes circonstances.

La représentation commença.

— Eh bien! Mill's, mon vieil homme, dit le juge avec une douceur affectée, — avons-nous quelque petite chose de nouveau à confesser à la justice?

— Monsieur Mac-Foot, répondit le vieillard, — j'ai dit la vérité, rien de plus, rien de moins... Qu'y a-t-il au delà de la vérité, sinon le mensonge!

Josuah Daws, esq., hocha la tête d'un air capable.

Mac-Foot poussa un hem! retentissant.

Ce Mac-Foot était un bon diable de magistrat irlandais, menteur, astucieux par routine, mais ne regorgeant point de malice.

Il avait une figure de rustre sous sa perruque blanche de magistrat. Son air était embarrassé, gauche, maussade. Il était peut-être aussi savant qu'il le fallait, mais il n'en avait point l'air, et les rares lecteurs qui avaient parcouru son fameux traité n'y avaient point puisé une idée très-considérable de sa personne.

Il adressait au grave Josuah Daws de fréquentes œillades et ne perdait aucune occasion de lui faire les honneurs de céans.

Josuah recevait ses prévenances avec la dignité convenable, et gardait sa rigide tenue.

De temps à autre, le juge se tournait vers les dames afin de leur adresser un salut courtois.

Fenella Daws prenait toute sorte d'airs plus ou moins ravissants. Francès ne voyait point les saluts du juge.

— Remarquez bien, monsieur Mac-Foot, mon cher et honorable collègue, reprit Mac-Foot, que cet homme est particulièrement endurci... Voici peut-être son trentième interrogatoire, et c'est toujours la même réponse!

— En vérité, monsieur Mac-Foot! répliqua Daws d'un air profond.

Fenella écrivit sur son portefeuille:

« Prison de Galway; petites rues; beaucoup de boue et des haillons qui sèchent au dehors. — A la porte, un énorme chien d'espèce inconnue, qui aboie comme les dogues, à peu près. — Prisonniers: Molly-Maguire; repealers insolents et aveuglés. — Hommes de six pieds huit pouces, rouges, borgnes et mâchant du tabac. — Femme bossue, qui se prétend sorcière, et dont les ongles ont plus d'un pouce de long. — Salle immense aux gothiques arceaux, à la voûte imposante; il y a au centre une estrade en trône pour les magistrats, et, dans un coin, des fauteuils pour les dames. — Aspect général grandiose et plein de couleur. — Type de geôlier: Féroce, sourcils, barbe et cheveux d'un noir fauve, œil sanglant, dents très-longues, voix qui fait trembler. — Type de porte-clefs: Hypocrite, grosses joues, petits yeux qui papillotent sans cesse, tête chauve et roude, ventre exorbitant. — Vieux prisonnier, qui, au premier abord, a l'air d'un saint, et qui n'est qu'un misérable bandit! Obstination infernale de ce prisonnier. — Beauté du jeune garçon qui l'accompagne; effet que produit master Josuah Daws, esq., dans le tableau. »

Comme on le voit, la récolte avait été bonne ce matin. Fenella, historien fidèle, suivait les événements pas à pas, se chargeant seulement de mettre un peu de poésie parmi les choses, et changeant çà et là, — pour la couleur, — une estrade vermoulue en trône, une pauvre grange en salle imposante avec grande voûte et arceaux gothiques...

— Mon cher et honorable confrère, reprit le juge en s'adressant à Daws, — votre avis n'est-il pas qu'il faut agir ici avec adresse et douceur?

Le sous-intendant de police s'inclina en signe d'assentiment, et l'ingénieuse Fenella mit sur son grand calepin:

« Finesses et détours de la justice irlandaise. »

Mac-Foot poursuivit en se tournant vers l'accusé: — Allons,

Mill's, mon vieil homme, un peu de franchise! Vous êtes ici devant des amis qui ont un sincère désir de vous trouver blanc comme neige.

Le bon Nicholas essuya ses yeux attendris.

— Cet homme est un affreux tartufe, miss Francès! murmura Fenella en désignant le pauvre porte-clefs. — J'aime encore mieux la férocité franche de cet autre... le geôlier, je crois... on sait au moins à quoi s'en tenir.

Francès ne prenait point la peine de cacher son émotion. Si Fenella n'eût été tout entière à son œuvre, elle aurait vu les beaux yeux de sa nièce fixer sur le jeune Mac-Diarmid un regard déjà tout plein de passion.

Mais Fenella n'avait vraiment pas le loisir; — il fallait que son carnet fût plein au retour.

On ne vient pas deux fois en Irlande.

L'œil de Mill's, calme et ferme, était relevé sur son juge. A la doucereuse allocution de ce dernier, il avait répondu par un silence froid où il y avait quelque dédain.

— Vous voyez, cher et honorable collègue, dit Mac-Foot, entêté comme une mule!... A ce propos, monsieur Daws, permettez-moi de vous faire observer que l'hôtel du Roi Malcolm n'est point un logement convenable pour un gentleman de votre importance...

— Nous parlerons de cela plus tard, monsieur Mac-Foot, répliqua le sous-intendant de police avec un demi-salut protecteur; nous en sommes à interroger le prisonnier.

Mac-Foot sourit et cligna de l'œil.

— Sans doute, sans doute, murmura-t-il. — Mill's, mon vieil homme, ne vous impatientez pas... Son Honneur et moi nous sommes à vous dans la minute... Je disais donc, mon cher et honorable confrère, que ces charmantes dames — Mac-Foot salua les dames — ne sont point à leur place dans une pauvre auberge de Galway... Faites-moi le plaisir de regarder par cette croisée... Voyez-vous ces trois fenêtres qui s'ouvrent sur un mur tout neuf et qui donnent sur ce préau planté d'arbres?

— Monsieur Mac-Foot, interrompit l'austère Daws, — nous sommes ici pour...

— Bien, bien, cher monsieur... ne craignez-vous pas que le vieil homme s'impatiente? Gilbert Flibbert, occupez-vous à transcrire les réponses du prisonnier.

— Votre Honneur, repartit le petit greffier, le prisonnier n'a encore rien répondu.

— Du silence, Gilbert!... et plus de respect pour la magistrature, mon ami!... Cher et honorable collègue, ces trois fenêtres sont celles de l'administrateur des prisons, qui fait sa tournée dans le comté..... La cité de Galway serait heureuse si vous vouliez bien devenir son hôte et accepter cet appartement.

Daws jeta un regard oblique vers les trois fenêtres.

— Nous verrons cela, monsieur Mac-Foot, répliqua-t-il sans rien perdre de son austère suffisance, — nous verrons cela plus tard... Il y a temps pour tout, et nous sommes ici dans l'intérêt de la chose publique.

Fenella inscrivit sur son calepin avec un légitime orgueil:

« Belles paroles de Josuah Daws, esq., à un magistrat de Galway. »

Mac-Foot salua et fit effort pour garder son sourire.

— Cher et honorable collègue, dit-il, je vous remercie de votre avis... Attention, Gilbert Flibbert!... Vieux Mill's, vous êtes accusé d'avoir porté le manteau rouge de Molly-Maguire la nuit où fut incendiée la ferme de Luke-Neale.

— C'est faux! répondit le vieillard.

— On a entendu le nom de Mac-Diarmid prononcé dans les bogs cette nuit-là.

— Mes fils et moi nous dormions à la ferme du Mamturk.

— Avez-vous des témoins pour le prouver?

— La petite Peggy, le valet Joyce et la noble Ellen pourraient en faire serment.

Le juge haussa les épaules.

— Une servante, grommela-t-il, — un valet de ferme et une cousine... Gilbert, écrivez qu'il n'y a pas de témoins.

Les deux Mac-Diarmid ne firent pas un mouvement. Ils restaient dignes et froids, le père appuyé sur l'épaule de son fils.

— Mais c'est un mensonge odieux! murmura Francès, dont le visage, si calme d'ordinaire, exprimait une vive indignation.

— Chut! miss Fanny, repartit Fenella. — Ne savez-vous pas que la forme de la justice varie suivant les pays. Ce juge me plaît beaucoup. Il me semble que nous serons bien logés dans cet appartement que M. Daws acceptera ce soir.

— Cher et honorable confrère, reprit Mac-Foot, — vous plairait-il adresser vous-même quelques demandes à l'accusé.

— Je n'ai point qualité pour cela, monsieur Mac-Foot, répliqua Daws; — mais veuillez lui apprendre la nouvelle position où le placent les témoignages acquis désormais au procès.

Aucun muscle ne remua sur le visage du vieux Mill's; — mais Morris devint plus pâle.

Francès, qui le regardait, sentit en son cœur une muette angoisse, et des larmes vinrent à ses beaux yeux.

— Mon Dieu! pensa-t-elle, — que n'ai-je le pouvoir de calmer sa peine...

Au mot de témoignage, maître Allan avait échangé un de ses regards terribles contre un des tendres regards du doux porte-clefs.

C'était une nouvelle phase du procès; ils ouvrirent tous deux les oreilles.

Gilbert Flibbert lui-même mit sa plume en arrêt et devint attentif.

Mac-Foot se recueillit un instant.

— Je dois vous dire, Mill's Mac-Diarmid, reprit-il avec une sorte de solennité, que votre position est cruellement changée... Jusqu'ici la justice avait la conviction morale de votre culpabilité... mais c'était tout : les preuves manquaient, et notre cour équitable se serait vue forcée de vous relâcher à la fin... maintenant ces preuves qui nous faisaient défaut, nous les avons obtenues.

Mac-Foot fit une pause pour constater l'effet produit.

Mill's était ferme comme un roc. Sa grande taille se développait dans toute sa hauteur imposante. Son regard doux et fier tombait d'aplomb sur le juge. Il y avait comme une auréole de résignation sainte autour de son front dépouillé par l'âge.

Morris, qui avait surmonté le premier moment de trouble, partageait maintenant, au moins en apparence, le calme de son père.

Les larmes de Francès s'étaient séchées. Il n'y avait plus dans ses yeux qu'une admiration ardente.

Et, de même que l'austérité habituelle qu'on s'étonnait de voir naguère sur son jeune visage n'avait jamais été un masque, de même les sentiments divers qui, en ce moment, agitaient son âme tour à tour, se reflétaient sans contrainte sur sa physionomie mobile et fidèle comme un miroir.

C'était un cœur franc et droit, ignorant toute feinte et dédaignant les vaines conventions de l'étiquette mondaine.

Elle eût cru mentir en composant les traits de son visage. Comme elle n'avait point honte de ce qui était en son âme pure, elle repoussait tout masque et mettait sa conscience à découvert.

Si mistress Daws l'eût observée en ce moment, Fleet-Street, Ludgate, Cornhill, Cheapside et Poultery eussent été privés des impressions de voyage de l'excellente dame durant cette mémorable journée.

L'étonnement l'eût empêchée de donner suite à ses découvertes intéressantes. Elle eût jeté son crayon et refermé son immense portefeuille.

Heureusement, nous l'avons déjà dit, Fenella Daws avait des yeux blancs pour ne point voir.

— Poursuivez, monsieur Mac-Foot, dit le sous-intendant de police.

— Ce diable de bonhomme n'a peur de rien! grommela le juge.... Vous m'avez entendu, Mill's Mac-Diarmid? reprit-il tout haut. — nous avons des preuves... Ces preuves consistent en trois témoins. —

Vous m'écoutez? — Trois témoins qui vous ont vu tenir la torche, depuis les ruines de Glanmore jusqu'à la ferme du malheureux Luke-Neale.

Les poings de Morris se fermèrent par un mouvement convulsif et irrésistible.

— Infamie! murmura-t-il.

Et tout au fond du cœur de Francès une voix s'éleva, qui répéta : — Infamie!

Elle était persuadée. L'innocence de ce vieillard qu'elle ne connaissait point lui apparaissait plus claire que le jour. Elle en eût juré sur son âme et conscience. Elle y eût engagé son salut éternel

Parce qu'une parole tombée des lèvres de Morris était venue jusqu'à elle, et que Morris était déjà tout-puissant sur son cœur

Le vieillard, cependant, s'était tourné vers son fils, et lui avait imposé silence d'un geste souverain.

— Maître Allan, dit Mac-Foot, — placez-vous, je vous prie, auprès de ce jeune gaillard... et, au moindre mot, jetez-le à la porte, maître Allan.

—'Son Honneur a raison, grommela le bon Nicholas par habitude.

Allan gronda terriblement, et vint mettre sa personne effrayante auprès de Morris.

— Que dites-vous de cela, vieil homme? reprit Mac-Foot d'un accent triomphant. — Trois témoins! il n'en faudrait qu'un pour vous faire pendre.

— Mon corps est à la loi, répondit Mill's Mac-Diarmid; — mon âme est à Dieu... J'ai assez longtemps vécu pour avoir appris à mourir.

— C'est dramatique! murmura Fenella Daws. — Sur ma parole, Francès, ce sauvage a merveilleusement dit cela!... Un peu plus de sombre dans le regard, un peu plus de déchirant dans la voix, et il aurait produit à Drury-Lane un foudroyant effet!...

Francès avait la main sur son cœur; son émotion l'oppressait.

— Forfanterie que tout cela, vieil homme! s'écria le juge. —Nous verrons à l'audience... D'ailleurs, le Livre dit : « Vous vous dépouillerez du péché de l'orgueil, » et c'est grande pitié de voir un mourant qui s'endurcit comme vous dans son crime.

— Juge Mac-Foot, prononça tout bas Mill's Mac-Diarmid, — vous savez bien que je suis innocent.

Le magistrat se troubla sur son siège. Il jeta son regard à droite et à gauche d'un air de détresse, et ne reprit son assiette qu'après avoir rencontré l'œil terne et impassible de Josuah Daws.

— Encore un assez bel effet, dit Fenella.

— Innocent! reprit le juge en feignant l'indignation pour cacher un reste de trouble. — Vous insultez la justice, Mill's Mac-Diarmid!

— Je suis un pauvre vieillard, juge Mac-Foot... pardonnez-moi si je vous ai offensé... mais il y a plus de soixante ans que le vieux Mill's est connu entre les lacs et la mer... On sait ce qu'il pense de Molly-Maguire et de tous les whiteboys, quel que soit leur nom... On le sait, et je ne vous le répéterai point, juge, parce que vous êtes protestant, et que ces malheureux sont pour moi des frères égarés... Mais demandez aux cent premiers venus que vous allez rencontrer en sortant d'ici dans les rues de la ville, demandez-leur : — Le vieux Mill's a-t-il tenu la torche?... Et tous vous répondront, — tous, entendez-vous, — Le vieux Mill's serait mort avant de désobéir à son père O'Connell!...

— Mon damné cousin!... dit le geôlier de sa voix formidable.

— Le cousin de maître Allan! murmura le bon porte-clefs.

Les deux magistrats avaient accueilli par une grimace le nom du Libérateur.

— Il ne s'agit pas de tout cela, vieil homme! répliqua Mac-Foot; — adresser des questions au premier venu dans la rue serait contre toutes les règles. Nous avons des témoins qui ont juré sur le crucifix.

— Ils sont si malheureux! interrompit Mill's d'une voix où il n'y avait point de colère. — Ils souffrent tant, eux et leurs pauvres enfants!..... Juge, en un pays où règne la faim, il est aisé d'acheter des consciences. Je n'en veux pas aux trois Irlandais qui se sont parjurés devant le crucifix... Sur Dieu qui va recevoir mon âme je leur pardonne!..... Et je te pardonne à toi aussi, juge, instigateur de mensonges, à toi, le seul et vrai coupable... et je prie Dieu qu'il ait pitié de ton âme à l'heure de ta mort!....

La face de rustre du juge Mac-Foot devint livide sous sa perruque poudrée. — Josuah Daws lui-même pâlit, car cette apostrophe tombait directement sur sa tête.

Francès s'était redressée; son œil bleu brillait d'enthousiasme. — Fenella seule, à l'épreuve de toute émotion vraie, écrivait bravement sur son album :

« Audace choquante des accusés irlandais. »

Il régnait dans la salle un silence profond. La plume du greffier courait et grinçait sur le papier de sa minute. Le geôlier et le porte-clefs se regardaient ébahis.

Morris pressait son vieux père contre sa poitrine avec des larmes de désespoir et d'orgueil.

Daws dit un mot à l'oreille du juge, qui fit un signe à maître Allan.

Celui-ci saisit le vieux Mill's au collet. — La main de Morris se leva, le geôlier tomba sur ses deux genoux, laissant le vieillard libre.

— Tirez votre coutelas, geôlier! s'écria Daws, dont la lèvre écumait.

Morris était au-devant de son père, les bras croisés sur sa poitrine.

Le geôlier obéit. Il se releva en poussant un cri de rage et dégaîna son coutelas...

— Francès! miss Fanny! s'écrièrent à la fois Josuah Daws et Fenella, — que faites-vous? que faites-vous?

La jeune fille, écoutant le premier mouvement de son cœur, s'était élancée entre Allan et Morris. Le couteau du geôlier avait effleuré son cou blanc, et des gouttes de sang ruisselaient sur sa robe.

Morris, étonné, la soutenait entre ses bras.

Fenella poussait des cris affreux, attendant l'instant de s'évanouir.

Les regards de Morris et de Francès se rencontrèrent. Il y avait dans celui de la jeune fille tout le dévouement et tout l'amour que peut ressentir le cœur d'une femme.

C'était la seconde fois que Morris la voyait.

— Merci, mademoiselle! murmura-t-il.

La bouche de Francès s'ouvrit en un beau sourire.

— Il est innocent, dit-elle tout bas! — Je le sais, je le sens! Oh! je veux vous aider à le sauver!

Daws, descendu de l'estrade, vint arracher sa nièce des bras de Morris et mit son mouchoir sur la blessure légère de la jeune fille.

— Emmenez le prisonnier! dit Mac-Foot tout tremblant.

Francès adressa encore à Morris un signe de tête imperceptible et un regard qui parlait.

Les deux Mac-Diarmid suivirent le geôlier et le porte-clefs.

— Morris, mon garçon, dit maître Allan, — du diable si je ne vous aurais pas tué comme un chien, sans cette petite miss qui vous a mangé des yeux tout le temps de la séance... Une belle enfant, mon fils! Oui, oui, je vous aurais mis mon couteau dans le ventre.

— Oh! maître Allan l'aurait fait, murmura le bon Nicholas.

— Mais je ne vous en veux pas, Morris, mon garçon; car, après tout, un fils peut bien défendre son père... Vous avez résisté à la justice... allez-vous-en, croyez-moi, avant qu'on me donne l'ordre de vous retenir sous clef.

Maître Allan, le brave homme, avait l'air d'une hyène en disant cela.

Mill's le remercia du regard.

— Séparons-nous, enfant, dit-il en attirant Morris sur son sein.

Le père et le fils demeurèrent longtemps embrassés; puis Morris, s'arrachant brusquement de cette étreinte, se dirigea d'un pas rapide vers la porte extérieure de la prison.

En traversant le préau désert sur lequel s'ouvraient les croisées de la salle des interrogatoires il entendit son nom prononcé au-dessus de sa tête.

Il leva les yeux vivement; la douce figure de Francès se penchait à l'une des croisées.

La jeune fille avait des larmes dans les yeux et un sourire sous ses larmes.

— Nous le sauverons, murmura-t-elle bien bas...

Morris voulut rendre grâce, mais Francès avait disparu.

XIX

UN NID DANS LES BOGS.

— Du diable! Gilbert Flibbert, s'écria Mac-Foot après le premier mouvement de trouble, n'allez-vous pas inscrire sur votre minute toutes les sottises de ce vieux coquin!... Effacez, effacez, mon garçon. Un procès-verbal doit être fait avec prudence; ce ne sont pas les accusés qui vous payent votre traitement, je crois!...

Mac-Foot se pencha par-dessus l'épaule du petit greffier.

— Le malheureux avait tout écrit! murmura-t-il. Si l'on n'était pas constamment sur le dos de ces gens-là, Dieu sait comment irait la justice!... Laissez cela, Gilbert, ajouta-t-il tout haut, je m'en charge. Allez dire au geôlier Allan qu'il retienne prisonnier ce jeune drôle jusqu'à nouvel ordre... Morris Mac-Diarmid, je crois... Allez, mon garçon!...

Francès était à genoux auprès de sa tante évanouie. Elle se redressa au nom de Morris, et prêta l'oreille : elle venait de voir Morris traverser le préau; il devait être bien près de la porte extérieure. Un ébranlement suivi d'un bruit sourd annonça que les lourds battants venaient de tomber.

Morris était libre.

Francès se redonna tout entière aux soins qu'exigeait la position de Fenella Daws.

Celle-ci était renversée sur son fauteuil et jetait en arrière les quelques cheveux pâles qui faisaient à son visage blafard une couronne assortie. Elle avait fermé ses yeux blancs.

La malheureuse Fenella n'avait plus de souffle. A dater de l'instant où son expérience lui avait dit qu'il fallait s'évanouir, elle était tombée sans mouvement, après avoir poussé un grand cri.

Depuis ce moment, elle retenait sa respiration de son mieux et composait les muscles de sa maigre figure, selon l'art de la pamoison.

Mistress Daws avait étudié cet art à fond, depuis longues années. Elle ne perdait jamais une occasion de s'évanouir. C'était chez elle un goût, presque une passion. — Francès, qui savait parfaitement à quoi s'en tenir sur la valeur de ces accidents, se soumettait à les prendre au sérieux en apparence, et s'empressait autour de Fenella comme s'il se fût agi de vie et de mort.

Josuah Daws se mettait également de la partie. C'étaient des robes délacées, des flacons débouchés, de l'eau versée à flots, de l'éther, des sels et des petits coups dans le creux de la main.

Fenella était aux anges. Tous les goûts sont dans la nature.

Quand la chose avait duré suffisamment, Fenella rouvrait ses yeux blancs et respirait avec bruit.

Puis elle jetait un regard égaré autour d'elle.

Puis encore, elle souriait bien doucement.

Cette scène était toujours la même. Il n'y avait rien à y changer. — Ce jour-là, mistress Daws reprit ses sens comme à l'ordinaire, et joua dans la perfection ce tremblement ébahi des gens qui reviennent à la vie.

Puis elle se hâta d'ouvrir son portefeuille afin d'y ajouter ces lignes :

« Long évanouissement causé par la conduite imprudente et romanesque de ma nièce, miss Francès Roberts. »

Cette phrase devait clore la série d'observations faisant trait aux prisons de Galway.

Fenella eut la force de se lever et le courage de s'acheminer vers le nouvel appartement offert par Mac-Foot au sous-intendant de police.

Faible encore et le visage couvert de cette pâleur qui suit les grandes émotions, elle prit sur elle de dévorer un beefteack énorme et de boire un flacon de sherry.

Une toute petite maison s'élevait au milieu des bogs solitaires entre Carndulla et Ballinderry, à une bonne lieue de la ville de Tuam.

On l'avait bâtie sur un petit tertre, fondé de main d'homme, qui dominait de quelques pieds la fange voisine.

Tout alentour il y avait un fossé profond rempli de boue liquide, au-dessus de laquelle la végétation des marais commençait à jeter son perfide voile de verdure.

La maison était construite de façon à présenter extérieurement l'aspect d'une guérite écrasée. Son toit, formé de mottes de gazon disposées en écailles, était taillé à quatre pans et gardait à son centre un trou carré sans tuyau, par où s'échappait la fumée du feu de tourbe, dans les mauvais jours de l'hiver.

Les murailles étaient en terre battue. Nulle poutre, nul pieu, n'en protégeait la chancelante décrépitude.

L'atmosphère humide et dissolvante des bogs avait miné les angles de la cabane, où manquaient çà et là de grosses mottes de terre. On voyait partout des crevasses le long des murailles, qui restaient néanmoins molles au toucher et suintaient continuellement des gouttelettes d'eau à travers la mousse verdâtre qui les tapissait en quelques endroits.

A part la porte étroite et basse, fermée à l'aide d'une claie, la maison ne présentait qu'une seule ouverture qui regardait le midi.

L'intérieur était une chambre unique qui eût tenu quatre fois, pour le moins, dans la salle commune de la maison de Mill's Mac-Diarmid.

Au milieu de la chambre se trouvait une excavation correspondant avec le trou du toit : c'était la cheminée.

L'hiver, la vapeur épaisse de la tourbe s'élançait de ce foyer et remplissait la lutte avant de s'échapper par l'ouverture supérieure.

Un peu à gauche de cette cheminée, une corde de paille, tendue d'une muraille à l'autre, comme chez le vieux Mill's, séparait la pièce en deux compartiments inégaux ; — l'un était l'asile des bestiaux, l'autre celui des créatures humaines.

Mais l'asile des bestiaux était vide. Il n'y avait rien au delà de la corde tendue, sinon la couche souillée, émiettée, réduite en poussière immonde, d'une truie étique, qui était morte de faim un an auparavant.

Impossible de se figurer une nudité plus froide ! une misère plus absolue !

Point de table auprès du foyer central ; point d'escabelles à l'entour ; — pas même, aux murailles crevassées, ce pauvre luxe si cher à l'Irlandais catholique : l'image vénérée de son patron, le bon saint qui prie pour lui dans le ciel...

Rien ; — un air épais, mouillé, fétide.

De l'eau sur le sol, de l'eau dégouttant le long des parois raboteuses.

Dans un coin, une haute pyramide de tourbes taillées, auprès de laquelle brillaient deux de ces larges bêches tranchantes et droites qui servent à couper le gazon des tourbières.

Dans un autre coin, quelques brins de paille sur lesquels étaient couchés deux enfants à demi nus...

C'était à peu près l'heure où les Molly-Maguires sortaient de la galerie du Géant. — Le jour, qui commençait à poindre, éclairait faiblement les objets dans la misérable demeure.

On voyait la brume des bogs blanchir et s'illuminer à travers les nombreuses crevasses des murailles.

La lumière, qui tombait de biais sur les deux enfants endormis, éclairait leurs membres grêles à travers les grands trous de leurs haillons, et faisait ressortir les tons hâves de leurs petites figures ravagées par la misère.

C'étaient une petite fille de onze ans à peu près et un garçon qui pou-

vait avoir une année de moins. Ils étaient de la même taille et se ressemblaient presque trait pour trait.

Leurs pauvres petits visages souffrants étaient enfouis dans les masses mêlées de leurs énormes chevelures. — Leurs traits avaient de la douceur, et peut-être n'eût-il fallu qu'un peu de bonheur pour y mettre la souriante beauté de l'enfance.

Mais ils étaient si pâles, si maigres, si chétifs ! L'air mortel des bogs pesait si lourdement sur leurs pauvres poitrines.

Ils avaient eu faim si souvent, et si longtemps !

Le garçon était couché en travers, aux pieds de sa sœur, qui se faisait un oreiller de son bras arrondi.

Leur sommeil était pesant et inquiet tout à la fois.

Par instant, ils demeuraient comme accablés sous l'oppression qui serrait leur poitrine ; — puis ils s'agitaient sur leur couche humide ; la sueur perlait sous leurs longs cheveux et leurs bouches qui brûlaient murmuraient une plainte.

La petite fille se dressa tout à coup sur son séant.

Elle jeta autour de la chambre le regard égaré de ses grands yeux. — Ses deux mains pressèrent sa poitrine haletante.

— Jésus !... lord ! dit-elle, — que j'ai faim !

Elle se prit à marcher à quatre pattes, la tête presque sur le sol, flairant les débris de toutes sortes, comme un animal sauvage, et cherchant dans la poussière.

Mais elle avait cherché tant de fois déjà ! Il n'y avait rien ! La dernière pelure de pomme de terre avait été dévorée dès longtemps.

Un cri sourd râla dans la gorge de la jeune fille, qui regagna sa couche de paille en rampant.

Elle s'y assit et appuya son dos contre la muraille mouillée.

— Paddy ! murmura-t-elle, — mon petit frère Paddy... je crois que je vais mourir !...

L'enfant ne s'éveilla pas tout de suite. Il s'agita dans son sommeil ; puis il se dressa tout à coup, comme avait fait sa sœur, et saisit à deux mains sa maigre poitrine.

— Oh !... oh !... dit-il, — j'ai grand'-faim, seigneur Jésus !

La petite fille gémissait et pleurait.

— Qu'avez-vous ? ma sœur Su, demanda Paddy en se glissant sur la paille ; — il ne faut pas pleurer, voyez, je ne pleure pas, moi !

La voix du pauvre enfant tremblait, et ses paupières creusées rendaient de grosses larmes.

— Paddy, mon petit frère, murmura Su, dont la voix semblait faillir, — on dit que cela fait mal de mourir... et je souffre bien !... Je crois que tu vas rester seul dans les bogs...

Paddy jeta ses bras autour du cou de sa sœur.

— Je t'en prie ! je t'en prie, s'écria-t-il, — ne m'abandonne pas !... Je suis un homme, moi, et je serais bien longtemps peut-être avant de souffrir assez pour mourir...

Les deux enfants se tinrent embrassés durant quelques secondes.

Su regarda son frère en essayant de sourire.

— Me voilà mieux, dit-elle ; — nous passerons cette nuit comme les autres, et peut-être notre père Gib apportera de quoi manger demain matin.

Paddy secoua sa tête chevelue.

— Il y a trois jours que notre père Gib n'est venu ! répliqua-t-il, — trois jours !... C'est bien long d'avoir faim pendant trois jours !

Sa voix s'éveilla subitement et prit, à l'improviste, un accent de gaieté.

— Vous ne savez pas, petite sœur ? s'écria-t-il, — oh ! le beau rêve que j'ai fait ! le beau rêve !... Il était venu des grands seigneurs voir notre cabane, et l'un d'eux m'avait emmené avec lui... loin, bien loin, au delà des lacs, je ne sais où... J'avais de beaux habits de toile où il n'y avait point de trous. On m'avait donné des souliers à semelles de bois, et mes pieds ne saignaient plus en heurtant contre les branches mortes des bogs-pines cachés dans l'herbe des marais... et, tant que dura le jour, Su, — oh ! ma sœur, écoutez cela ! je mangeais !

c mangeais de grosses pommes de terre, des pains d'avoine et de la viande, comme si c'eût été toujours le matin de la Noël!

Le jour grandissant montrait la lueur avide qui brûlait dans les yeux des pauvres enfants.

Su passait sa langue sur sa lèvre pâlie.

— Des pommes de terre! murmurait-elle. — Du pain d'avoine... Ah! Jésus! Jésus! que j'ai faim!

— Moi aussi, répliqua Paddy qui perdit son sourire. — J'ai grand'faim!... Il y a comme une main de fer qui se remue au dedans de ma poitrine vide... Mais, ma pauvre sœur, comme je mangeais!... Qui vit jamais des pommes de terre si grosses! Les pains d'avoine étaient grands comme moi!

Le dos de Su glissa le long de la muraille, et sa tête retomba sur son bras.

— Du pain! oh! du pain! dit-elle d'une voix qu'on entendait à peine.

Paddy, chancelant à son tour, se renversa sur la paille en balbutiant le récit de son rêve.

Les deux enfants dormaient. Tous deux souriaient dans leur sommeil. L'image évoquée leur apparaissait de nouveau sans doute, et ils songeaient qu'il y avait du pain dans la cabane...

Le jour était levé tout à fait. A sa clarté brillante, la triste demeure paraissait plus nue encore, s'il est possible, et plus misérable qu'aux lueurs douteuses du crépuscule.

Au dehors, la brume matinière s'étendait sur la vaste solitude des bogs, et rien ne troublait, à plusieurs milles à la ronde, l'uniforme et lourd silence.

Un bruit lointain et vague se fit pourtant. C'était comme le léger du pas d'un poney, frappant le gazon sourd des tourbières.

Ce bruit approchait rapidement.

Une forme vague apparut parmi la brume, pour se cacher un instant, et reparaître bientôt plus proche.

C'était un cavalier qui courait au galop en zigzag, suivant les capricieux sentiers des langues de terre ferme qui tournent autour des flaques d'eau croupie.

Au bout de quelques secondes, on aurait pu reconnaître la taille courbée et les haillons de Gib Roe.

Gib semblait fatigué. Ses cheveux, qui, d'ordinaire, se hérissaient autour de son crâne monteux, retombaient, amollis par le brouillard du matin et par la sueur qui baignait leur racine.

Il mit pied à terre au bas du petit tertre qui servait d'assise à la cabane. Il le monta en quelques enjambées rapides, et fit sauter la claie en dedans d'un coup de shillelah.

Paddy et Su s'agitèrent sur la paille en murmurant faiblement des plaintes, mais ils ne s'éveillèrent point.

Gib avait autour de sa ceinture, sous son carrick en lambeaux, un bissac de toile qu'il mit à cheval sur la corde de paille.

— Allons, mes chérubins, allons! dit-il, debout un peu, et en besogne!

La petite Su se roula en poussant un douloureux murmure, et Paddy mit ses deux petites mains sur ses yeux, qui ne voulaient point s'ouvrir.

— Allons, créatures! s'écria Gib en frappant du pied, — debout, ou mon shillelah va causer!

Les deux enfants sautèrent machinalement sur leurs pieds nus et demeurèrent durant une seconde dans cet abêtissement qui suit un trop brusque réveil.

Gib les regardait avec un sourire autour de sa lèvre et des larmes dans les yeux.

— Sont-ils maigres! se disait-il.

Puis il ajoutait avec un mystérieux mouvement de joie :

— Ça va finir... Su aura de petites joues rondes et roses... l'enfant Paddy prendra de la graisse comme un gentleman... ce sera grand, beau, fort!... Ah! dame, reprit-il en baissant les yeux d'un air d'embarras, — on ne peut pas laisser mourir comme ça des pauvres chers innocents que le bon Dieu vous a donnés!

Pendant cela, les deux enfants avaient secoué leurs grandes che-velures et ouvraient les yeux tant qu'ils pouvaient, fouillant du regard les poches de leur père.

Une expression de consternation profonde se répandait sur leurs pauvres petites figures hâves et décharnées.

Ils ne dirent rien pourtant, et chacun d'eux alla prendre une des mains de Gib pour y mettre une caresse.

— Oui! oui! mes anges chéris, murmura Roe. — J'aurais donné mon âme à Satan pour vous deux!

— Bonjour, père, dit bien doucement la petite Su.

Paddy répéta :

— Bonjour, père.

Roe les prit tour à tour dans ses bras et les baisa passionnément.

Puis il mit à les repousser une sorte de brusquerie, et ses gros sourcils se froncèrent.

— Arrah! grommela-t-il; — sans ces petites gens-là, j'aurais bonne conscience, et les rêves de la nuit ne me feraient pas peur!

— Mon père Gib, dit Su, dont la faim torturait l'estomac frêle, — apportez-vous quelque chose à manger?

Paddy regarda son père d'un air craintif et s'approcha plus près.

Il se sentait trembler et défaillir.

Gib montra du doigt le bissac à cheval sur la corde de paille. — Les enfants ne firent qu'un bond. Leurs mains se plongèrent à la fois sous la toile, et leurs bouches s'emplirent avidement, tandis qu'ils poussaient des cris étouffés de sauvage plaisir.

Le bissac contenait deux pains d'avoine et quelques pommes de terre.

— C'est mon rêve, ma sœur Su! disait Paddy la bouche pleine, — c'est mon beau rêve!... Vois comme le pain est tendre et blanc!

Su ne pouvait répondre. — Elle mangeait, elle mangeait avec une incroyable avidité.

Les larmes étaient revenues aux yeux de Gib Roe.

— Ils n'auront plus faim, pensait-il, — les pauvres chéris! Comme ils mangent! je les aurais trouvés morts quelque jour dans les bogs... Ah! le bon Dieu me punira peut-être; mais que ça fait de bien de les voir manger et être heureux!

Su et Paddy s'étaient jetés par terre pour être plus à l'aise. Gib vint se coucher sur le sol entre eux deux.

Il embrassait la petite Su, qui s'échappait de ses mains, afin de ne pas perdre une bouchée. Il se tournait vers Paddy, qui n'avait pas le temps de lui rendre une caresse, — et qui mangeait, et qui mangeait.

Gib souriait, bien heureux. — Il attirait à lui les deux enfants et les serrait contre son cœur avec un indicible amour. — Ils se roulaient tous les trois sur le sol mouillé. Leurs grands cheveux incultes se mêlaient. Tout dans cette scène avait un caractère d'allégresse sauvage et d'étrange joie.

La misère était là tout autour, la misère nue, horrible, menaçante; — mais, parmi cette misère, il y avait de fougueuses délices et une jouissance vive qui n'est point autour de la table des lords.

Les longues dents blanches des enfants mordaient le pain sans relâche. De fugitives couleurs remontaient lentement à leurs joues et leur rendaient cette beauté gaie qui sourit sur les jeunes fronts.

Comme le pauvre Gib les trouvait jolis! et comme il les aimait!

— C'est bon cela, petite Su, mon gentil cœur! murmurait-il sans savoir ce qu'il disait. — Le vieux Gib a donné du pain à son garçon Paddy!... Oh! ma bouchall!... que le pain est bon quand on a grand'faim!... Ecoutez! écoutez! pour ce pain-là, Gib a vendu son âme. Mais nous irons loin, bien loin dans le pays des traîtres Saxons, où les enfants de Gib ne manqueront jamais de pommes de terre...

Su et Paddy dévoraient; ils n'avaient garde de comprendre.

Gib tira de sa poche une petite gourde où y il avait du potteen. Il l'approcha lui-même tour à tour de la bouche des deux enfants, qui burent avidement.

Et Gib riait lui-même d'un rire d'enfant.

— C'est bon! c'est bien bon! répétait-il; — mais le pauvre Roe n'est plus un Irlandais.,. ça lui coûte cher !... Il faudra qu'il passe le canal comme un méchant... comme un traître middleman, engraissé avec du sang, et qui fuit les couteau de vengeances !... Oh ! mais ce n'est pas pour lui que Gib a fait cela !... Les enfants avaient faim et soif... Dieu aura pitié du pauvre Gib.

Il levait ses yeux vers le ciel avec une expression de prière ardente. Sa physionomie avait changé complétement. Ce n'était plus cet air humble et cauteleux que nous lui avons vu à l'auberge du *Roi Malcolm* et dans la galerie du Géant. Sur sa figure maigre et ravagée, il y avait maintenant une fierté puissante et un dévouement tout plein de passion.

C'était le père, chargé par Dieu de protéger et de défendre ; le père remplaçant la mère morte et succédant à son immense amour...

Il y avait en cet homme l'abnégation qui ne calcule pas, la tendresse sublime qui voit un précipice ouvert sur sa route, et qui marche en avant.

Il y avait cela parmi les dégradants symptômes de la maladie Irlandaise : la misère et la servitude.

Le mal et le bien étaient mêlés en lui. Le mensonge vil, la trahison infâme, vivaient dans ce cœur aveuglé côte à côte avec l'héroïsme.

Une dernière fois, il pressa les deux enfants contre son cœur avec passion ; puis il se leva brusquement.

Une résolution farouche brillait dans son regard, subitement assombri.

— *Och!* fit-il après avoir bu d'un trait le restant de la gourde, — ce sera une bonne action qui me rendra moins lourd le sang du vieux Mill's Mac-Diarmid !... Debout! Su ; debout ! Paddy... Vous mangerez en marchant, mes chéris... Il faut qu'avant une heure d'ici vous soyez dans les rues de Tuam.

Les deux enfants se levèrent, obéissants, et Paddy demanda :

— Pourquoi faire?

— Ecoutez-moi bien... Il y a en ce moment à Tuam un chef d'habits rouges qui se nomme le major Percy Mortimer.

— Oh! nous le connaissons bien, interrompit Su ; il a une veste toute dorée, et il est bien bon.

— Bien bon, reprit Paddy, — car il nous a donné deux fois de l'argent en traversant les bogs à la tête de ses beaux soldats.

— Ah! il vous a donné de l'argent ? murmura Gib en baissant les yeux.

Puis il ajouta entre ses dents :

— Il a fait du bien aux chers innocents... je prierai Dieu pour lui quand il sera mort.

Il secoua ses cheveux, qui se séchaient et s'ébouriffaient de nouveau autour de sa tête, puis il poursuivit :

— C'est un méchant, Su, ma fille... mon petit Paddy, c'est un traître qui a tué beaucoup, beaucoup des amis de votre père !

— Nous ne voulons pas aller vers lui ! s'écrièrent à la fois les deux enfants.

— Il vous donnera peut-être encore de l'argent... d'ailleurs je le veux... Quand vous serez à Tuam, vous demanderez le major Percy Mortimer, et vous irez dans sa maison... Ecoutez-moi bien, enfants, car, s'il vous arrivait d'oublier mes paroles, les payeurs-de-minuit tueraient votre père.

A ce nom redoutable, Paddy et Su se serrèrent en tremblant contre les haillons de Gib.

Celui-ci prit leurs petites mains et les rassembla dans les siennes. Il parla durant quelques minutes d'une voix rapide et basse, puis les deux enfants, chargés des restes de leur repas, s'élancèrent au dehors.

Gib resta debout sur le seuil de la cabane.

Les deux enfants descendirent le tertre en bondissant ; ils étaient forts, ils étaient heureux.

Gib Roe les suivait avec cette admiration de père qui met un bandeau sur la vue, comme l'amour.

Il les trouvait beaux et charmants. Son cœur était rempli d'espoir. La joie présente combattait, victorieuse, l'amertume de ses remords.

Paddy et Su étaient arrivés au pied du tertre et avaient franchi la douve boueuse qui entourait la cabane. Ils commençaient à courir en zigzag autour des flaques d'eau voilées de verdure et suivaient leur route tortueuse avec un admirable instinct.

Gib Roe les regardait toujours, — les deux enfants se tenaient par la main. Leurs petits membres grêles apparaissaient au travers des trous de leurs haillons. Ils étaient tous deux fluets et frêles, mais gracieux et vifs. Leur course légère franchissait tous les obstacles comme par magie. On voyait flotter et s'agiter derrière eux les masses éparses de leurs longs cheveux.

Le soleil montait lentement au-dessus de la ligne de l'horizon, et son disque large apparaissait, rougi, parmi la brume.

Il était un peu plus de huit heures du matin.

Un instant encore le regard de Gib suivit les formes sveltes des deux enfants qui glissaient en zigzag dans le brouillard, — puis les formes se firent indécises ; une muraille grisâtre tomba entre elles et le regard de Roe.

Il y avait désormais autour de lui un voile uniforme qui cachait de tous côtés l'horizon, et en deçà duquel on n'apercevait rien, sinon la solitude plate du bog.

Le coupeur de tourbes rentra dans sa cabane, et prit par habitude une des bêches tranchantes qui lui servaient à enlever le gazon ; mais il la rejeta bientôt, et s'assit, rêveur, sur la paille.

Ce métier n'était plus le sien. C'était peut-être la dernière fois qu'il voyait les murailles nues, mais chères, de sa misérable demeure...

Les deux enfants couraient maintenant perdus dans la vaste désert des bogs. Il n'y avait point là de routes tracées, et aucun signe sensible ne pouvait leur servir à reconnaître le chemin. C'étaient des flaques d'eau recouvertes d'un tapis uniforme, de l'herbe couchée, des joncs ras, et çà et là quelques maigres pousses de *bogs-pines*.

Et toujours, et toujours...

Ils allaient, guidés par un instinct sûr et aussi difficile à tromper que celui des poneys eux-mêmes. Et en courant la petite Su disait :

— Que veut-on faire au major saxon Mortimer?

— Notre père Gib, répliqua le garçon, — dit que le major a tué beaucoup d'Irlandais... Je crois bien qu'on veut tuer le major.

Su perdit son sourire et ralentit son pas.

— Le tuer! murmura-t-elle. — Oui, je pense que vous avez raison, mon frère Paddy... Mais nous serons donc cause de sa mort, nous qui allons vers lui pour le tromper?

— Oh! dit le garçon. — C'est un Anglais après tout !... et ce sont les Anglais qui nous prennent notre pain!

— J'ai entendu dire, reprit Su après un instant de silence pensif, — que ce n'est pas un péché de tuer un Saxon.

— Un péché ! s'écria Paddy étonné ;—pourquoi serait-ce un péché?... Quand je serai grand, je tuerai bien des Saxons !... Ce sont eux qui nous font souffrir de la faim, ma petite sœur... et que la faim fait mal !... J'en tuerai tant que je pourrai !

Su resta un instant comme embarrassée. Quelque chose parlait vaguement au fond de sa conscience et protestait contre ces paroles de meurtre ; mais nul enseignement reçu n'était en elle pour soutenir ou guider ses instincts généreux.—C'était une petite sauvage. Elle n'avait entendu jamais que des paroles de haine et de colère.

Elle haussa les épaules en riant aux éclats. Tout à coup :

— Que me fait le Saxon? s'écria-t-elle ; — moi aussi, je veux tuer des Saxons quand je serai grande et forte !

De vives couleurs étaient revenues à sa joue, et son grand œil noir avait un éclat vengeur.

En ce pauvre pays couvert de ruines, et que les Anglais ont fait si misérable, la haine de l'Anglais est en quelque sorte naturelle Elle éclate chez l'homme ; elle couve dans l'âme de la femme ; on la retrouve jusqu'au fond du cœur de l'enfant.

Paddy et Su reprirent leur route en riant et en parlant de meurtre bien gaîment. Vous eussiez dit des êtres à l'âme cruelle et sans pitié. Leurs maigres visages rayonnaient à l'idée du sang versé. Il semblait qu'il n'y eût rien, dans ces cœurs viciés avant l'âge, que haine implacable et férocité froide. — Quelque part dans les bogs, ils trouvèrent une vieille mendiante, gisant à terre et se mourant de faim.

Ceci est hélas ! bien commun dans le Connaught.

Et voilà les deux enfants agenouillés auprès de la pauvre vieille ; et les restes du repas, gardés si précieusement dans la prévision de la faim redoutée, sont prodigués généreusement...

— Prenez tout, notre mère, prenez tout, tout, tout !... Oh ! la faim fait tant souffrir !... Pauvre femme ! nous sommes jeunes, nous... Mangez, et que Dieu vous bénisse !

Et leurs visages avaient pris d'angéliques douceurs ; leurs yeux se regardaient, humides ; ils s'embrassaient, écoutant la voix inconnue de leur conscience et surpris d'avoir tant de joie, eux qui venaient de donner leur dernier morceau de pain !

Ils se reprirent la main. Leur course était plus légère. Vous eussiez suivi dans la brume éclaircie les caprices de leurs bonds gracieux.

Ils avaient dans le cœur la naïve bonté du premier âge. C'étaient de douces créatures, — qui allaient tuer un homme et qui souriaient...

L'ignorance est ainsi.

Quelques instants après, ils sortaient du bog pour entrer dans le cercle des terres cultivées qui entourait la ville de Tuam. — Quelques instants encore, et ils franchissaient les premières maisons de la cité.

Les rues étaient désertes et les boutiques fermées comme en un jour d'émeute.

Su et Paddy voulurent s'adresser aux rares passants pour demander la demeure du major, mais les passants se détournaient d'eux avec colère, en murmurant quelque malédiction à l'adresse des soldats anglais.

Su et Paddy allaient toujours.

Au détour d'une rue, ils entendirent sur le pavé sonore les pas retentissants d'une troupe de cavaliers.

— Les voilà, petit frère ! dit Su. — Souvenez-vous bien !... On voyait briller en effet, au bout de la voie, les dorures des dragons de la reine.

Le major Percy Mortimer était en tête de la troupe.

Les deux enfants s'élancèrent aux deux côtés de son cheval.

— Oh ! Votre Honneur ! Votre Honneur ! s'écrièrent-ils à la fois ; — six pences pour chacun de nous ! six pences pour votre vie et celle de vos braves soldats que nous venons sauver !...

XX

LE PIÉGE.

Le bog de Clare-Galway s'étend à l'est de la petite ville de ce nom, entre Corbally et Oranmore

Le cours de la Moyne, bordé de terres labourables et de petits bois de chêne, le sépare complétement des grands bogs qui tournent autour du Tuam, traversent le Mayo, et vont jusqu'aux montagnes du comté de Sligo.

Le piége.

Le bog de Clare-Galway ne présente pas tout à fait le même aspect que les marais ses voisins, et menace le voyageur de dangers plus réels.

Des petites collines qui forment la chaussée du lac Corrib, le bog apparaît comme un taillis épais et bas ; on ne voit nul intervalle entre les troncs rabougris et rampants des bogs-pines ; c'est une immense plaine d'un vert rougeâtre, un tapis gigantesque sans tache ni pli.

Lorsqu'on descend au-dessous du bourg de Clare-Galway, la physionomie du bog se modifie sensiblement. Le prétendu taillis est une longue suite de petits mamelons sur lesquels croît le pin de marais ; entre ces mamelons, qui sont tantôt des îles, tantôt des péninsules, de larges flaques, impossibles à franchir d'un saut, étendent leurs eaux croupissantes. Dans les autres bogs, les langues de terre serpentent assez régulièrement pour qu'on puisse suivre sa route et parcourir de longues distances sans être obligé de s'arrêter court.

Ici, nul moyen de se diriger à travers le marais ; à chaque instant, on se trouve à la pointe de quelque petit promontoire au delà duquel il n'y a rien, sinon la vase profonde.

Il faut de nécessité suivre les routes grossièrement tracées et les chaussées de bois que les gens du pays ont jetées aux endroits les moins praticables.

La route directe de Tuam à Galway passe au beau milieu du marais. La principale chaussée de planches est destinée à faciliter ce trajet. — Elle a près d'un mille de long et seulement quelques pieds de largeur.

Il est un endroit, dans le parcours de cette voie périlleuse, où le touriste le plus résolu sent son cœur faiblir. — La chaussée, qui, dans toute sa longueur, s'appuie, à de courts intervalles, sur quelques fragments de terre ferme, n'a ici pour soutien que des troncs d'arbres jetés de distance en distance sur une boue plus liquide que du mortier. Ce lac de fange est formé par le cours d'un petit ruisseau nommé le Doon, qui prend sa source vers le comté de Roscommon et va se jeter dans le lac Corrib. — Forcé de traverser le terrain plat des bogs, le ruisseau élargit son lit outre mesure ; il n'a plus de cours : ce sont de petits filets d'eau presque imperceptibles qui se frayent un passage lent parmi la terre délayée.

Hors du marais, le ruisseau se reprend à couler entre deux rives que sépare à peine la largeur d'une enjambée ; dans le marais, il s'étale sur une étendue de plusieurs centaines de pieds.

A cet endroit, la chaussée de planche tremble sous le moindre poids ; les bonnes gens du pays prétendent que les troncs d'arbres la font plus solide sur ce point que partout ailleurs ; mais c'est chose effrayante que de voir ce sentier mobile qui gémit et ondoie au-dessus du fangeux précipice.

Quelques heures après le tumultueux conseil tenu dans la galerie du Géant, à la pointe de Itanâch, on aurait pu voir un nombre considérable de paysans armés de scies et de pioches qui se dirigeaient vers le cours du Doon.

Ils venaient de différents côtés, mais la plupart tournaient le dos au lac Corrib.

Ils se réunirent sur un tertre couvert de pins et y tinrent une sorte de conseil. — Le soleil commençait à percer le brouillard ; c'était à peu près l'instant où la petite Su et son frère Paddy arrivaient à la ville de Tuam.

Les paysans irlandais rassemblés sur le tertre avaient l'air fort peu rassurés. Ils jetaient leurs regards à droite et à gauche, comme s'ils eussent craint d'être surpris. Leurs outils les embarrassaient ; ils eussent voulu le soleil moins clair et le brouillard plus épais.

Néanmoins, après une courte délibération, dans laquelle dix ou douze garçons armés de mousquets jouèrent le rôle d'orateurs, l'indécision eut un terme. — Quelques paysans qui portaient sur le dos, en bandoulière, des cornets à bouquins, se détachèrent du groupe principal et s'éloignèrent dans diverses directions.

On les vit s'avancer avec précaution, sauter çà et là les flaques de boue les moins larges, puis se cacher enfin dans quelques bouquets de *bogs-pines*.

Les uns se tenaient en deçà, les autres au delà du cours du Doon. C'étaient comme des sentinelles chargées de surveiller le passage dangereux.

Le gros du groupe se mit en marche à son tour, après qu'une demi-douzaine de larges bouteilles eurent circulé de rang en rang et reçu l'accolade de chacun.

Ils descendirent du tertre où ils s'étaient tenus jusqu'alors, et poussèrent vers le passage du Doon, aussi directement que le leur permettaient les difficultés du terrain.

Ils atteignirent la chaussée de planches et mirent leurs jambes nues dans la vase, le long de ses bords vermoulus.

Le plus grand nombre était à cheval sur les troncs d'arbres, afin de ne se point noyer dans l'océan de boue qui s'étendait autour d'eux. Les hommes armés de mousquets restaient sur la chaussée et faisaient office du corps de réserve, qui, dans toute expédition bien menée, protège les travailleurs.

Le Rubicon était franchi ; le premier mouvement de frayeur avait cédé au désir de la vengeance. — On entendit bientôt de toutes parts le bruit des scies et le son plus éclatant des haches, attaquant les madriers de la chaussée.

C'était un rude travail. Les pièces de bois épaisses reposaient la plupart du temps à plat sur la terre délayée, et la scie ne pouvait point jouer. D'un autre côté, le cornet à bouquin des sentinelles retentissait à chaque instant, annonçant l'approche d'un témoin suspect. — Il fallait s'arrêter et attendre.

Mais le témoin était toujours un homme du pays, qui, obéissant aux ordres des sentinelles, consentait à passer au large, et qui parfois même poussait la bonne volonté jusqu'à se joindre aux travailleurs.

Ceux-ci étaient pour le plus grand nombre composés de nos nocturnes connaissances de la galerie du Géant. — Il y avait là le grand Mahony, armé d'une hache énorme, et qui achevait ordinairement d'un seul coup ce que la scie n'avait pu faire.

Il y avait Mac-Duff qui portait son shillelah attaché derrière le dos et sciait de son mieux, en chantant un lilliburo pour se donner courage ; — le pauvre Pat, qui ne faisait pas grande besogne, mais qui en revanche tremblait de tous ses membres.

Ce bon garçon avait tout à craindre ; sa vie se passait en de légitimes angoisses : d'un côté, les Molly-Maguires qui le surveillaient, et pour qui toute faute était sans pardon ; de l'autre, les gens de lord Montrath, dont il mangeait le pain, — et quel bon pain !

Au moindre soupçon, sa charge lui eût été à coup sûr enlevée, — sa chère charge qui lui donnait bien quelquefois à trembler à cause du monstre enfermé dans les ruines de Diarmid, mais qui en définitive était bien douce et permettait au pauvre Pat de manger, de dormir et de boire mieux et plus longtemps que pas un Irlandais.

Chaque fois que le cornet à bouquin des sentinelles retentissait, Pat se sentait perdre le cœur. Il se voyait battu, assommé, pendu, et, quand ses idées prenaient une tournure moins sombre, il se voyait chassé de ce bon nid qu'il s'était fait dans les ruines de Diarmid, et réduit au lamentable état de travailler beaucoup pour manger très-peu.

Lui qui aimait tant à manger beaucoup et à ne travailler guère !...

Gib Roe était aussi parmi les ouvriers de destruction ; sa bêche tranchante attaquait le bois vermoulu avec une sorte de fureur. — Au fond de l'âme, Gib Roe pensait bien contribuer à une œuvre pie, et il se disait, le malheureux, que le meurtre des dragons protestants compenserait ou à peu près dans la divine balance le meurtre de Mac-Diarmid catholique.

Les hommes armés de mousquets s'échelonnaient le long de la chaussée et veillaient. Un seul parmi eux portait le voile noir sur son visage. C'était un grand jeune homme aux formes élégantes et souples. Sa tête se penchait sur sa poitrine dans une attitude d'hésitation et de tristesse. Il était appuyé

On eût dit qu'elle allait à quelque expédition guerrière.

sur son mousquet et demeurait immobile depuis que le premier coup avait attaqué la chaussée.

— Hardi ! mes garçons, disait Mahony le Brûleur, dont la hache tranchait le bois comme du fromage. — Ce sont ici les apprêts du bal !... à bientôt la danse !

— Och ! criait Mac-Duff, qui poussait et retirait sa scie avec effort ; — nous méritons bien de voir quelque chose de joli, car la besogne est rude.

— Mon pauvre corps est tout en sueur, murmurait Pat.

— N'aie pas peur, reprenait Mac-Duff : — quelque jour, mon vieux coquin de Pat, nous te sécherons avec un fagot de bog-pine.

La sueur de Pat devenait froide, et ses mains ne pouvaient plus tenir la scie.

Le travail avançait ; mais le soleil montait à l'horizon et dissipait peu à peu le brouillard.

Le temps pressait ; car l'occasion était unique, et il ne fallait pas laisser la besogne inachevée,

Le géant redoublait d'efforts, Sa grande figure, rougie par la chaleur, s'élevait au-dessus de toutes les autres têtes; il frappait sau relâche; sa hache émoussée ne coupait plus le bois, elle le broyait.

— Halte! dit Mac-Duff, causons un peu avec le potteen, ou nous mourrons comme des chiens sur la place!

Le géant, malgré son ardeur, n'avait point d'argument sérieux à opposer à cette proposition. Le silence succéda pour un instant au grincement des scies et au fracas de la hache; des cruches de potteen, mises en réserve, circulèrent dans les rangs des travailleurs.

Durant ce court moment de silence, on entendit comme un bruit vague aux alentours.

— Qui diable avons-nous là? demanda le Brûleur en interrogeant la brume d'un regard inquiet.

Pat, qui devançait tout le monde lorsqu'il s'agissait d'avoir peur, laissa tomber la cruche qu'il tenait à la main.

Le vase lourd s'enfonça lentement dans la fange délayée et disparut peu à peu.

C'était comme un avant-goût du sort qui attendait les dragons de la reine...

Mais personne n'y fit attention en ce moment; la panique est tôt venue dans le cœur des paysans irlandais.

Ils s'arrêtèrent tous et prêtèrent l'oreille en tremblant: la plupart avaient bonne envie de déguerpir.

Le bruit continuait cependant; on eût dit des chuchotements et des éclats de rire étouffés.

— Oh! oh! s'écria Mac-Duff en se touchant le front, — j'avais trop bu cette nuit dans la galerie, et je crois que j'ai dit quelques mots à Madge, ma femme, en passant...

Un éclat de rire, qui partait de la touffe de *bog-pine* la plus voisine, répondit à cet aveu.

En même temps tous les petits bouquets de pins, aussi loin que la brume laissait pénétrer le regard, semblèrent s'animer; partout apparurent des têtes rouges ou blanches. — La femme de Patrick Mac-Duff n'avait point été plus discrète que son mari; tout ce qui portait un jupon dans Knockderry et dans le bourg de Corrib s'était donné rendez-vous autour de la chaussée de planches. Le spectacle promettait d'être curieux: les bonnes femmes avaient à choisir entre la noyade des dragons et les élections de Galway; elles avaient opté pour les dragons, quittes à regagner après la ville au pas de course.

Si bien que chaque buisson cachait une mante rouge, et, comme il n'y avait point de sentinelle entre le lac et la chaussée, les bonnes femmes avaient pu s'approcher jusqu'à une centaine de pas des travailleurs, dont elles n'étaient séparées que par le lit fangeux du Doon.

Le géant regarda Mac-Duff d'un air menaçant, et peu s'en fallut que ce dernier ne payât son indiscrétion de sa vie; c'était le droit. — Mais Mac-Duff, fanfaron et bavard, avait beaucoup d'amis dans cette foule rouge et safranone; chacun était d'ailleurs si content de n'avoir plus peur, que le vent tournait à la clémence.

Un cri de pardon s'éleva, la hache du Brûleur, qui tournait autour de sa tête, au lieu d'aller vers Mac-Duff, retomba sur le bois et broya du coup un énorme madrier.

— Si ç'avait été moi, murmura le pauvre Pat, Dieu sait où je serais maintenant!

— A tous les diables, mon fils, répliqua Mac-Duff, qui, déconcerté un instant, reprenait son audace après le péril. — A l'ouvrage vous autres!... il faut que les dragons nous payent cela.

— La première femme qui parlera, dit la grosse voix du Brûleur, — fera un plongeon dans Doon.

Le silence répondit à cette menace; mais il est à croire que les bonnes femmes prirent leur revanche dès que le bruit du travail eut recommencé.

La scie mordit de nouveau le bois, la hache fit rage. Durant une demi-heure encore, ce fut un assourdissant fracas, interrompu seulement de temps à autre, lorsque le cri d'un cornet à bouquin sonnait l'alarme.

Le brouillard achevait de se lever; le soleil resplendissait au ciel;

son voyait encore la brume comme une barrière circulaire et lointaine, qui laissait à découvert un large rond de verdure à reflets fauves.

— C'est fini, dit le Brûleur en essuyant du revers de sa main son front tout ruisselant de sueur, — je vais essayer ça.

Les madriers étaient coupés de distance en distance, de manière à pouvoir basculer sur les troncs d'arbres qui leur servaient d'appui. — Mahony monta sur un de ces troncs d'arbres dont l'extrémité dépassait le rebord de la chaussée; il mit son pied sur la planche, que le poids de son corps fit tourner lentement.

Une acclamation générale accueillit cette épreuve.

— Le Brûleur est bien lourd, dit Mac-Duff, — mais les chevaux des Saxons sont aussi lourds que lui.

— C'est pourtant moi qui ai scié la planche à cette place, murmura le pauvre Pat; — et dire que personne ne m'en sait gré!...

Le jeune homme au masque noir était toujours appuyé d'une main sur son mousquet; son autre main soulevait un coin de son voile.

Sous la toile était la figure pâlie et fatiguée de Jermyn Mac-Diarmid.

Il regardait l'œuvre de destruction d'un œil morne et alourdi.

Il y avait sur son visage une amère détresse, et une tempête était dans son cœur. — Son âme, que Dieu avait faite généreuse, se révoltait d'instinct énergiquement contre ce meurtre lâche.

A cet instant suprême, une voix s'élevait au dedans de lui et criait: Arrête! — Il hésitait. — Il avait comme un vague désir de s'élancer sur la route de Tuam et de crier à son rival: La mort est là, n'avancez pas!

Mais cet homme! oh! cet homme qui lui enlevait le cœur d'Ellen! il le haïssait d'une haine fougueuse et profonde autant que son amour.

Il était emporté par une puissance mystérieuse; sa volonté muette ne lui parlait plus; il y avait un épais bandeau sur sa raison, — il n'était plus lui-même; c'était comme une folie...

Ellen! Ellen! ce nom emplissait son cœur; cette pensée était sa pensée unique, incessante; il ne voyait rien qu'Ellen; Ellen était son seul désir en ce monde et dans l'autre.

Et cet homme était venu lui voler le cœur de la noble Heiress!

Jermyn restait cloué à la même place, regardant toujours l'endroit où la planche avait basculé, — l'endroit où peut-être le sabot du cheval de Mortimer toucherait la fange mortelle pour la première fois.

Ce vide qui restait entre les deux fragments du madrier fascinait son œil; son regard ne s'en pouvait point détacher, et sa prunelle s'allumait sous ses sourcils froncés convulsivement.

C'est que la nuit était bien près encore, cette nuit d'angoisses où Jermyn avait si cruellement souffert!

Tout revenait à son souvenir, et les images évoquées vivaient devant sa vue.

Oh! cette nuit avait mis une cuirasse autour du cœur de l'enfant! lui aussi maintenant impitoyable!

C'était un cœur doux et timide que l'amour jetait violemment hors de sa voie; — et ceux-là sont les plus terribles.

Il avait aimé dans le silence, avec respect, avec idolâtrie, comme on adore Dieu.

Depuis cette heure où finit l'enfance, et où l'âme, s'essayant à sentir, balbutie ses premières impressions, Jermyn aimait ainsi, exclusivement et passionnément. Il ne se souvenait point de n'avoir pas aimé. C'était sa vie entière dans le passé, son seul espoir dans l'avenir.

Bien des fois Jermyn avait remercié Dieu de ne lui avoir point donné pour rival un de ses frères...

Mais son rival était un Anglais, un Saxon détesté d'avance, un protestant, un ennemi.

Ce matin, quand Ellen était rentrée de son excursion nocturne, Jermyn n'avait point levé sur elle son regard; il n'avait bougé, tant il était absorbé dans sa haine, qui était une portion de son amour.

Le Brûleur avait dû parler cette nuit; le sort de sa vengeance était décidé désormais...

Il était resté là des heures entières, courbé sous le poids de sa pensée.

Jermyn était brave; s'il attaquait ainsi son ennemi, ce n'était point par lâcheté; bien souvent il avait tressailli d'envie en songeant à la possibilité de se trouver face à face avec le major et l'épée à la main.

Mais quelque chose lui disait que le meurtrier de Percy Mortimer serait pour Ellen un éternel objet d'horreur; il n'osait pas tuer, parce qu'il espérait toujours être aimé.

Il saisit un des mousquets suspendus au-dessus de la cheminée, et suivit le Brûleur, qui se dirigeait, une hache à la main, vers la chaussée de planches.

Depuis le premier coup de hache, il avait assisté, immobile et muet, à l'œuvre de destruction.

Maintenant tout était dit, et, pour la première fois, sa conscience se faisait entendre.

Mais à sa voix étouffée répondait la grande voix de la haine. — Jermyn parvint à regarder sans frémir l'endroit où la première planche basculait sur le tronc d'arbre, — l'endroit où le major Percy Mortimer allait disparaître bientôt dans sa tombe de fange.

Il laissa retomber son masque de toile, mit son fusil sur son épaule, et dit d'un ton froid :

— C'est bien; éloignons-nous.

L'instant d'après, un silence profond régnait au lieu d'où s'élevait naguère l'assourdissant fracas des haches et des scies.

De loin, la chaussée de planches présentait son aspect ordinaire, et rien n'annonçait un piége.

Le bog avait repris sa physionomie solitaire; aussi loin que pouvait s'étendre la vue, on n'apercevait rien.

Seulement, de temps à autre, les branches rabougries de quelques buissons de *bog-pine* s'agitaient tout à coup, bien que nul vent ne soufflât sur le marais.

— Un murmure indistinct se faisait. Çà et là, derrière les rameaux, d'un vert roussâtre, s'étouffait un éclat de rire...

XXI

L'AGONIE.

Des heures s'étaient écoulées depuis le retour d'Ellen à la maison de Mac-Diarmid.

La petite Peggy allait et venait de la chambre à coucher dans la salle commune, vaquant aux soins du ménage.

Le valet Joyce avait emmené les bestiaux aux champs.

Mickey et Sam, harassés de fatigue, dormaient sur la paille commune. — Owen et Kate s'étaient retirés silencieux et tristes dans le réduit habité autrefois par le vieux Mill's.

Les autres Mac-Diarmid étaient absents.

Ellen n'avait point quitté le pied de son lit. Elle restait là, immobile et froide comme une statue. Sa mante rouge, qu'elle n'avait point dépouillée, rejetait son capuce en arrière et laissait à découvert le noble visage de l'Heiress.

Il y avait sur ce visage une pâleur terne. Les belles lignes de la bouche se détendaient, fatiguées; quelques plis se relevaient, ébauchant un amer sourire. Nul rayon ne passait à travers les paupières demi-closes.

Autour du front, la magnifique chevelure de la jeune fille tombait, mêlée et humide encore des sueurs de la nuit.

En allant et en venant, la petite Peggy, vive enfant aux traits intelligents et mobiles, s'arrêtait parfois pour contempler sa maîtresse

à la dérobée. Son regard devenait bien triste et sa bouche s'ouvrait pour essayer une consolation; — mais elle n'osait pas...

L'Heiress ne la voyait point. Tout était confusion et lassitude dans son esprit blessé. Elle ne pensait point; elle ne sentait point; — c'était comme une morte.

Mais dans cet engourdissement il y avait une sourde angoisse qui tenait son cœur éveillé à demi, pour le torturer sans cesse et l'écraser.

Elle souffrait. Son agonie lui laissait un sentiment vague de son martyre et ne lui ôtait que le pouvoir de combattre.

La matinée avançait. Peggy avait préparé la table pour le repas de famille, bien que personne ne songeât à y prendre place.

Ellen fit un mouvement faible ; — puis ses deux mains glacées soulevèrent sa mante et vinrent se poser sur son front qui brûlait.

Elle ouvrit les yeux, — son regard ébahi fit le tour de sa chambre.

— C'était un rêve ! murmura-t-elle. — Il me semblait qu'il y avait autour de moi des ténèbres, et, dans les ténèbres, des étincelles éblouissantes... Où donc ai-je vu ces lugubres étoiles qui brillaient, qui s'éteignaient et qui brillaient encore?

Sa tête retomba sur sa poitrine.

— Je ne veux pas penser à cela, reprit-elle. — C'était un songe affreux !... il faut l'oublier.

Un frisson parcourut tout son corps, et fit trembler les plis de sa mante.

— L'oublier ! répéta-t-elle avec un subit effroi dans la voix ; — mais ils criaient : Mort! mort! C'est bien vrai... Leurs cris sont encore dans mes oreilles. Mon cœur a froid... Je sais bien qu'ils vont le tuer !

Un sanglot déchira sa poitrine, et ses doigts crispés pressèrent son front convulsivement.

— Ellen! noble Ellen! dit l'enfant, qui s'était agenouillée auprès d'elle, — ne pleurez pas ainsi! Qu'avez-vous, ma maîtresse? C'est moi, votre petite Peggy, que vos larmes font pleurer.

Ellen n'entendait pas.

Tout à coup elle se retourna vivement, comme si un aiguillon l'eût piquée par derrière, et regarda son lit.

Son lit n'était point défait.

Elle poussa un grand cri.

Puis ses bras retombèrent le long de son corps.

— Ellen! ô noble Ellen! qu'avez-vous ? disait l'enfant en sanglotant.

— Je n'étais pas ici, cette nuit, murmura l'Heiress ; — où étais-je ?...

— Quand je me suis endormie, répliqua l'enfant, vous étiez assise sur votre lit, ma maîtresse... et, quand je me suis éveillée ce matin, je vous y ai vue encore.

Les yeux égarés d'Ellen se perdirent dans le vide.

— Hier !... ce matin !... répéta-t-elle comme si elle avait tâché avec désespoir de ressaisir ses idées fugitives. — Cette nuit! cette nuit !

Elle se leva et gagna d'un pas machinal la fenêtre ouverte; elle s'y appuya.

Le paysage sur lequel la nuit étendait naguère son voile sombre était de nouveau devant ses yeux. — Le soleil de juin versait à flots sa vive lumière et colorait chaudement ces belles montagnes du Connemara que Walter Scott eût prises pour les Higlands de son cher pays d'Ecosse.

L'œil d'Ellen, morne et inanimé, glissa sur ces beautés connues, sa vue ne percevait qu'une sensation confuse de lumière radieuse, jouant dans un espace sans bornes. Les objets se mêlaient au-devant d'elle et brouillaient leurs lignes vagues; — elle ne voyait rien.

Mais l'air frais du dehors frappait son front ardent et emplissait à flots sa poitrine. La vie et la pensée revenaient en elle à son insu; sa raison renaissait; sa force s'éveillait.

Elle souffrait davantage à mesure qu'elle arrivait à entrevoir le vrai.

Au bout de quelques minutes, elle était face à face avec la réalité.

— Le feu! murmura-t-elle avec épouvante en regardant au loin les ruines noires de Diarmid ; — c'était là-bas qu'était le feu !... Oh! je me souviens! les rochers, la grève, la caverne! je me souviens! je me souviens!

Durant quelques secondes elle s'affaissa, plus accablée. — Mais son beau corps se redressa tout à coup, tandis que son front rayonnait, fort et superbe.

La petite Peggy, qui était toujours derrière elle, tremblante et désolée, se prit à sourire sous ses larmes.

— C'est fini, pensa-t-elle ; voici la noble Ellen guérie.

Elle joignit ses petites mains, et commença une prière à la Vierge.

Ellen se retourna brusquement. — Son regard, éteint naguère, brillait maintenant. Une résolution calme et pensive éclairait la merveilleuse beauté de son visage.

— Je veux voir mon frère Morris, dit-elle, — faites-le prévenir, Peggy.

Peggy interrompit la prière entamée.

— Ma noble maîtresse, répliqua-t-elle, — Morris Mac-Diarmid n'est pas à la ferme.

Un nuage passa sur le front d'Ellen. — Elle connaissait le cœur de Morris, et comptait sur lui.

Elle réfléchit durant quelques instants.

— Et Jermyn? reprit-elle.

— Jermyn vient de partir avec le grand Mahony de Galway.

A ce mot, Ellen perdit ses couleurs revenues. — Son œil se baissa, tandis qu'un tremblement agitait sa lèvre.

— Il n'y a ici que Mickey et Sam, qui dorment, poursuivit Peggy; — faut-il les éveiller?

— Non, répondit Ellen.

Elle retourna vers la fenêtre et considéra la hauteur du soleil

Puis, sans s'arrêter à réfléchir davantage, elle abaissa le capuce de sa mante sur son front et sortit de la ferme.

Le soleil inondait le versant du Mamturk, mais ses rayons n'avaient pu dissiper encore le voile de brouillard qui couvrait le Corrib.

L'Heiress descendit la montagne. Malgré les fatigues de la nuit, elle avait encore son pas rapide et ferme.

Elle traversa le village de Corrib, dont presque toutes les maisons étaient désertes.

Quelques vieillards restaient seulement sur leurs portes, et tous la saluèrent avec respect.

Ellen atteignit les bords du lac, choisit un bateau dans les roseaux et rama de toute sa force dans la direction de Tuam.

A Tuam il y avait eu une grande bataille la veille entre les catholiques et les protestants de la ville, soutenus par des orangistes venus de l'Ulster.

Les dragons de la reine avaient fait leur devoir, non point comme l'entendirent trop longtemps les troupes anglaises, mais dans la vérité du mot. — Le major Percy s'était mis entre les deux partis rivaux. Il n'avait fait acception ni de protestants ni de catholiques, et les boutiquiers de Tuam lui reprochaient même avec amertume d'avoir traîtreusement empêché ces derniers d'être écrasés par les orangistes vainqueurs.

Comme si la mission d'un soldat de la reine était de protéger les papistes !

Au moment où la petite Su et son frère Paddy arrivaient à Tuam, le major venait de monter à cheval pour se diriger sur Galway, où les élections réclamaient sa présence.

Il laissait derrière lui le lieutenant Peters avec une petite garnison.

Les deux enfants de Gib Roe le rencontrèrent à la tête de sa troupe, sur le point de quitter Tuam,

C'était un fier et beau soldat. Personne ne portait mieux que lui le

brillant uniforme des dragons de Sa Majesté. L'écharpe dorée allait bien à sa taille élégante, et la finesse mâle de ses traits ressortait sous le brillant casque d'or.

On pouvait lui reprocher seulement cette froideur immobile qui re poussait l'œil et glaçait le cœur.

Mais ce flegme, qui était au dedans de lui comme au dehors, pouvait être regardé comme un don suprême, dans la position où la fortune l'avait placé.

Il était en Irlande, où le terrain brûle et tremble, entre deux partis animés l'un contre l'autre d'une haine aveugle, et toujours prêts à s'entre-déchirer. — Il fallait qu'il contînt à la fois les catholiques innombrables et les protestants plus rares, mais plus instruits, plus riches et plus tracassiers.

Il fallait qu'il se dressât au milieu des deux camps comme un mur de glace, fatiguant les efforts mutuels et contraires, lassant les haines fougueuses, et préparant lentement la concorde future par l'impossibilité de la lutte.

Il fallait qu'il personnifiât l'équité sous sa forme la plus sensible, afin que tous reconnussent en lui, qui était le représentant de l'Angleterre, une puissance secourable aux bons, terrible aux méchants.

Et il accomplissait ce rôle avec une persistance héroïque.

Il avait contre lui la haine envieuse de son supérieur immédiat, le colonel Brazer, chef militaire du comté de Clare, qui le surveillait incessamment et donnait à chacun de ses efforts une interprétation mauvaise.

Il avait contre lui les orangistes stupides, les protestants plus éclairés, les autorités jalouses, les repealers, dont il contrôlait les assemblées ; les Molly-Maguires, qu'il combattait à outrance, et jusqu'à ses propres officiers, dont l'intelligence subalterne ne comprenait point sa pensée.

Ceux-ci avaient noué avec Brazer une sorte de tacite et perfide alliance. — Mortimer était menacé d'en haut et d'en bas à la fois. — Il ne fallait point qu'il trébuchât en sa route, car des mains étaient là prêtes à hâter sa chute comme à empêcher de se relever.

Il était seul, absolument seul contre tous. — Autour de lui, si loin que pussent aller ses regards, il voyait des haines amoncelées.

Chacun, fort ou faible, lui faisait obstacle dans la mesure de son pouvoir. C'étaient tous les jours cent combats grands ou petits, des coups d'épée et des coups d'épingle. Une nature aussi robuste que la sienne, mais plus fougueuse, y eût perdu le souffle. Pour ne point devenir fou à cette tâche, il fallait sa patience froide et son calme inaltérable.

L'homme et la mission se convenaient. — La main qui avait choisi Percy Mortimer est habituée à ne se point tromper.

Pour soutiens dans sa lutte épuisante, il avait la discipline anglaise, qui ne sait point fléchir, et l'homme dont le bras tout-puissant supporte la politique des trois royaumes.

Robert Peel l'avait jugé ; il avait confiance en lui ; — et lui, comprenant la pensée de Robert Peel, s'y était donné corps et âme.

Mais sous cette enveloppe froide qui était pour le major Percy Mortimer, au milieu de sa difficile mission, une armure indispensable, il y avait un cœur loyal, une franchise chevaleresque et un besoin d'aimer qui, refoulé sans cesse, sans cesse tendait à se faire jour.

Son intelligence haute et positive s'alliait à une grande générosité.

Le terrible chasseur des Molly-Maguires avait fait grâce bien des fois, lorsque nul œil intéressé ne pouvait accuser sa clémence.

Il avait fait grâce, parce qu'il y avait au fond de son cœur une immense pitié pour ce peuple malheureux, courbé sous le fardeau trop lourd de sa misère. — et peut-être aussi parce qu'au moment où son épée se levait, il s'était souvenu d'une belle jeune fille qui était de ce peuple et qui l'aimait.

Il aimait Ellen Mac-Diarmid, et son amour ressemblait à l'amour de l'Heiress.

C'était une passion incessamment combattue, et qui grandissait toujours parmi les luttes muettes du cœur.

Il aimait et il admirait. — Il savait la belle âme d'Ellen, dans laquelle il lisait comme en un livre ouvert.

Aux heures rares où les labeurs de sa charge ne le retenaient point, il s'échappait au galop rapide de son cheval; il gagnait la pointe de Ranach, et, descendant ce sentier rapide où nous avons vu Pat s'engager pour arriver à la plage, il entrait dans la bouche sombre des grottes de Muyr.

C'était là qu'Ellen l'attendait.

Ils échangeaient leurs cœurs; ils oubliaient, en de courts instants de bonheur, la longue souffrance.

Et quand Mortimer, regagnant le haut de la montagne sautait sur son généreux cheval, il était plus vaillant et plus fort. — Et, quand la noble vierge retournait à pas lents vers la ferme de son père d'adoption, elle avait des souvenirs heureux pour plus d'un jour de tristesse.

C'était un pur et bel amour, tout plein de dévouement et d'oubli. — Ils étaient l'un à l'autre, et nulle pensée égoïste ne venait jamais au travers de leur tendresse.

Ils espéraient, parce que l'amour espère toujours. — Percy disait que peut-être dans l'avenir leur union serait le premier anneau de la chaîne qui rapprocherait les partis extrêmes. — Ellen souriait et disait : Dieu le veuille !

Mais c'étaient de vagues espoirs, séparés de la réalité par un abîme. — Le vrai, c'est qu'ils s'aimaient ardemment et sans mesure...

Les deux enfants de Gib Roe tenaient, chacun de son côté, la bride du cheval de Mortimer.

Et ils criaient, répétant la leçon enseignée par leur père :

— Oh! bon seigneur! six pences pour le salut de votre vie !

Le major arrêta son cheval, et regarda tour à tour les deux enfants, dont les traits amaigris conservaient la naïveté de leur âge.

Su et Paddy souriaient doucement; ils jouaient leur rôle à ravir, et rien en eux n'annonçait le mensonge.

— Il me semble que je vous ai déjà rencontrés dans le marais, enfants? dit le major.

— Oh! Jésus! oui, certes, Votre Honneur! répliqua Su.

— Et vous nous avez donné six pences, ajouta Paddy.

— Six pences pour acheter du gâteau d'avoine, mon bon lord !

— Et qui vous envoie vers moi?

— Oh! lord! — Jésus! s'écria la petite Su, — qui nous envoie?... Personne ne nous envoie, mon bon seigneur!... Si l'on savait que nous sommes venus, nos pauvres corps seraient demain avec les poissons au fond du Corrib...

— Nous sommes venus, reprit Paddy, — pour avoir six pence , mon bon lord, et pour vous sauver la vie.

Le major se tourna vers ses officiers, qui souriaient avec mépris et haussaient les épaules.

— Que pensez-vous de cela, messieurs? demanda-t-il.

— Nous pensons, répondirent tout d'une voix les officiers, — que ces petits drôles veulent nous attirer dans quelque embuscade, le long des taillis qui bordent le Corrib.

— Oh! non, Vos Honneurs! s'écria la petite Su.

— Oh! non, répéta Paddy; non, bien sûr!... nous venons vous dire, au contraire, où est l'embuscade.

— Il y a donc une embuscade? dit le major.

— Oui, Votre Honneur... une grande embuscade où vous resterez tous !...

— Vous êtes forts, dit le petit garçon en secouant la tête, et vous avez de longs sabres tranchants..... mais ils sont si nombreux derrière les arbres !...

— Vous les avez vus?

— Oui certes... ils sont venus là au lever du jour, avec des fusils, des pistolets, des haches et tout ce qu'il faut pour tuer les hommes... et ils se réjouissent, parce qu'ils disent qu'aucun de vous ne pourra, s'échapper !

Mortimer, toujours impassible, se tourna de nouveau vers les officiers; — ceux-ci semblaient sérieusement intrigués et commençaient à prêter grande attention aux paroles des enfants.

— Qu'en dites-vous, messieurs? répéta Mortimer.

Les officiers ne souriaient plus avec mépris, et ne songeaient point à hausser les épaules.

Ils se consultèrent un instant du regard.

— Il y a de mauvais passages sur le bord du Corrib, dit l'enseigne Dixon.

— Je sais plus d'un endroit, ajouta l'un des cornettes, — où une centaine de ces drôles maudits nous donnerait bien du fil à retordre !

— Et ils sont plus de mille ! murmura Su en joignant ses petites mains.

— Plus de deux mille ! appuya le garçon.

— Ni mon frère ni moi nous n'aurions su les compter !

— Je connais peu cette partie de pays, reprit le major d'un ton rapide et froid ; — je vous demande votre avis, messieurs, et vous prie seulement de ne point oublier que nous devons être à Galway dans deux heures.

— La route par la chaussée de planches est plus courte que le chemin des lacs, répliquèrent les officiers.

— C'est très-bien, dit le cornette Brown; — mais si les enfants mentaient.

— Oh! Vos Honneurs! ..

— Silence !... Et si l'embuscade était justement le long de la chaussée de planches?...

— Où diable se cacherait-elle? s'écria Dixon. — Des deux côtés de la chaussée il n'y a qu'une mer de fange... Je suis d'avis, pour ma part, de prendre notre route par le bog.

Les autres se rangèrent à cette opinion.

Mortimer rabattit à ce moment son regard sur les deux enfants, qui ne pouvaient pas dissimuler leur joie.

Un soupçon, rapide comme l'éclair, lui traverse l'esprit.

— Nous sommes bien montés, dit-il en observant la petite Su, — et bien armés.... Il ne faut pas que ces malheureux puissent croire qu'ils nous font peur... Messieurs, nous prendrons le chemin des lacs.

Personne ne répondit parmi les officiers; le major poussa son cheval; — mais Su et son frère s'attachèrent à la bride en poussant des cris lamentables.

— Oh! Vos Honneurs ! disaient-ils,—oh! Vos pauvres Honneurs !... vous allez tous mourir ! tous jusqu'au dernier ! mon bon lord ! s'écriaient-ils en s'adressant à Mortimer.—Si vous saviez de plomb et que de fer ils ont mis dans leurs mousquets !... si vous saviez comme ils ont aiguisé leurs haches et leurs faux !... si vous les aviez entendus quand ils disaient : Voilà vingt-quatre heures déjà que le Saxon maudit a reçu en pleine poitrine la promesse de Molly-Maguire, il faut qu'avant le milieu du jour le Saxon dorme sous l'eau du lac.

Cette allusion à ce qui s'était passé la veille dans le parloir du Roi Malcolm fit impression sur le major, et prêta pour lui aux paroles des enfants une physionomie de vérité.

Il serra le mors et prit la main de Su, qu'il attira jusqu'à lui pour l'asseoir sur sa selle.

Il la regarda bien en face et longtemps.

La petite fille soutint ce regard perçant et sévère sans sourciller; ses yeux ne se baissèrent point ; elle se mit à sourire tout doucement.

— Cette enfant ne ment pas, murmurèrent les officiers d'un ton de conviction profonde.

— Comment se nomme votre père? demanda le major.

— Nous n'avons plus de père, répondit Su sans hésiter; — notre mère est la vieille Meg de Knockderry, de l'autre côté du lac.

— Et vous connaissez le lieu précis où se tient cette embuscade ?

— Je m'y rendrais les yeux bandés, répliqua le petit Paddy, jaloux de l'attention qui se concentrait sur sa sœur.

— Voulez-vous nous y conduire? demanda encore Mortimer.

Paddy ouvrit la bouche avec empressement ; puis sa joue devint pourpre.

Il ne répondit rien.

La petite fille n'éprouva pas un seul instant d'embarras.

— Oh! mes chers lords, dit-elle, — ce sont nos cousins et nos oncles qui sont là-bas le long du lac. Si vous saviez où ils sont, peut-être seriez-vous les plus forts... et nous ne voulons pas vous aider à les tuer, Vos Honneurs!

— Si nous vous donnions de l'argent? murmura le major à son oreille.

La petite fille baissa les yeux et secoua son énorme chevelure.

— Beaucoup d'argent! reprit le major.

Su fit semblant d'hésiter.

— Non! oh! non! s'écria-t-elle après un court silence, — j'aime mieux avoir faim, mon petit frère aussi... Laissez-nous, mon bon lord, et suivez la route que vous voudrez.

Mortimer fit glisser la petite fille jusqu'à terre et mit une poignée d'argent dans son tablier.

Les deux enfants poussèrent un long cri de joie.

— En avant! dit le major, qui tourna la tête de son cheval dans la direction du bog de Clare-Galway.

Toute la troupe, qui était composée de cinquante à soixante cavaliers, marcha en bon ordre sur les traces de Percy Mortimer.

Su et Paddy dansaient sur le pavé de la rue...

Une fois au dehors de la ville, les dragons prirent le grand trot, et s'engagèrent bientôt dans le marais qui commence à deux milles de Tuam.

Les enfants les suivaient de loin et leur envoyaient de bruyantes bénédictions.

Ils couraient, les petits sauvages, avec leurs jambes nues et grêles, presque aussi vite que les chevaux.

— Et tout en criant : Dieu vous bénisse, — mes bons lords! — ils ne se faisaient point faute de causer tous les deux bel et bien.

— Ma sœur Su, demandait Paddy, — combien vous a-t-il donné d'argent?

— Je ne sais pas, répondit la petite fille ; — qui pourrait compter tout cela ; il y a des pièces blanches, larges comme des pences..., d'autres qui sont toutes petites et jolies : oh! regardez plutôt, Paddy! mais qui pourrait dire combien tout cela fait de farthings?...

Et les deux enfants s'arrêtaient essoufflés, ils s'asseyaient un instant dans le gazon mouillé pour contempler et compter leur trésor.

Puis ils s'élançaient de nouveau sur les traces des dragons, et faisaient éclater de mille manières leur joie enfantine.

Ces hommes qui étaient devant eux et qui leur donnaient cette joie marchaient à la mort.

Mais Su et Paddy n'avaient garde de songer à cela ; ils cabriolaient dans les joncs, ils bondissaient d'une langue de terre à l'autre, et secouaient en courant les longues mèches de leurs cheveux.

Les dragons, qui les avaient perdus de vue durant quelques minutes, les voyaient reparaître tout à coup, riant et sautant.

Cette allégresse naïve leur ôtait toute défiance, et ils allaient sans autre préoccupation que de guider leurs pesants chevaux sur le terrain glissant.

Leur trot ne se ralentissait point.

Au bout d'une heure environ, ils atteignirent l'extrémité de la chaussée de planches.

C'était bien loin encore de l'endroit où nous avons vu les gens de Molly-Maguire à la besogne ; il y avait un grand mille du bout septentrional de la chaussée au cours fangeux du Doon.

Cette partie de la route était aisée comparativement à celle que les soldats venaient de franchir. Le trot des chevaux devint plus régulier et plus rapide ; la troupe, rangée sur deux files, emplissait toute la largeur de la chaussée.

Le major marchait le dernier.

Durant quelques minutes encore, on put voir les deux enfants sautiller par-dessus les flaques d'eau de plus en plus larges, comme des esprits follets.

Puis tout à coup ils disparurent pour ne plus se remontrer.

Les dragons étaient alors bien près du cours du Doon.

Le soleil avait achevé de pomper le brouillard, et la surface plane des bogs s'allongeait en tous sens à perte de vue.

Le major consulta sa montre et murmura une exclamation chagrine.

— Commandez un temps de galop, monsieur, dit-il au cornette Brown ; — nous arriverons en retard.

Les chevaux sentirent l'éperon, et leur pas lourd retentit plus pressé sur les madriers qui remuèrent.

La colonne se précipitait impétueusement vers l'endroit fatal.

Le bog présentait, aussi loin que la vue pouvait s'étendre, un aspect de morne solitude ; pas un être vivant ne se montrait sur le vaste tapis de verdure. — Seulement, du côté du lac Corrib, bien loin, bien loin, un point presque imperceptible et de couleur rougeâtre semblait se mouvoir.

Les dragons l'aperçurent peut-être, mais il était impossible d'en distinguer la forme et la nature.

Durant deux minutes encore, le galop des chevaux résonna sur le bois solide.

Puis les deux premiers chevaux bronchèrent à la fois.

Les éperons de leurs cavaliers leur donnèrent un élan nouveau ; ils se précipitèrent en avant, bronchant encore, jusqu'à ce que le sol vînt à manquer sous leurs pieds.

Les cavaliers qui venaient ensuite éprouvèrent le même sort, et, comme les premiers, par l'effet de l'impulsion donnée, avaient franchi un assez large espace depuis le premier madrier scié, tous les dragons, sans exception, se trouvèrent engagés dans le piége.

Les chevaux avaient de la fange jusqu'à la sangle, et s'agitaient en soufflant au milieu de l'océan de boue.

Ils s'enfonçaient lentement, et leurs efforts mêmes hâtaient leur perte.

Durant une ou deux secondes, ce fut une scène de tumulte affreux ; les cris et les plaintes se croisaient mêlés à d'impuissants blasphèmes.

La plupart des dragons étaient tombés en dehors de la chaussée, qui, du reste, présentait maintenant une série de trous assez larges pour engloutir hommes et chevaux.

Dans le premier moment, le danger ne leur apparaissait point sous sa véritable face ; ils se croyaient embourbés tout au plus, et redoutaient seulement une attaque plus ou moins éloignée dans cette position défavorable.

Mais bientôt ils s'aperçurent que leurs chevaux enfonçaient de plus en plus ; la fange délayée arrivait à la selle.

Les cris cessèrent ; il se fit un silence morne.

— Accrochez-vous aux troncs d'arbres! cria Percy Mortimer, qu'un écart de son cheval avait jeté loin des débris de la chaussée.

Il n'avait point quitté la selle, et, au milieu de ce terrible danger, son pâle visage restait toujours froid et calme.

— Accrochez-vous aux troncs d'arbres! répétèrent cent voix railleuses qui semblaient partir des buissons voisins.

— Puis ce fut un long éclat de rire ; — puis le silence encore.

Les chevaux enfonçaient ; les selles disparaissaient presque, et les dragons s'étaient mis à genoux sur le dos de leurs montures...

Au loin, du côté des lacs, le point rouge grandissait, grandissait, et s'avançait rapidement.

Les dragons crièrent au secours ! — Les voix moqueuses répétèrent au secours ! et, chaque fois qu'une plainte s'exhalait au milieu de cette scène de désolation, une plainte pareille sortait des buissons voisins.

C'était comme un écho impitoyablement railleur.

Aux plaintes succédèrent les menaces.

Les dragons armèrent leurs pistolets.

— Feu ! crièrent les buissons.

Les soldats, exaspérés, lâchèrent en effet la détente.

Ce fut un peu de bruit ; les amorces mouillées ne purent s'enflammer.

Et les rires invisibles redoublèrent. — Et les railleurs, désormais bien assurés que l'agonie des dragons de la reine était impuissante, montrèrent leurs têtes derrière le feuillage.

Il y en avait ! il y en avait ! chaque buisson cachait un groupe.

C'étaient des hommes, des femmes, et jusqu'à des enfants.

Patrick Mac-Duff, le bon garçon, s'en donnait tant qu'il pouvait avec sa femme Madge, — une douce âme qui le battait ; Pat ne se possédait pas de joie, et Gib répétait en extase :

— Ce sont pourtant les petits qui ont fait cela, les chérubins !

Le géant Mahony montrait son torse tout entier au-dessus des buissons. Il était appuyé sur sa grande hache, et regardait le drame assez tranquillement.

Non loin de lui, derrière la touffe voisine, Jermyn Mac-Diarmid se cachait, honteux et brisé par l'émotion. — Il voulait ne point regarder et fuir ce tableau qui l'accusait horriblement ; mais ses jambes restaient clouées au sol et ses regards fascinés ne pouvaient point se détacher du pâle et hautain visage de Percy Mortimer.

La petite Su et son frère Paddy, qui avaient rejoint leur père à l'aide d'un détour, étaient là pour assister à la fête : — et comme ils s'amusaient les chers innocents !...

D'où venait-il, et pour des enfants comme eux, le côté grotesque de la scène l'emportait vraiment sur le côté terrible.

Ils ne voyaient que ces hommes rouges, couverts d'or, qui barbotaient dans la fange.

Mais ces hommes enfonçaient sans cesse, et leur agonie faisait des progrès sûrs.

Les chevaux ne pouvaient nager dans ce liquide épais et gras, — ils enfonçaient, ils enfonçaient...

La boue se rejoignait maintenant au-dessus de la selle, et l'on ne voyait plus les pieds des dragons qui se tenaient debout.

Quelques-uns avaient réussi à s'accrocher aux troncs d'arbres ; ceux-là étaient momentanément à l'abri.

Mais, pour les autres, tout effort demeurait inutile et n'eût servi qu'à hâter l'instant fatal.

Il fallait attendre la mort.

Le major, qui était le plus éloigné de la chaussée, était en même temps le plus près d'une des langues de terre environnantes ; son cheval avait trouvé pied sans doute au fond du lac de boue, car il cessait de s'enfoncer, et ses efforts l'amenaient, par un mouvement imperceptible, vers le sol ferme.

Mortimer ne semblait point s'apercevoir de cette chance de salut. — Le deuil qui l'entourait avait vaincu son froid courage.

Ses bras étaient croisés sur sa poitrine ; son front hautain se courbait ; il s'apitoyait, non point sur son propre sort, mais sur celui de ses soldats qui allaient mourir, et qu'il ne pouvait point défendre.

Une fois le sang monta subitement à sa joue et mit un rouge vif à la place de sa pâleur habituelle. — Ses yeux s'étaient baissés en même temps, et l'on eût pu voir sur sa physionomie, animée subitement, le reflet d'une émotion poignante.

Peut-être était-ce la pensée d'Ellen qui venait de visiter son cœur ; peut-être était-ce le dernier adieu prononcé du fond de l'âme, à l'heure suprême...

Cela dura un instant, — puis les regards du major se tournèrent de nouveau vers sa petite armée à l'agonie. — Son front redevint pâle.

Sur ce visage dont la beauté dominait, héroïque, la scène de désolation, les regards de Jermyn restaient invinciblement attachés. — Jermyn souffrait presque autant que les soldats à l'agonie. — Tout ce qu'il y avait en lui de généreux et de noble se révoltait ; sa conscience bourrelée était à la torture.

Et que de haine pourtant parmi ces remords ! Comme il épiait, attentif, une marque de frayeur ou de faiblesse ! Comme il attendait avec d'ardentes impatiences un soupir, un cri, une plainte...

Rien. — Une statue de marbre en face du marteau qui va la briser.

Jermyn haïssait, mais il admirait. — Il eût donné sa vie pour la mort de cet homme.

Il se sentait vaincu, même au moment de tuer. Son âme bouleversée jalousait les minutes de calme que son rival allait vivre encore.

Et il songeait à le sauver pour redevenir un instant son égal. Il voulait lui tendre la main pour remonter jusqu'à lui.

Il le voulait ; — mais c'était comme un rêve. — Il ne bougeait pas.

Ses deux mains s'appuyaient sur le canon de son mousquet.

Il restait là, muet et sombre, et stupéfait de ne trouver qu'amertume au fond de la coupe de vengeance.

Les dragons avaient maintenant de la boue jusqu'aux genoux. — Quelques-uns récitaient des prières ; les autres se répandaient en menaces vaines ; d'autres enfin criaient encore au secours.

Aux prières, aux menaces et aux cris de désespoir, les Molly-Maguires répondaient par d'implacables moqueries.

La pitié ne venait point.

Ils regardaient cette mort horrible sans que leur vengeance fût assouvie.

Le point rouge cependant avait pris une forme et s'avançait comme un tourbillon, — c'était une femme à cheval qui courait en zig-zag dans le bog, et qui tenait par la bride une autre monture dont le galop la suivait de près.

Elle avait dans la main droite une houssine, et frappait son poney sans relâche.

— Voilà une bonne femme de Knockderry, se disaient les Molly-Maguires, qui vient pour avoir sa part de la danse. — Il n'est pas trop tard !

— Hardi ! ma belle ! cria la grosse voix du géant Mahony ; — au train que vous menez, il vous en restera encore un petit peu.

Et Pat et Mac-Duff et les autres répétèrent en chœur :

— Hardi ! ma belle ! poussez, oh là ! poussez !

La mante rouge semblait n'avoir pas besoin de ces encouragements ; les naseaux de ses petits poneys soufflaient une fumée épaisse.

Elle dévorait l'espace...

On ne voyait plus que le torse des malheureux dragons qui n'avaient pu s'accrocher aux troncs d'arbres ; cette mort lente, qui venait par degrés et qu'on ne pouvait point combattre, les affolait ; ils agitaient leurs bras dans le vide en poussant des cris insensés.

Quelques-uns, saisis de vertige, s'élançaient à corps perdu dans la fange, et cherchaient à gagner la chaussée à la nage.

Mais la fange les recevait, flasque, inerte, et les engloutissait lentement.

A chaque homme qui disparaissait ainsi, c'étaient derrière les buissons de frénétiques hurras.

Et ces cris de sauvages ivres tombaient comme de poignants reproches sur le cœur de Jermyn Mac-Diarmid. — C'était lui qui leur faisait ces féroces allégresses ; c'était lui qui tuait de loin tous ces hommes : l'idée du piége lui appartenait.

Honte ! honte ! — l'esprit du dernier des Mac-Diarmid s'engourdissait ; ses yeux ne voyaient plus qu'à travers un brouillard.

La mante rouge passait en ce moment vis-à-vis des Molly-Maguires, dispersés sur les mamelons de terre ferme.

— Allons, commère! dit Mac-Duff, — vous voici arrivée... venez avec nous!

La mante rouge glissa comme une flèche à quelques pieds de lui, au galop de ses deux poneys, et ne répondit point

Son capuchon rabattu lui cachait le visage. Elle continua sa route vers la chaussée.

Le major, rendu à lui-même par les mouvements convulsifs de son cheval qui sortait peu à peu de sa prison de boue, venait de jeter derrière lui un regard qui lui avait montré la terre ferme à sa portée.

En ce premier moment l'instinct de conservation, qui est au cœur de l'homme le plus vaillant, l'emporta sur toute autre pensée.

Le major était debout sur sa selle; il tendit ses jarrets pour prendre son élan.

La mante rouge arrivait à cet instant sur la langue de terre qui lui faisait face. — Elle s'arrêta court.

— Poussez-le, commère! cria Mac-Duff; — il est bien là! empêchez-le d'aborder!

La mante rouge mit pied à terre lestement, et fit entrer l'un de ses poneys dans la vase. Du geste et de la voix elle appela Mortimer

Celui-ci, quittant la selle de son cheval, sauta sur le dos du poney, qui fit effort, glissa, se reprit, et bondit enfin sur le sol ferme

La foule rugissante s'élança hors des buissons, et vint jusque sur le bord du Doon.

Impossible de faire un pas de plus en avant!

— Tirez! criait-on de toutes parts; — c'est un homme déguisé! — Tirez! ceux qui ont des fusils!...

Ils gesticulaient comme des forcenés. Une part de leur vengeance leur échappait, et c'était la meilleure.

Quatre ou cinq coups de fusil partirent..

Jermyn seul ne s'était point avancé. Il demeurait immobile sur son tertre.

La toile qui couvrait son visage était mouillée de sueur.

A peine sauvé, le major avait tourné la tête de son poney vers la chaussée, — vers le péril.

La mante rouge était en selle sur l'autre cheval. — Elle jeta ses deux bras autour de la taille du major, qui n'avait qu'une main pour résister à cette étreinte; — elle l'attira vers elle et le pressa sur son cœur.

En même temps sa voix parla doucement aux poneys, qui partirent rapides comme le vent. — Tout cela fut l'affaire d'une seconde.

La foule poussa un long cri de rage.

Les deux fugitifs couraient en zigzag et se tenaient toujours embrassés.

— Tirez! tirez! criait-on. — Il suffirait d'une balle pour deux!...

Jermyn était le seul dont le fusil restât chargé.

Il rejeta son masque de toile en arrière. — Vous eussiez dit le visage d'un fantôme.

Son arme s'abaissa lentement vers les poneys fugitifs.

— Allez, Jermyn! allez, mon fils!..... Ah! ah!... vous allez voir, vous autres!... Jermyn n'a jamais manqué son coup.

La mante rouge et Mortimer, embrassés toujours et emportés par la course tortueuse des poneys, se présentèrent un instant de profil.

L'âme de Jermyn était dans ses yeux, qui flamboyaient.

La foule trépignait de rage et d'impatience.

— Allons! mon fils, allons!...

Jermyn mit son doigt sur la détente. — La bouche du fusil vomit un cône de fumée, et le coup retentit, faible, dans l'immensité des bogs.

Les deux fugitifs semblèrent chanceler à la fois sur leurs poneys.— Le vent souleva un coin du capuchon de la mante rouge.

L'arme s'échappa des mains de Jermyn, qui tomba sur ses genoux en gémissant le nom d'Ellen.

La foule hurlait triomphante...

FIN.

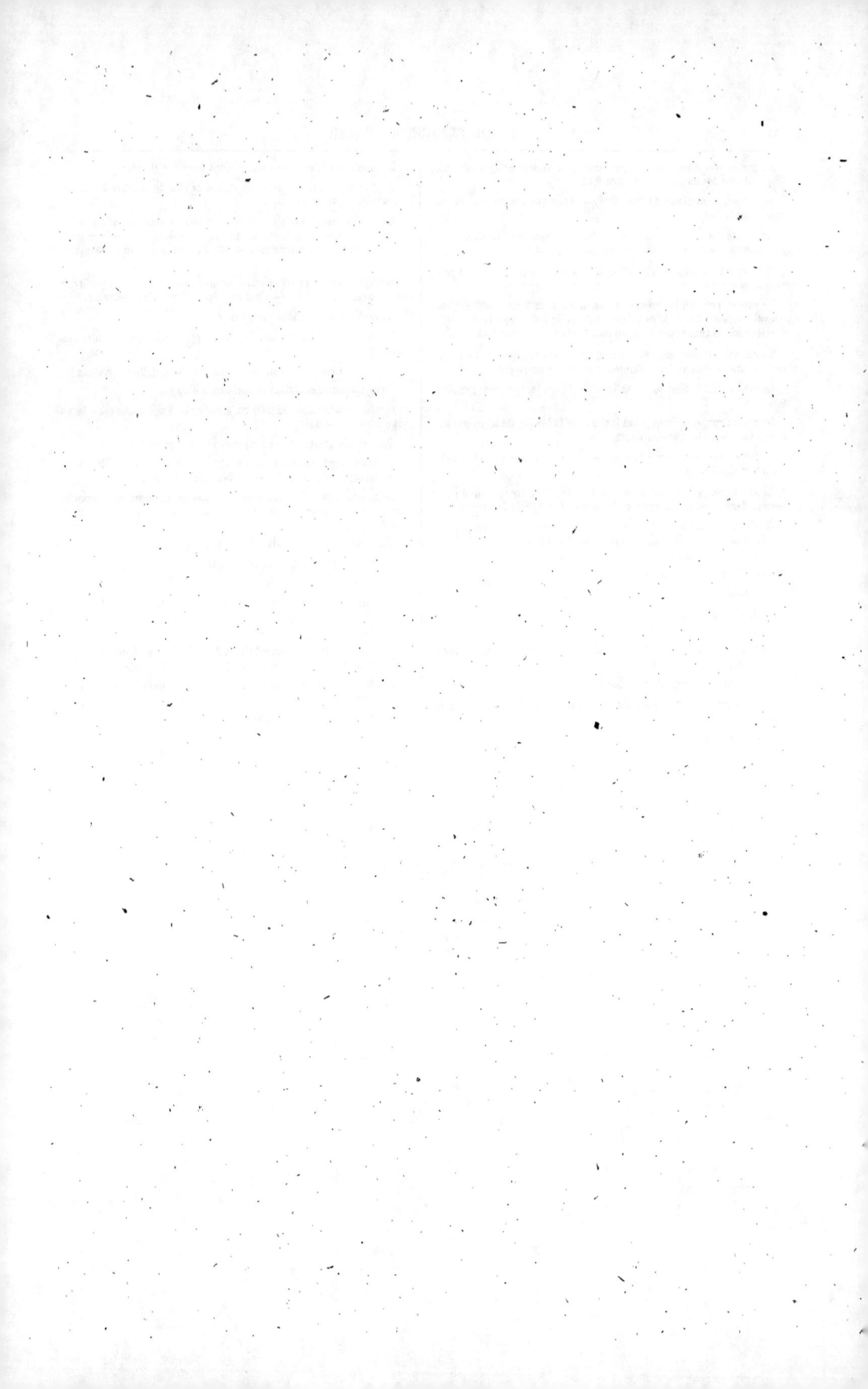